U0360344

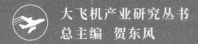

大飞机产业研究丛书

总主编 贺东风

天空之战

波音空客的全球市场角逐

Air Wars

The Global Combat Between Airbus and Boeing

〔美〕斯科特·汉密尔顿 /著
（Scott Hamilton）

彭 英 杰

何 畏 霖 /等译

上海交通大学出版社
SHANGHAI JIAO TONG UNIVERSITY PRESS

内容提要

本书作者以空客传奇销售员雷义的从业经历为主要线索，借助对于波音、空客公司和其他相关企业高管的采访，再现了空客打破波音独霸全球民用飞机市场格局的崛起之路，为读者生动讲述了 20 世纪 80 年代以来全球民用飞机制造商跌宕起伏的发展历程。作者通过揭露那些鲜为人知的内幕，向我们表明，以雷义为代表的专业人士的资质和奋斗经历、企业内部的经营模式和战略性决策，以及全球经济的演变与发展等各种因素，都可能成为影响民用飞机制造商生死存亡的要素。

图书在版编目 (CIP) 数据

天空之战：波音空客的全球市场角逐／（美）斯科特·汉密尔顿 (Scott Hamilton) 著；彭英杰等译.
上海：上海交通大学出版社，2024. 12 -- （大飞机产业研究丛书）. -- ISBN 978 - 7 - 313 - 31886 - 2

Ⅰ . F416.5

中国国家版本馆 CIP 数据核字第 2024PJ9370 号

天空之战：波音空客的全球市场角逐
TIANKONG ZHI ZHAN: BOYIN KONGKE DE QUANQIU SHICHANG JUEZHU

著　　者：[美] 斯科特·汉密尔顿 (Scott Hamilton)	译　　者：彭英杰　何畏霖　等
出版发行：上海交通大学出版社	地　　址：上海市番禺路 951 号
邮政编码：200030	电　　话：021 - 64071208
印　　制：上海万卷印刷股份有限公司	经　　销：全国新华书店
开　　本：710 mm×1000 mm　1/ 16	印　　张：25.25
字　　数：313 千字	
版　　次：2024 年 12 月第 1 版	印　　次：2024 年 12 月第 1 次印刷
书　　号：ISBN 978 - 7 - 313 - 31886 - 2	
定　　价：140.00 元	

丛书编委会

译审团队

彭英杰　何畏霖　陈　琪　姚潇尧
宋　璐　窦红娟

总　序

　　飞翔是人类共同的梦想。从中国神话的列子御风、古希腊神话的伊卡洛斯飞天，到圣本笃修会僧人艾尔默的翅膀、明朝万户的火箭，人类始终未能挣脱地面的束缚。20世纪初，美国莱特兄弟驾驶自己制造的飞行者1号飞上天空，第一次实现了重于空气的动力飞行器可操纵、可持续飞行，人类文明一举迈入航空时代。从两次世界大战期间军用飞机大爆发，到和平年代商用飞机大发展，全球航空产业历经百年演进，孕育出大型客机（以下简称"大飞机"①）这一人类工业的皇冠。

　　大飞机的发展，是一部追逐梦想的不懈奋斗史。

　　几个世纪以来，无数科学家、梦想家、实践家用智慧、奋斗、奉献、冒险、牺牲铺就了人类飞天之路。从第一个开展飞行科学研究的达·芬奇，到开创流体动力学的丹尼尔·伯努利，从提出现代飞机布局思想的乔治·凯利，到首次将内燃机作为飞机动力的塞缪尔·兰利，经过前赴

---

　　①　大飞机这一术语并没有严格的定义。在本丛书中，学者们用到了商用飞机、民用飞机、大飞机等术语，商用飞机、民用飞机往往是相对于军用飞机而言的，民用飞机的概念相对宽泛，不仅包括航空公司用于商业运营的商用飞机，而且包括各种小型的民用飞机。大飞机一般指100座以上特别是150座以上的喷气式商用飞机。

后继的探索，经过两次工业革命的积淀，到 20 世纪初，飞机已经呼之欲出。继莱特兄弟之后，巴西的杜蒙、法国的布莱里奥、加拿大的麦克迪、中国的冯如、俄国的西科斯基，先后驾驶飞机飞上蓝天，将梦想变为现实。

百年来，从科学家、工程师到企业家，大飞机行业群星璀璨，英雄辈出。英国德·哈维兰研制了全球首款喷气客机，将民用航空带入喷气时代。美国比尔·艾伦领导波音公司推出波音 707、727、737、747 系列喷气客机，奠定了波音大飞机的霸主地位。法国伯纳德·齐格勒应用数字电传操纵和侧杆技术打造空客公司最畅销的机型 A320，奠定空客崛起的坚实基础。苏联图波列夫研发世界首款超声速客机图-144，安东诺夫推出世界上载重量最大、飞行距离最长的安-225 超重型运输机，创造了苏联民用航空的黄金时代。

大飞机的发展，是一部波澜壮阔的科技创新史。

天空没有边界，飞机的发展就永无止境。战争年代的空天对抗、和平年代的市场竞争，催动大飞机集科学技术之大成，将更快、更远、更安全、更舒适、更经济、更环保作为始终追求的目标，不断挑战工程技术的极限。飞机问世不久，很多国家就相继成立航空科学研究机构，科学理论探索、应用技术研究、工程设计实践、产品市场应用的紧密结合，使得飞机的面貌日新月异。

从双翼机到单翼机，飞机的"体态"愈加灵活；从木布、金属材料到复合材料，飞机的"骨骼"愈加轻盈；从传统仪表驾驶舱到大屏幕玻璃驾驶舱，飞机的"眼睛"愈加清晰；航空电子从分散连接到一体化高度集成，飞机的"大脑"愈加高效；飞行控制从机械液压到电传操纵，飞机的"肌肉神经"愈加敏锐；发动机从活塞式到涡喷式再到大涵道比、高推力的涡扇式，使人类的足迹从对流层拓展至平流层。现代经济高效、安全舒适的大飞机横空出世，承载着人类成群结队地展翅于蓝天之上，深刻改变了人类交通出行的方式,创造出繁荣的全球民用航空运输市场。

大飞机的发展,是一部追求极限的安全提升史。

安全是民用航空的生命线,"不让事故重演"是这个行业的基本准则。据不完全统计,20 世纪 50 年代以来,全球民用航空发生九千余起事故,其中致命事故近两千起,造成六万余人遇难。事故无论大小,民用航空都会进行充分的调查、彻底的反思,一次次的浴火重生,换来一系列持续扩充、高度复杂、极为严苛、十分宝贵的适航条例,让大飞机成为世界上最安全的交通工具。今天,世界民用航空百万小时重大事故率低于 1,相当于人的自然死亡率,远远低于其他交通工具,但仍然不是零,因此,确保安全永远在路上。

适航性①是大飞机的基本属性,不符合适航条例要求、没有获得适航认证的飞机,不允许进入市场。美国是世界上第一个拥有系统适航条例和严格适航管理的国家,美国联邦航空管理局(FAA)历史悠久,经验丰富,其强大的适航审定能力是美国大飞机成功的关键因素之一。1990 年,欧洲国家组建联合航空局(JAA),后发展为欧洲航空安全局(EASA),统一管理欧洲航空事务,力促欧盟航空业的发展,为空客的崛起发挥了重要的支撑保障作用。我国自 20 世纪 80 年代以来,已逐步建立完备的适航体系,覆盖了从适航法规、航空营运到事故调查等民用航空的方方面面。今天,适航条例标准不断提升、体系日益复杂,不仅维护着飞行安全,也成为一种极高的技术壁垒,将民用航空显著区别于军用航空。

大飞机的发展,是一部激烈竞争的市场争夺史。

大飞机产品高度复杂,具有显著的规模经济性、范围经济性和学习经济性,促使飞机制造商努力扩大规模、降低成本。虽然大飞机的单价

---

① 适航性,指航空器能在预期的环境中安全飞行(包括起飞和着陆)的固有品质,这种品质可以通过合适的维修而持续保持。

高,但全球市场容量较为有限,相比智能手机年交付上十亿台、小汽车年交付上千万辆,大飞机年交付仅两千架左右,不可能像汽车、家电等行业容纳较多的寡头企业。大飞机的国际贸易成为典型的战略性贸易,各国飞机制造商纷纷以客户为中心、以技术为手段、以产业政策为支撑,在每个细分市场激烈角逐,谋求占据更大的国际市场份额。很多研制成功的机型没能通过市场的考验,而一款机型的失利,却可能将一家飞机制造商带向死亡的深渊。

20 世纪 50 年代,波音 707 力压道格拉斯 DC-8,打破了道格拉斯在客机市场近 30 年的垄断。60 年代,波音 747、麦道 DC-10 和洛克希德 L-1011 争雄,L-1011 不敌,洛克希德退出客机市场。70 年代,欧洲联合推出 A300,在可观的财政补贴下,逐步站稳脚跟,空客公司成为大飞机领域的二号玩家。80 年代,空客推出 A320,与波音 737 缠斗数十年,而麦道 MD-80/90 在竞争中落败,导致企业于 90 年代被波音公司兼并。进入 21 世纪,加拿大庞巴迪力图进军大飞机领域,曲折艰难地推出 C 系列飞机并获得达美航空 75 架订单,引发波音公司诉讼而止步美国市场,遂将 C 系列出售给空客公司,彻底退出商用飞机领域。

大飞机的发展,是一部全球协作的产业变迁史。

早期的客机,技术相对简单、成本相对较低,有着众多的厂商。伴随着喷气飞机的出现,产业集中度快速提升。美国的马丁、洛克希德、康维尔、道格拉斯等一大批飞机制造商在激烈的厮杀中一一退出,最终仅波音公司一家存活。欧洲曾经孕育了一大批飞机制造商,如德·哈维兰、英宇航、达索、法宇航、福克、道尼尔等,最终或退出市场,或并入空客公司。今天,全球大飞机产业形成了波音、空客双寡头垄断格局,波音覆盖 150～450 座,空客覆盖 100～500 座,两家公司围绕全产品谱系展开竞争。在两大飞机制造商的牵引下,北美和欧洲形成两个大飞机产业集群。

在产业格局趋于垄断的同时，大飞机的全球分工也在不断深化。出于降低成本、分担风险以及争夺市场等方面的考虑，飞机制造商在全球化的时代浪潮下，通过不断加大业务分包的比例，建立和深化跨国联盟合作，形成飞机制造商—供应商—次级供应商的"金字塔"产业格局，将企业的边界外延到全球，从而利用全球的科技、工业、人才和市场资源。在此过程中，新兴经济体通过分工进入产业链的低端后，不断尝试挑战旧秩序，逆势向飞机制造商的角色发起了一次次冲锋。然而无论是采取集成全球资源、直接研制飞机的赶超战略，还是选择成为既有飞机制造商的供应商、切入产业链后伺机谋求发展的升级战略，以塑造一家有竞争力的飞机制造商的目标来衡量，目前成功者依然寥寥。

大飞机研制投入大、回报周期长、产品价值高、技术扩散率高、产品辐射面宽、产业带动性强，是典型的战略性高技术产业。半个多世纪以来，各国学者围绕大飞机产业的发展，形成了琳琅满目、浩如烟海的研究成果，涉及大飞机产业发展历程、特点规律、战略路径、政策效果等方方面面，不仅凝聚了从大量失败案例中积累的惨痛教训，也指引着通往成功的蹊径，成为后发国家汲取智慧、指导实践以及开展理论创新的重要参考。相比之下，中国的研究相对较少，可以说凤毛麟角。为此，我们策划了这套"大飞机产业研究丛书"，遴选、编译国外相关研究成果，借他山之石以攻玉，帮助更多的人了解大飞机产业。

我们的工作只是一个开始，今后将继续努力推出更多优质作品以飨读者。在此，感谢参与本丛书出版工作的所有编译者，以及参与审校工作的专家和学者们，感谢所有人的辛勤付出。希望本丛书能为相关人员提供借鉴和启迪。

译者序

　　提起民用飞机(以下简称"民机"),人们立刻会想到波音公司(以下简称"波音"),它独霸全球航空市场长达半个世纪之久。然而,空中客车工业公司(以下简称"空客")于1970年横空出世,逐渐超越其他民机制造商,成为全球民用航空领域与波音并肩的两大寡头之一。其间过程究竟如何? 斯科特·汉密尔顿(Scott Hamilton)凭借自身作为一名记者的职业背景,以空客传奇销售员雷义(John Leahy)①的从业经历为切入点,通过对业内人士的大量采访实录再现了20世纪80年代以来空客逐渐与波音分庭抗礼的历程。

　　雷义敏锐聪颖,凭借出色的洞察力、灵活的销售策略以及果断的行动,他抓住了一切机会,为空客争取了越来越多的订单,最终与波音"二分天下"。例如,1992年,波音的独家采购商美国联合航空公司(以下简称"美联航")在续签采购合同时提出修改波音737-400的价格,但遭到波音的拒绝。雷义与其团队抓住这个机会,为美联航开出了诱人的销售套餐,最终拿下了美联航的订单,这成为空客崛起之路

---

　　①　译者注:英文名直译为约翰·莱希,本书采用行业惯用中文名雷义。

上的关键一步。雷义的销售能力让波音"咬牙切齿"，他也一度成为业内的风向标，雷义在哪里，其他销售人员必将闻风而动。雷义的职业生涯充分表明，个人能力及其行为，也是民航企业发展壮大的核心要素之一。

雷义是一个美国人，却为空客的崛起立下了汗马功劳，这本身就足以让人好奇。但作者并没有将本书的写作视野局限在雷义个人职业生涯的单一维度上。透过雷义的经历，作者还展现了 20 世纪后半叶以来全球航空业内各主要制造商、航空公司和其他相关企业的盛衰浮沉。除了波音和空客，麦克唐纳·道格拉斯公司（以下简称"麦道"）、庞巴迪公司、巴西航空工业公司（以下简称"巴航工业"）等其他重要的民机制造商都直接或间接地与雷义的职业生涯联系在一起，而众多的航空公司则成为各大民机制造商竞逐的目标。能否敏锐而准确地预测、把握和塑造市场需求及其变化，并及时推出具有竞争力的产品和服务，事关民机制造商的生死存亡。当然，这绝非易事。斯科特·汉密尔顿生动犀利地向我们展示了，在决胜蓝天的征途中，企业运营的任何环节——融资、管理、情报、决策、物流、劳资关系、政企关系等——都会产生决定性的影响，任何风吹草动都不容小觑。在产业政策、改造旧机型、研制新机型、整合创新产业链方面，波音、空客等所有民机制造商的高管和要员都如履薄冰，在确保自身生存发展的同时给对手制造麻烦，这是最强大脑的顶级较量。

此外，本书还描绘了更加广阔的世界政治、经济、社会图景，它们不仅因航空业的发展而不断变动，同样，它们的变迁也深刻影响着全球航空业的发展和演变。石油危机促使航空市场更加关注飞机的经济性，高铁的发展使支线航空受到冲击、大国博弈使技术问题政治化……不仅如此，意外事件——飞行故障、"9·11"事件、全球公共卫生事件等——都可能会对民机制造商、航空公司以及相关企业，乃至整个航空业造成根本性的影响。作者援引对权威人士的最新采访资料，为读者深刻展现了这一切。

　　本书通过雷义等人的职业历程，将空客与波音近 30 年来的发展和竞争史以细微而深刻的叙事视角展现出来，行文以小见大，生动有趣，个人发展、企业商战、行业兴衰、国际政治经济变迁都从本书中得到反映。对于航空人来说，这是本不容错过的佳作。

序

本书原计划主要讲述雷义在空客的 33 年从业经历。他在销售飞机时强硬、毫不妥协的做法,在业内赢得了极大的赞誉,即使是最激烈的批评者对其也是赞赏有加,因为他将空客的市场份额从 1995 年的 18％提高到 2018 年他退休时的 55％。

在雷义退休之前 5 年,他和我就开始计划在其退休后写一本回忆录。当时,我们在纽约市的一家餐厅共进晚餐,在看完酒水单后,雷义选了一瓶上等葡萄酒。我不禁问他,为什么没有点 2.5 万美元的那款。雷义不假思索地说,如果我订购一批飞机,那么他就会点那款 2.5 万美元的酒。

随着写作的推进,这本书不仅仅是一本回忆录,更像是雷义"半传记"和约翰・纽豪斯(John Newhouse)1982 年的著作《竞技游戏》(Sporty Game)的混合体。《竞技游戏》是波音、麦道和空客之间竞争的权威记录,空客当时还排在第三名。有趣的是,纽豪斯的著作大约是在雷义加入空客两年前出版的。在雷义的建议下,我写了这本《天空之战:波音空客的全球市场角逐》。这本书不仅关乎雷义个人,也揭露了空客和波音改变航空产业所采取的战略,记录了两者间激烈乃至痛苦的竞争故事。最初波音轻率地将空客视为又一个生产普通飞机的欧洲制造商。这种观点并非毫无理由，因为波音自认为拥有并将永远拥有一流的飞机，航空公司也不会青睐这家新成立的国有公司。

空客承担了波音没有考虑、不愿理会或者是拒绝承担的风险。波音严重误判了租赁公司的重要性，一开始还低估了低成本航空公司的潜力。与此前不管是国有还是私有的欧洲飞机制造商都不同，空客的高管有着远见卓识。此外，在国家补贴和启动援助的支持下，空客也有充足的资源，研制出与波音相匹敌的系列化飞机产品。

雷义，这个自信的美国纽约人，是空客发展和成功的关键。他得到了让·皮尔逊（Jean Pierson）的大力支持。皮尔逊是一位空客早期的首席执行官（CEO），他的远见和魄力对空客的发展和成功，以及对雷义的成功都至关重要。

虽然雷义是本书的主角，但他绝非空客成功的唯一原因。雷义更喜欢将自己视为销售团队的教练。在空客，几十名高管运筹帷幄；数以千计的经理和主管令出惟行。成千上万名雇员数十年如一日，设计并制造了这些飞机。在此，我们向其他对空客成功起到关键作用的空客人致歉，并向所有设计和制造飞机的空客人致歉，这本书关注的是雷义的岁月，而不是更宏大的故事。

采访主要集中在 2019 年和 2020 年，当时波音 737 MAX 因坠机事故停飞。在印度尼西亚狮子航空公司（以下简称"狮航"）610 航班和埃塞俄比亚航空公司 302 航班悲惨事故之后，一些与波音 737 MAX 有关联的人拒绝接受采访，因为他们要么是在波音任职，要么是该飞机的购买者。停飞事件和后来的新冠疫情，都对空客和波音的故事发展产生了重大影响。

我从 1985 年开始报道空客、波音和航空产业相关的新闻。雷义也是在同一年加入空客。书中的一些内容来自这些年我掌握的第一手资料和相关报道。

斯科特·汉密尔顿
华盛顿州班布里奇岛
2021 年 8 月

前　言

　　《天空之战：波音空客的全球市场角逐》一书中不为人知的故事，揭示了改变航空产业的人物和战略。这是全球两个商用航空巨头之间持续 35 年的竞争故事。历经 33 年，雷义和他卓越的销售技巧使空客的全球市场份额从第三名上升到第一名。他是空客的代言人，被波音视为"眼中钉"。曾长期担任波音民用飞机集团（以下简称"波音民机集团"）首席执行官的詹姆斯·阿尔博（James Albaugh）说，如果每年向雷义支付 1 000 万美元，让他坐在角落里什么也不做，那么波音会获得更多的盈利。

　　斯科特·汉密尔顿撰写了一部空客和波音 35 年的全球竞争编年史，披露了不少来自两家公司高管、销售人员和工程师的深刻见解和幕后细节。

　　斯科特报道了两家公司开展的最关键的销售活动，详细介绍了争夺美国航空公司窄体机订单之战。在这场战役中，空客打破了波音与美国航空公司之间的独家采购协议，迫使波音推出更换发动机的波音737，放弃研发一款全新的飞机。斯科特还带着我们回顾了雷义在纽约市当出租车司机、飞行员以及在派珀飞机公司（Piper Aircraft）年纪轻轻就当上高管的日子。

关于下述产品战略的报道，都第一次披露了这两家公司的一些内部情况：研发 A330/340、波音 777、波音 787 和 A380，以及 A320neo（新发动机选项）和波音 737 MAX；还包括旨在取代波音 737 的构想——波音"新中型市场飞机"（NMA）项目，该项目后来胎死腹中。

波音"声速巡航者"客机是一个真实的想法吗？波音是否以某种"马基雅维利"式的手段欺骗空客研制了 A380？空客是如何促使波音推出更换发动机的波音 737（即 737 MAX）的？

斯科特讲述了这一切。作为记者，斯科特自 1985 年以来一直跟踪报道空客和波音。凭借对相关组织的熟悉、个人的报道以及记录最终形成了《天空之战：波音空客的全球市场角逐》这本书，而他对两家公司主要高管的采访，则使本书精彩绝伦。

作为雷义的客户（联邦快递航空业务），又是他在空客的同事，我能够从双重视角来解读雷义。雷义有着独特的销售才能、渊博的行业知识、超越常人的韧性和卓绝的智慧。感谢斯科特的《天空之战：波音空客的全球市场角逐》，你可以通过这本书来感受这一切。

艾伦·麦卡托（Allan McArtor）

空中客车美洲公司董事长（2001—2018 年）

联邦航空管理局局长（1987—1989 年）

联邦快递航空业务高级副总裁

美国空军"雷鸟"飞行表演队前成员

可以说，设计和制造喷气式客机是这个世界上最令人感到兴奋的行业。市场上的成败，为研发新技术赌上公司的命运，金钱的易手，以及数百家公司的优秀员工等，这些因素所产生的地缘政治和经济后果，衍生了一个个令人难以置信的故事。

《天空之战：波音空客的全球市场角逐》充满了这类引人入胜的故事。约翰·纽豪斯曾撰写《竞技游戏》一书，让我第一次领略了大航空产业著作的风采；不久，斯科特·汉密尔顿也开始记录这个产业。大约同一时间，雷义加入空客，成为一名具有影响力的推销员和企业高管，而且工作非常努力。雷义几年前退休了。斯科特的书借助雷义对空客和整个产业的影响，勾勒出了一个独特而关键的时代。

像斯科特一样，我也花了不少时间研究这个产业。30 多年来，像很多人一样，我分析大大小小各种事件所产生的后果，试图量化其影响；但分析是一回事，讲述是另一回事。追述过往，写出扣人心弦的故事，则极具挑战。

本书出色之处正在于此：斯科特拥有回顾这段历史所需的资源和"当局者"的身份，能够将其变成一个条理清晰的故事。产品发布、商业豪赌、胜利、丑闻、政治、悲剧，当然还有人物，都在这本书里予以展现。

就像 30 年前《竞技游戏》启发了我一样，我希望这些优秀的书籍能激励新人加入我们这个行业。如果你和我一样，关注这个行业已有一段时间，希望你在阅读完本书后，能与我有同感。

理查德·阿布拉菲亚（Richard Aboulafia）
英国皇家航空学会研究员
蒂尔集团副总裁

人物列表

詹姆斯·阿尔博（James Albaugh），2009—2012 年，任职于波音民机集团。

罗恩·艾伦（Ron Allen），1987—1997 年，担任达美航空公司董事长、总裁兼首席执行官。

拉斐尔·阿隆索（Rafael Alonso），1984—2014 年，担任空客拉丁美洲公司执行副总裁（EVP）；2014—2018 年，担任空客拉丁美洲公司总裁。

杰拉德·阿佩（Gerard Arpey），2004 年，担任美国航空公司董事长；另担任过其他各种管理职位。

劳伦斯·巴伦（Laurence Barron），2004—2014 年，担任空客中国公司总裁；2017 年，担任空客中国公司董事长。

阿兰·贝勒马尔（Alain Bellemare），2015—2020 年，担任庞巴迪公司董事长、总裁兼首席执行官。

艾伦·博伊德（Alan Boyd），1982—1992 年，担任空客北美公司董事长。

法布里斯·布利叶（Fabrice Bregier），2006—2018 年，担任空客商用飞机公司总裁。

托比·布赖特（Toby Bright），1977—2004 年，担任波音民机集团多个销售职位。

尼科·巴克霍尔兹（Nico Buchholz），2001—2015 年，任职于罗尔斯-罗伊斯公司（以下简称"罗罗"）和空客；2015—2017 年，担任庞巴迪公司高级副总裁（SVP），汉莎航空公司执行副总裁。

大卫·卡尔霍恩（David Calhoun），2019—2020 年，担任波音董事长；2020 年至今①，担任波音总裁兼首席执行官；自 2009 年起，担任董事会成员。

斯科特·卡森（Scott Carson），2006—2009 年，担任波音民机集团总裁兼首席执行官，波音终身雇员。

理查德·切尔尼（Richard Cherney），1994—2001 年，担任美国航空公司机队总经理；2001—2010 年，担任航空资本集团营销总经理。

蒂姆·克拉克（Tim Clark），2003 年至今，担任阿联酋航空公司总裁兼首席运营官。

查尔斯·克利弗（Charles Cleaver），1988—1996 年，任职于国际航空发动机公司，担任财务总监以及其他各种职位。

雷·康纳（Ray Conner），2012—2017 年，担任波音民机集团总裁兼首席执行官，曾担任销售执行副总裁和其他各种职位，波音终身雇员。

迈克·康威（Mike Conway），1981—1993 年，担任美国西部航空公司总裁，联合创始人。

罗伯特·克兰德尔（Robert Crandall），1973 年加入美国航空公司，担任高级财务副总裁；1985—1998 年，担任美国航空公司董事长兼首席执行官。

巴里·埃克尔斯通（Barry Eccleston），2005—2018 年，担任空客美洲公司总裁兼首席执行官。

---

① 译者注：人物列表中任职年限中的"至今"以及"现任"的表述为原书作者所写，译者保持原书的表述方式未进行修改。

　　汤姆·恩德斯（Tom Enders），2007—2012 年，担任空客民用飞机公司总裁兼首席执行官；2012—2019 年，担任空客集团（即欧洲宇航防务集团，EADS）董事长兼联合首席执行官。

　　纪尧姆·傅里（Guillaume Faury），2018—2019 年，担任空客民用飞机公司首席运营官；2019 年至今，担任空客首席执行官。

　　约翰·费伦（John Feren），1978—2008 年，担任波音和麦道销售副总裁。

　　路易斯·加卢瓦（Louis Gallois），2006—2007 年，担任空客首席执行官；2007—2012 年，担任欧洲宇航防务集团联合首席执行官。

　　史蒂文·哈叙（Steven Hazy），航空租赁公司、国际租赁金融公司的联合创始人；两家公司的前首席执行官。

　　汤姆·霍顿（Tom Horton），1985—2002 年、2006—2010 年，担任美国航空公司高管；2010—2011 年，担任美国航空公司总裁；2011—2014 年，担任美国航空公司董事长兼首席执行官。

　　加里·克劳萨默（Gary Krauthamer），为空客招募雷义的猎头。

　　罗伯特·兰格（Robert Lange），空客高级副总裁、业务分析和市场预测部门主管。

　　雷义，1985 年加入空客北美公司，担任销售员。1987 年被任命为空客高级副总裁兼销售主管，1990 年成为空客北美公司总裁。1994 年，被任命为空客图卢兹的首席商务官。2005 年，被任命为空客客户首席运营官。2018 年退休。

　　达纳·洛克哈特（Dana Lockhart），1987—2008 年，担任空客美洲公司首席财务官和其他职位。

　　凯文·麦卡利斯特（Kevin McAllister），2014—2016 年，担任通用电气航空服务公司（GE Aviation Services）总裁兼首席执行官；2016—2019 年，担任波音民机集团总裁兼首席执行官。

詹姆斯·麦克纳尼（James McNerney），2005—2015 年，担任波音董事长兼首席执行官。

丹尼斯·米伦伯格（Dennis Muilenburg），2015—2019 年，担任波音董事长、总裁、首席执行官，波音终身雇员。

让·皮尔逊，1985—1998 年，担任空客首席执行官。

亚当·皮拉斯基（Adam Pilarski），麦道经济师，任职于道格拉斯飞行器公司分部，到 1997 年公司与波音合并为止；现在是阿维塔斯咨询公司的经济师。

罗伯特·普里迪（Robert Priddy），瓦卢杰航空公司董事长兼首席执行官。

基兰·拉奥（Kiran Rao），为空客效力 25 年，并担任销售高管，包括销售和战略高级副总裁。

克里斯蒂安·谢勒（Christian Scherer），空客现任首席商务官。

迈克·辛尼特（Mike Sinnett），波音产品研发副总裁兼总经理。

约翰·斯莱特里（John Slattery），巴航工业商用航空公司前首席执行官；现任通用电气航空公司首席执行官。

哈里·斯通西弗（Harry Stonecipher），1994—1997 年，担任麦道总裁兼首席执行官；1997—2001 年，担任波音总裁兼首席运营官；2003—2005 年，担任波音董事长兼首席执行官。

克里斯蒂安·斯特雷夫（Christian Streiff），2006 年的 3 个月，短期担任空客民用飞机公司首席执行官。

尼古拉斯·托马塞蒂（Nicolas Tomassetti），在空客、国际航空发动机（IAE）、普惠和麦道公司担任高管职位。

史蒂文·韦拉（Steven Vella），与空客和波音合作的航空公司顾问。

汤姆·威廉姆斯（Tom Williams），1999—2018 年，在空客担任多个职位，包括空客民用飞机公司首席运营官。

目　录

引子 ………………………………………………………… 001

第1章　数十亿美元的豪赌 ………………………………… 007

第2章　驾驶货机 …………………………………………… 021

第3章　派珀飞机公司 ……………………………………… 029

第4章　在空客的初期 ……………………………………… 037

第5章　高风险,高回报 …………………………………… 053

第6章　对抗 ………………………………………………… 077

第7章　麦道的陨落 ………………………………………… 093

第8章　警钟 ………………………………………………… 107

第9章　推出A380飞机 …………………………………… 117

第10章　登月计划 ………………………………………… 129

第11章　图卢兹的麻烦 …………………………………… 143

第12章　尝试,再尝试 …………………………………… 151

第13章　分崩离析 ………………………………………… 161

第14章　劳工斗争 ………………………………………… 177

第15章　后起之秀和颠覆者 ……………………………… 187

第16章　制造neo飞机 …………………………………… 197

第17章　推出MAX飞机 …………………………………… 209

第18章　停飞 ……………………………………………… 219

第19章　X因子 …………………………………………… 227

第 20 章　杀鸡用牛刀 ··· 241

第 21 章　波音-巴航工业合资企业 ······················· 255

第 22 章　最后的喘息 ··· 265

第 23 章　字母飞机 ··· 275

第 24 章　MAX 危机 ··· 293

第 25 章　丑闻 ··· 315

第 26 章　新冠疫情 ··· 335

第 27 章　退休 ··· 349

主要飞机型号 ··· 365

致谢 ··· 370

引子

"空客拥有谱系完整的系列飞机。随着公司的发展，它的产品线也在不断改进。如今，波音在每个细分市场都在与之进行正面交锋，这是我们过去从未经历过的。空客一心想成为世界第一大商用飞机制造商。"

———2015年5月13日，波音民机集团①总裁兼首席执行官雷·康纳接受《西雅图时报》多米尼克·盖茨采访

早在航空业诞生的年代，华盛顿州西雅图地区的伐木工人威廉·E.波音就创建了波音，时值1916年。从单发双翼水上飞机起步，波音是该行业早期的创新者，是业绩不断增长的飞机制造商之一。

航空业是一个快速增长的行业。在20世纪第二个十年，一些汽车制造商，比如福特公司，也曾涉足客机业务。福特公司仿制了荷兰设计的"福克三发"飞机（Fokker Tri Motor），研制出"福特三发"飞机（Ford Tri Motor）。这两款飞机外观相同，主要区别在于：福克款是木结构，而福特款是金属结构。因此后者得到了一个亲切的绰号"锡鹅"（Tin Goose）。

两款飞机都速度慢、噪声大，而且十分笨拙。波音也曾设计过"木头加布头"（木质机身和织物蒙皮）的飞机——三发双翼的80型客机。1933年，波音推出一款革命性的飞机，即双发、下单翼的247型客机。

---

① 译者注：波音民机集团是波音下设三个主要业务集团之一，主要负责波音民用飞机研发和制造。

这款飞机的速度很快,仅一台发动机就可以保持飞机在高空飞行,可搭载 10 名乘客,并确保一定的舒适性。彼时,波音、发动机制造商普惠公司(为波音 247 型客机提供发动机)和美联航同属一个集团,波音遂将其首批 60 架飞机出售给了美联航。因无法从波音订购有竞争力的飞机,跨大陆及西部航空公司(Transcontinental and Western Airline,TWA)选择与设计了 DC-1 飞机的道格拉斯飞行器公司(以下简称"道格拉斯公司")接洽。DC-1 是测试型,只制造了一架。DC-2 是批产型,在各个方面都超越了波音 247 型客机——速度更快、动力更强、航程更远,还能多搭载 2 名乘客。很快,DC-2 被更大的 DC-3 所取代。这一时期,波音的发展主要受到商用航空市场的驱动。

第二次世界大战(以下简称"二战")期间,波音专注于设计和制造 B-17 和 B-29 轰炸机,两款机型分别是全球冲突时期第一款和最后一款远程轰炸机。二战后,波音唯一的活塞式客机是 B-29 的衍生产品,即"同温层巡航者"(Stratocruiser)。该机型的运营情况糟糕,未取得商业成功。但"同温层巡航者"的军用型 KC-97 是美国空军空中加油机的中流砥柱,一共制造了 888 架。由于 KC-97 空中加油机速度太慢,无法跟上波音的新型喷气式轰炸机 B-47 和 B-52——美国空军和战略空军司令部的主力机型,飞行员不得不降低 B-47 和 B-52 的航速(甚至达到失速状态),以匹配螺旋桨驱动的 KC-97。因此,美国空军迫切需要一款喷气式加油机。

为此,波音设计了 KC-135 喷气式加油机,以其为基础研制的波音 707 与道格拉斯公司的 DC-8 一起开启商用喷气式客机时代。波音敢于承担风险,制造了多款波音 707 衍生机型。1958 年 10 月,泛美航空公司开启首次商业飞行时,波音喷气式客机的销量超过了其曾经的竞争对手道格拉斯公司。波音并没有就此止步,很快设计出波音 727,这是继"福克三发"和"福特三发"飞机之后的第一款三发飞机。这款中短程喷气式客机用途广泛，经济实惠，操纵性能良好。道格拉斯公司针对性地推出双发喷气式客机DC-9，但事实证明它不如波音727灵活。至此，波音的领先地位得以巩固。

随着1968年波音737和1970年波音747的推出，波音向市场提供了全系列的飞机，而道格拉斯公司则在老旧的DC-8、虽受欢迎但销量有限的DC-9和新的DC-10中继续挣扎。1967年，陷入困境的道格拉斯公司与国防业务承包商麦克唐纳公司合并，成立麦克唐纳·道格拉斯公司。虽然合并为道格拉斯公司注入了新的活力，但麦克唐纳公司的重点显然不在商用航空航天领域。1982年和1984年，波音飞机系列中又增加了波音767和波音757。

对美国来说，欧洲正在酝酿麻烦。法国、德国、西班牙和英国的几家公司联合设计和制造了一款载客250人的新型双通道宽体客机，即"空中客车"加入波音和麦道的竞争赛道。一个法国商业实体——空中客车工业公司就此成立。A300是该公司推出的第一款飞机。

波音、麦道和洛克希德公司（只有一款商用产品，即L-1011）均不以为意。它们的高管对此"嗤之以鼻"，认为空客只不过是一家成功概率很小的、为提高当地就业率而成立的欧洲公司。考虑到欧洲有虽研制成功但商业惨败的飞机项目的纪录，这种观点并非没有道理。

但这一次不同以往。空客在A300之后推出了较小的A310；无论是A300还是A310，销售都不成功，这让美国制造商对空客更加不屑一顾。当空客在1984年推出与波音737和DC-9直接竞争的单通道客机A320时，波音和麦道也没有认真对待这款飞机（彼时，洛克希德公司再次退出商用飞机市场）。1992年，空客的销售主管，一位名叫雷义的自信的纽约人，取得了出乎预料的成功，他和他的团队为A320赢得了美联航的大订单。在20世纪，美联航与波音同属一个集团。波音为其供应的是波音737-400，但这款飞机被证明不如A320。遭遇这次失败后,波音终于明白空客和雷义是真正的威胁。

波音重新设计波音 737,并推出"下一代"机型,即波音 737NG(包括 737 - 600/700/800/900)。波音 737 - 800 在航程上超过了 A320,经济性也略优于 A320,但较小的 A319 略优于波音 737 - 700,而较大的 A321 则略优于波音 737 - 900。此时,赢得竞争的关键是 A320、波音 737 - 800 所在的细分领域,相比之下波音似乎更胜一筹。

第 1 章
数十亿美元的豪赌

"波音无法推出一款全新研制的飞机。"

——基兰·拉奥,空客前高管

到 2010 年时,空客的管理层需要做出一些艰难的决策,而高管中有一些人"害怕"做出这些决策。

A320 单通道系列产品畅销,获得 7 000 多架订单。这个系列产品由 125 座的 A319、160 座的 A320 和 190 座的 A321 组成,是空客的核心和灵魂。与波音 737 - 700 相比,A319 的销售表现更亮眼,但两款飞机的销量后来都有所下降,取而代之的是更大的 A320 和波音 737 - 800。波音 737 - 800 比 A320 可多搭载 12 名乘客,更大的机翼使其航程更远。这两款飞机相比,波音 737 - 800 拥有销售上的优势。

与波音 737 - 900ER(增程型)相比,A321 载客更多,更受市场青睐。虽然波音 737 - 900ER 可以飞得更远,但航空公司,尤其是面向休闲旅游市场的航空公司,更看重载客量而不是航程。A321 与波音 737 - 900ER 的销量比是 3∶1。

A320 和波音 737 的月产量均约为 36 架,但波音 737 - 800 占有大部分的市场份额,且这一数值仍在慢慢增加。对空客而言,要改善局面,就需要采取点行动了。

此时,波音在双通道宽体客机波音 787 项目上出现失误,波音 787 的空客竞争机型是 A330。波音 787 原定 2008 年 5 月投入使用,但由于设计和生产上的严重延误,一直到 2011 年 12 月这款飞机才投入航线运营。

A350 的销量不断上升,这款飞机的推出是为了替换 A330,其相对波音 787(经济性优于 A330)更有竞争力。与此同时,A380 作为空客应对波音 747 的产品,订单量却不断缩水,销售业绩萎靡不振;此外,军用型 A400M 依然是空客技术和财务方面的累赘。

波音 737 销售量落后,但项目利润丰厚。波音 777-300ER 宽体客机和波音 777-200LRF 远程货机销售表现出色;波音 747-400 没有获得订单;波音 747-8F 货机的销量也不错,但波音 747-8 客机却不佳。与波音 787 一样,波音 747-8 项目虽然没有波音 787 那么糟糕,但也出现了预算超支和项目延期的状况。总的来说,单通道飞机是空客和波音的核心。波音宣称,波音 737-800 和空客的 A320 是"市场的核心",市场表现最好,两家公司也获利最多,与此同时两款机型代表的细分市场竞争也最为激烈。

加拿大庞巴迪公司在研的一款新飞机为空客与波音竞争制造了一段小插曲。截至 2008 年,庞巴迪公司以成功的支线喷气式飞机 CRJ 系列、涡桨飞机 Dash8、公务机系列和城际列车而闻名。

CRJ 被巴航工业支线飞机 E-Jet 系列超越。为此,庞巴迪公司研发了 C 系列飞机[①]。C 系列飞机的机身采用新技术新材料,机翼和尾翼采用轻质复合材料(以下简称"复材"),并配备普惠公司的新发动机。该系列包括 110 座的 CS100 和 130 座的 CS300(采用头等舱和经济舱两舱布局)两种型号。CS100 飞机略小于 A319 和波音 737-700 飞机;CS300 飞机则与 A319 和波音 737-700 直接竞争。

C 系列飞机客舱比空客和波音的竞争机型的客舱更为宽敞。与客舱座椅采用一排 3-3 布局相比,C 系列的座椅布局为一排 2-3;靠近

---

① 译者注:空客于 2018 年 7 月正式收购 C 系列飞机,后改名为 A220。

舷窗和通道的座椅宽度为 18 英寸①，比波音飞机的宽，与空客飞机的相同；中间座位竟然有 19 英寸宽，是所有窄体飞机中最宽敞的，比得上 A380 的经济舱座位。C 系列飞机的通道比 A320 和波音 737 的宽，头顶行李舱也更大。

这是庞巴迪公司一个大胆而冒险的举动，但空客和波音出于不同的考虑，都没有认真对待庞巴迪公司的这一尝试。2008 年和 2009 年整整两年间，空客客户首席运营官雷义和项目执行副总裁汤姆·威廉姆斯将庞巴迪 C 系列飞机戏称为"可爱的小飞机"，威胁说要在价格战中对庞巴迪公司进行"地毯式轰炸"。

C 系列飞机使用了普惠公司的齿轮传动涡扇（GTF）发动机，与当时广泛装配于 A320 和波音 737 的发动机相比，GTF 发动机可以实现两位百分数的燃油节省。空客一直在其 A340 试飞机上测试 GTF 发动机，并对测试结果非常满意。

2010 年，航空公司从 2008 年全球金融危机中逐渐复苏。巨大的损失导致一些航空公司倒闭，其他航空公司则力图削减成本，其中占成本比例最高的是燃油。波音当时正在研究推出一款新飞机来取代波音 737，同时也在考虑给波音 737 更换发动机的方案。空客则倾向于成本较低的解决方案：为 A320 更换发动机，使用普惠公司的 GTF 发动机和 CFM 公司的 LEAP 发动机。

如果空客为 A320 更换发动机，将需要投资 20 亿美元（大约半数投资由发动机制造商承担），问题是波音会不会研制一款新飞机？如果波音研制新飞机，空客将被迫跟随。这意味着为 A320 更换发动机投入的所有资金都将付诸东流。空客不得不另外至少耗资 100 亿美元研发一款新飞机。

---

① 译者注：英制中的长度单位。1 英寸＝2.54 厘米。

雷义最初对 A320 更换发动机是嗤之以鼻的，至少在公开场合是这样，但后来他改变了看法。在空客北美公司①总裁巴里·埃克尔斯通、策略师克里斯蒂安·谢勒及巴里的高级副手基兰·拉奥和图卢兹其他员工的支持下，雷义也主张采用更换发动机的方案。更换发动机后的 A320 与波音 737NG 相比，航程更远，油耗也将大大降低，新发动机也意味着更低的燃油排放。欧洲的激进分子正逐渐将商用航空视为污染制造者。空客正在加大其"绿色航空"的尝试。

雷义希望通过 A320 的现有发动机供应商——国际航空发动机公司（International Aero Engines，IAE）提供 GTF 发动机。与空客一些人的观点不同，雷义还坚持必须提供两种可选择的发动机。如果只有一种发动机，雷义就不支持更换发动机。空客民用飞机公司首席执行官汤姆·恩德斯对更换发动机表示怀疑——如果空客选择更换发动机，而波音选择研制一款新飞机呢？如果空客搞错了怎么办？这可是一场价值数十亿美元的豪赌。

空客不知道的是，其实它多虑了。空客认为波音将推出一种全新的单通道设计。而事实上，虽然波音确实向客户展示了这种飞机的设计概念，不过波音内部并没有定论。波音内部确实有一些人努力推动一种新的双通道设计概念，称为"新轻型双发飞机"，他们认为，这将是未来最受青睐的设计方案。

这款双通道飞机可搭载 180～225 名乘客，航程可达 4 500 海里②，机身为椭圆形或卵形，将采用新型的复合材料。该款飞机将依赖突破性的生产技术，从许多方面来讲，这也是整个商业计划的关键所在。这款双通道飞机将具有单通道飞机的经济性，有 3 种机型。此外，双通道飞机能实现在机场登机口快速转机，这对航空公司来说尤为重要。

---

① 译者注：空客北美公司在发展南美洲业务后更名为空客美洲公司。
② 译者注：1 海里＝1.852 千米。原书中航程的单位多用海里，译者未进行修改。

空客也在推进一款单通道飞机概念，以期替代波音737。这个赌注比空客预计的还要高。雷义相信空客可以迫使波音放弃研制一款新飞机，转而为波音737更换发动机。雷义和他的战略团队认为，更换发动机的波音737比不上更换发动机的A320。他们相信A320RE（换发动机后的型号）将会给空客带来比波音737NG和波音737RE更明显的优势。经过技术分析，他们确信波音737RE无法与A320RE竞争。

雷义现在需要说服恩德斯和执行委员会。他说，空客需要一个来自波音关键客户的大订单，让波音震惊，从而促使波音做出尽快为波音737更换发动机的决定。然而，当时美国的情况与空客的期望南辕北辙。美国航空公司、达美航空公司、美国西南航空公司和美国联合航空公司都是波音的主要客户，每家航空公司都运营着庞大的波音737机队。美国航空公司在20世纪90年代中期就签署了一项从波音独家购买飞机的协议。美国航空公司不欢迎空客，这是A300时期的遗留问题，当时一系列商业纠纷，以及2001年11月一架A300-600R从纽约肯尼迪机场起飞后坠毁事件的发生，导致两家公司关系恶化。

美国西南航空公司的发展在很大程度上得益于波音的帮助。当美国西南航空公司还是一家只有三四架飞机的运营商，同时还面临财务危机时，是波音帮助其保住了生意。因此，美国西南航空公司从空客购买飞机的可能性几乎为零。

达美航空公司和美国联合航空公司也运营A320。与美国航空公司一样，达美航空公司也一直是波音的独家客户。其运营的空客飞机是被西北航空公司并购后，从西北航空公司并入公司机队的。2008年，西北航空公司的管理层接管了达美航空公司。他们虽然喜欢空客，但不愿意成为更换发动机后新款飞机的启动客户。回顾历史，这一观点是有先见之明的。

美国联合航空公司的A320飞机是由早已离职的管理团队订购的。

美国联合航空公司与大陆航空公司合并后,被冠以美国联合航空公司的品牌,但大陆航空公司是实际上的幸存者,合并后公司的高管团队大多来自大陆航空公司。而美国联合航空公司正是第三家通过合约成为波音独家客户的美国航空公司。而接管美国联合航空公司的原大陆航空公司管理层并不青睐空客。

问题是空客如何以及从哪家航空公司获得 A320RE 的订单,从而迫使波音改变策略。2010 年 12 月,空客启动 A320 更换发动机项目,即后来的 A320neo。波音预判,A320neo 旨在对标波音 737NG。"波音不可能研制一款新飞机。"拉奥自信地说。但这其实并不确定。雷义认为波音可能且最终一定会造新飞机。果然,在接下来的 6 个月里,波音在一轮轮的内部探讨中,逐渐看淡波音 737RE 的前景,转而看好新飞机的可行性。此时,空客的领导人必须出手做一些工作了。

瞄准美国航空公司

美国航空公司的困境正是雷义所期盼的那种机会。2011 年,美国航空公司的财务状况很糟糕。其机队是所有航空公司中最老旧的机队之一,约有 300 架老旧的 MD‐80,还是 20 世纪 80 年代从麦道购买的,彼时麦道尚未并入波音,还在苦苦挣扎中求生。

MD‐80 是 1980 年推出的(因此得名)新一代飞机中的第一款,但到 2011 年,已被 1988 年推出的 A320 和 1994 年推出的波音 737NG 所淘汰。在 1991 年海湾战争、2001 年纽约和华盛顿特区的恐怖袭击以及 2008 年全球金融危机之后,燃油价格急剧飙升。MD‐80 在经济性方面已不具优势。

美国航空公司是长达 20 年动荡中唯一一家没有破产的美国老牌

"传统"航空公司，它没有能力像竞争对手那样更新机队。大陆航空公司、达美航空公司、西北航空公司、美国联合航空公司和全美航空公司都曾经历过破产，其中一些公司为摆脱债务和减薪经历过两次破产。

美国航空公司的首席执行官杰拉德·阿佩在理性的角度上坚持反对公司破产，因为破产会对债权人、股东和雇员造成伤害。最终，美国航空公司继续营运，但公司的老旧机队消耗着大量燃料，并且维护成本越来越高。向美国航空公司出售数百架 A320 的营销活动始于 2011 年初，起初美国航空公司并没有注意到雷义。

2001 年 11 月 12 日，当美国航空公司还陷在"9·11"恐怖袭击事件的恐慌中而不安时，一架 A300－600R（AA587 航班）从纽约肯尼迪机场起飞。此时一架波音 747 飞机刚刚起飞不久，A300－600R 从波音 747 的尾流湍流中飞过，垂直尾翼突然从机身脱离。这架飞机向肯尼迪机场所在的皇后区俯冲时，发动机也发生分离。最终，AA587 航班坠毁，机上 260 人死亡，地面 5 人死亡。

由于可怕的"9·11"事件过去仅仅两个月，而这次的受害者又是纽约和美国航空公司，因此，人们一开始怀疑这是另一起恐怖袭击事件。飞行数据记录器（FDR）和驾驶舱语音记录器（CVR）中的数据很快将造成空难的原因指向飞行员的操作，排除了恐怖袭击的可能性。空客方面表示问题出在副机长身上，还有美国航空公司的训练程序。美国国家运输安全委员会（National Transportation Safety Board，NTSB）最终得出的结论是，AA587 航班的副机长为飞越波音 747 的尾流湍流，操作方向舵控制器时用力过猛，导致垂直尾翼折断。国家运输安全委员会还指出复材尾翼和耳片存在问题，复材耳片与钛制耳片一起用于固定尾翼；钛制耳片没有问题，而复材耳片在此次空难中失效了。

空客的指责，让美国航空公司对空客十分不满。A300 是美国航空公司机队中唯一的空客飞机。埃克尔斯通说，美国航空公司不欢迎雷义和空客，至少在工作层面上是这样。每年有那么一到两次，雷义会与阿佩和行业协会的其他几位高管进行社交会面。不过，埃克尔斯通恰好是杰拉德·阿佩和美国航空公司总裁汤姆·霍顿的朋友。

"美国航空公司与空客之间没有任何关系。"埃克尔斯通在 2019 年回忆说，"这要追溯到 AA587 航班事故。在我上任之前，它们的关系就严重恶化了，当我 2005 年上任时，这仍然是一个遗留问题，空客发现很难在美国航空公司方面取得任何进展。"

然而，当时在场的一位美国航空公司前高管理查德·切尔尼表示，美国航空公司对空客的敌意早在 A300 事故发生之前就存在。当年美国航空公司订购 A300 飞机时，空客为其提供了商业维修担保。几十年后，切尔尼已不记得维修担保短缺了多少金额，当时，美国航空公司为此起诉了空客。根据切尔尼的说法，时任美国航空公司首席执行官的鲍勃·克兰德尔（Bob Crandall）脾气暴躁，对雷义没有好感，虽然克兰德尔在 2019 年接受本书作者采访时对雷义表示了赞扬。

"我在罗罗时，曾与杰拉德·阿佩和其他一些美国航空公司的人相识并达成交易。"埃克尔斯通回忆说，"我非常了解杰拉德·阿佩，与他和他的妻子的个人关系相当好。我利用自己与阿佩和汤姆·霍顿的关系开展了一系列对话研讨。差不多每个季度，我们都会在瑰丽酒店（达拉斯的一家豪华餐厅和酒店）碰面交流，享用一顿丰盛的晚餐，以此维系我们之间的关系。"

2011 年初，埃克尔斯通与美国航空公司的对话开始升温。他开始向美国航空公司的管理人员展示 A320neo 的规格、性能、经济性和发动机选项。阿佩当时基本上还处于骑墙观望的状态；埃克尔斯通说，他把具体的商讨事宜留给了霍顿。"事情进展到了关键时刻，我们决定在达拉斯建立一个基地。我们去了达拉斯市中心的丽思卡尔顿酒店，在那里设立了一个空客迷你办公室。从那时起，大部分的讨论都在那里进行。"

埃克尔斯通回忆说，很明显，美国航空公司因为波音对这次讨论情况了解得越来越多而感到紧张①。谈判取得了进展，到春天时已接近达成协议。是时候让雷义亲自出面了。2011 年 3 月，雷义与霍顿和几名美国航空公司的关键人物在美国佛罗里达州的劳德代尔堡举行了一次秘密午餐会议。埃克尔斯通协调后让一家餐厅在午餐时不公开营业，从而确保会谈秘密进行。用餐结束前，雷义就得出了结论，美国航空公司是认真的，空客有可能达成交易。这将是一件轰动一时的大事：美国航空公司将购买超过 400 架 A320ceo 和 A320neo 飞机。

从春天进入夏天（既是字面意思也有比喻意义，达拉斯的气温已连续 10 天都在 100 华氏度②以上），一些重要会议转移到了其他地点召开。"这次讨论也很激烈。"埃克尔斯通说，"很明显，双方即将达成交易，霍顿能够说服阿佩抛开他对与空客合作的担忧。这是一款很棒的飞机，同时这将是一笔伟大的交易，将改变美国航空公司的未来。订购约 200 架③飞机，表现了他们对未来充满着信心。"相同数量的选择权订单将成为协议包的一部分。

但接着就出现了一个大问题。埃克尔斯通说："突然有一天，美国航空公司打来电话。"电话中，霍顿问埃克尔斯通："如果我们同时订购空客和波音的飞机，空客会怎么想？"随即，埃克尔斯通惊奇地问霍顿："美国航空公司为什么会这么说？"

① 波音并非如埃克尔斯通所认为的那样对此一无所知。2011 年 5 月，霍顿在一次高尔夫郊游中将相关信息告诉了当时波音民机集团供应链管理负责人雷·康纳。康纳将信息传递给销售人员，但警示信息没有受到重视。

② 译者注：非法定计量单位中的华氏温度单位。当 x 华式度换算为摄氏度表示时为 $(5/9)(x-32)$ 摄氏度。

③ 译者注：此处的约 200 架指上文所提超 400 架飞机中的确认订单。

"你还记得我们早在 1997 年就与波音达成的排他性协议吗？当时我们是签署协议的三家航空公司之一。"霍顿说。

"是的,我知道,但当波音收购道格拉斯公司时,欧盟表示这种排他性协议就随之失效了。所以,在我看来,汤姆,你不必担心。"

霍顿回答说,在与克兰德尔和罗恩·伍达德(Ron Woodard)①签署排他性协议时,有其他人在场。霍顿对波音有过承诺,对放弃这一承诺感到紧张。

埃克尔斯通回忆说,显而易见,美国航空公司非常担心,如果他们只选购空客一家的飞机,波音会变得非常失望。因而,霍顿追问埃克尔斯通,如果美国航空公司也订购波音 737,空客会有什么反应。

埃克尔斯通及其团队一开始对美国航空公司飞机订单减少感到震惊,但雷义很快就同意了。他需要从波音的一个主要客户那里获得至少 100 架 A320neo 飞机的确认订单。美国航空公司希望获得与订购 400 架飞机相同的条款和条件。雷义对此也表示同意,这是他在此前交易中使用的策略。他确信美国航空公司最终会订购 400 架空客的飞机。

埃克尔斯通认为波音对此会"非常非常的不高兴",他的判断是正确的。接下来的事情真的很奇怪,埃克尔斯通接到霍顿的电话,霍顿说:"波音表示,如果美国航空公司购买空客的飞机,不管是否购买波音的飞机,波音都会起诉美国航空公司违反排他性协议。对此我们想问问空客,是否愿意补偿我们？"雷义很快拒绝了,"我们为什么要这样做？这完全是你们的问题,这是美国航空公司的问题。"埃克尔斯通告诉霍顿:"如果你们想购买我们的飞机,我们很高兴;如果不

---

① 罗恩·伍达德当时是波音民机集团的总裁。

买,那也没关系。但如果波音因你们购买了我们的飞机而提起诉讼,我们不会补偿。"

随后,埃克尔斯通得知,波音的一个 6 人团队出现在美国航空公司达拉斯总部,其中大多数是律师,这证明波音打算诉诸法律是认真的。"这真的让美国航空公司感到不安,让汤姆感到不安。杰拉德·阿佩有点心烦,他是一个非常温文尔雅的人,不容易心烦意乱。"埃克尔斯通回忆道①。

最后,美国航空公司购买了空客和波音两家的飞机。但对波音来说,是差一点与这笔买卖失之交臂。如果不是阿佩打来电话,波音就错失了美国航空公司的巨额订单。

坐失良机

为什么美国航空公司在与波音达成排他性交易的情况下为空客打开了大门? 2020 年一位美国航空公司管理人员回忆说:"波音坐失良机。"为应对 A320neo 的出现,美国航空公司一直要求波音升级波音 737NG。波音却不相信美国航空公司会背弃排他性协议②。这就给了空客机会。一位美国航空公司的内部人员多年后说:"很多人感到意外,波音是被迫采取行动的。有些人不想被波音 737RE 所束缚。"

美国西南航空公司也一直要求波音对波音 737 更换发动机。虽然

---

① 在整个故事中,作者曾要求采访霍顿和阿佩,两人都予以拒绝。本书的采访大部分是在波音 737 MAX 飞机停飞期间进行的。鉴于美国航空公司在波音 737 MAX 飞机项目启动中所扮演的角色,霍顿和阿佩通过中间人表示,即使是与波音 737 MAX 和 A320neo 飞机无关的话题,他们也不会接受采访。

② 波音的阿尔博和其他人认为波音 737NG 优于 A320neo 可能也是其中一个因素。

波音有一个设计方案，但管理层对此并不那么感兴趣，他们更喜欢全新的飞机。

波音内部人士回忆说，对波音来说，美国航空公司不稳定的财务状况也是促使波音妥协的一个因素。最终空客和波音同意为 230 架飞机订单提供融资支持。"鉴于他们的财务状况，对于是否应该与之交易，有很多争论。"事实上，11 月 29 日，在创纪录的 400 亿美元订单签订仅仅 5 个月后，美国航空公司就根据美国《破产法》第 11 章申请了破产。如果购买合同后来被"敲定"（assumed），那么破产申请就取消了融资承诺。"敲定"是一个法律术语，意味着订单在破产后依然有效。美国航空公司敲定了这两项飞机采购合同。

这位美国航空公司知情人士透露，美国航空公司机队规划人员发现 A320neo 的经济性令人惊讶，特别是与老旧的 MD-80 机队相比。但他转述说，波音认为美国航空公司不会订购空客的飞机，因而不愿对波音 737NG 改进升级，只是向美国航空公司提供波音 737-800 和波音 737-900ER 飞机。而美国航空公司对这两款飞机根本不感兴趣。

当 1994 年阿佩打电话给雷义，告知即将达成的波音排他性交易时，阿佩是坏消息的使者。而这一次，阿佩把坏消息带给了波音。一位前波音雇员在 7 年后回忆说，当时阿佩打电话给波音商用飞机销售副总裁马林·戴利（Marlin Dailey），告诉他雷义正在美国航空公司总部，双方准备签署一份 400 架飞机的交易合同。据这位前雇员说，阿佩表示，如果波音想从这笔交易中分得一杯羹，波音的人需要马上坐上飞机，赶往得克萨斯州沃思堡的美国航空公司总部。

阿佩是在周二打的电话。波音销售人员周三用了一整天，策划出一个波音 737 更换发动机项目及其相关条款与条件。时任波音首席执行官詹姆斯·麦克纳尼参与了此事，决定推出更换发动机的波音 737，从而扼杀了阿尔博等人研制一款全新飞机的梦想①。

2011年7月20日，美国航空公司在达拉斯—沃思堡国际机场新开的海军俱乐部宣布了这一双重订单。阿佩、霍顿、空客民用飞机公司首席执行官恩德斯和波音民机集团首席执行官阿尔博出席了会议。雷义、埃克尔斯通以及来自空客、波音和美国航空公司的许多其他人也在场。

空客成功迫使波音为波音737更换发动机。雷义从波音的一个主要客户那里抢到了订单，A320neo的未来现在得以保障。而波音推出新飞机的设想至此破灭。对于波音来说，放弃一款新飞机，转而研制波音737RE的决定，是一个影响深远的重大决定，因为波音737RE就是后来的波音737 MAX。

---

① 据报道，美国航空公司的订单激怒了西南航空公司的首席执行官加里·凯利（Gary Kelly），他几个月来一直在敦促波音对波音737进行更换发动机。西南航空公司曾是波音737-300、波音737-500和波音737-700的启动客户，因而凯利热衷于再次成为波音737 MAX的启动客户。据报道，他在听闻美国航空公司订单后的数周内拒绝接听波音方面的电话。凯利是绅士，他从未证实过这件事情的真实性，我们也只是从其他知情人士的口中了解到。由于波音737 MAX停飞和新冠疫情暴发，凯利拒绝了我们的采访请求。然而，当美国航空公司明确表示，尽管它是启动客户，但它不想成为该机型的第一个运营商时，西南航空公司如愿成为波音737 MAX的启动运营商。

第 2 章
驾驶货机

"我从来没用过减压管。"

——雷义，谈论他的货运生涯

雷义的策略以及团队合作取得了成功。空客争取到一个与波音签署过排他性协议的客户，迫使波音不得不给飞机更换发动机，而不是推出一款全新设计的飞机。雷义身处幕后，让埃克尔斯通在前台打开美国航空公司的大门，也深具谋略。在雷义的整个职业生涯中，他经常让空客本土的负责人或销售人员促成交易；而他置身幕后，提供指导，给出建议，进行决策，并在关键时刻现身。

获得美国航空公司的订单，意味着空客赢得了一场迫使波音改变立场的数十亿美元的豪赌。A320neo 项目获得了强劲的发展动力。赢得美国航空公司这样的蓝筹航空公司①的大订单，还打破波音的排他性协议，将给空客带来不可估量的红利。

对雷义而言，这正是对"美国航空公司-波音"排他性协议的反击。至此，雷义也达到了他在空客职业生涯的一个高峰。彼时，雷义已担任空客首席销售员达 25 年之久，带领空客从小型制造商成长为市场领导者，在商用飞机的销量上超越波音。

雷义于 1985 年 1 月从派珀飞机公司加入空客，在位于纽约市洛克菲勒中心的空客小型美国办事处担任销售员。该办事处当时被称为空

---

① 译者注：蓝筹航空公司一般指具有稳定的盈利能力和良好的市场形象，被公认为业绩优良的航空公司。

客北美公司,顾名思义,其业务范围覆盖美国和加拿大。墨西哥是北美的一部分,但这个拉丁国家的业务由空客图卢兹总部负责。2 年后,雷义被任命为空客在美国和加拿大的销售主管。加入空客前,雷义没有客机销售的经验。雷义在派珀飞机公司没有销售过飞机,而是负责市场营销以及对经销商的财务管理和业务拓展提供培训。

与许多航空人一样,雷义在年轻时就对飞机产生了兴趣。他在离拉瓜迪亚机场不远的纽约市皇后区出生并长大,在 8 年级时举家搬到马萨诸塞州的斯普林菲尔德。在高中时,他成为学校航空协会主席。学生们偶尔会租用配备飞行员的塞斯纳 172 型飞机。他们没有获得资格评级,只是去体验飞行和导航设备。

雷义就读于纽约市布朗克斯区罗斯希尔校区的福特汉姆大学。他修读了两个专业:哲学和传播学。为了赚取学费,雷义在曼哈顿兼职做出租车司机。那个时候,私立大学的学费已经很昂贵了,他的家人无力在经济上提供帮助。雷义回忆说:"我一直在赚取一些额外的钱来支付我的学费,我有奖学金、助学贷款,还参加了学生勤工俭学项目,我负责管理校园中心。夏天,放学后,我又兼职开'切克'出租车。"

雷义选择晚上开车,因为此时的城市交通更通畅。"我下午 4 点左右从肯尼迪国际机场(JFK)出发,在出租车候车区等待乘客,最好是到曼哈顿的。然后我会在东区徘徊,从酒吧接人,带他们去一家不错的餐馆。之后,我会去拉瓜迪亚机场,在那里继续载客,回到城里,在午夜左右结束工作。"雷义的工资是一半的里程费,外加小费。

1969 年,他遇到了"生命中的女人"格蕾丝,两人于 1973 年结婚。虽然雷义没有提起过,但格蕾丝一定是世界上最有耐心的女性之一。因为雷义加入空客后,一年中大约有一半的时间都在出差的路上。雷义 1972 年毕业后,在纽约哥伦比亚大学谋得一份工作,管理大学在曼哈顿的部分房地产,当时他手底下有 40~50 人。雷义说:"这些都是学生和教职员工的宿舍，工作之余，我同时攻读 MBA，但周末通勤到雪城的锡拉丘兹大学(Syracuse University)实在是太累了。"

格蕾丝去锡拉丘兹大学攻读博士学位。1976 年，雷义紧随其后，希望从哥伦比亚大学这一美国顶级大学转到锡拉丘兹大学。锡拉丘兹大学很不错，但与哥伦比亚大学相比就逊色了。雷义说："当我填写申请表时，锡拉丘兹大学校长要求见我。他说，通常人们不会从哥伦比亚大学转来这里。"

"我很好奇，你为什么要来这里?"校长问道。

雷义回答说："我不想继续在哥伦比亚大学做兼职。我的妻子在锡拉丘兹大学读博，我想直接完成专业学习，在大约一年或一年半的时间内获得 MBA 学位，然后继续我的生活。"

"嗯，这很合理。"校长说，"听我说，你想当助教吗? 当然这将让你付出双倍的时间。你可以教授一些课程，我们支付薪酬，同时你的学费将予以免除。或者你想要领取全额奖学金，尽快直接获得学位?"雄心勃勃的雷义表示希望用最快的方式获得学位。

雷义在周末去锡拉丘兹大学看望格蕾丝时已经开始学习驾驶飞机，在他们蜜月期间他还独立飞行。雷义积累了自己的飞行小时数，获得了商用飞行执照并成为仪表飞行规则教官，还获得了多发动机飞机的飞行执照，所有这些都是在他 26 岁前取得的。

尽管雷义拥有多发动机飞机飞行执照，但他大部分时间飞的是单发动机飞机。雷义说："我发现自己一直在单发动机飞机上积累飞行小时数，反复地飞起落航线①，然后到练习区担任私人执照或商用执照飞行教官，这令人非常沮丧。我一直缠着首席飞行员。他们有一个包机部门，我想执飞包机。首席飞行员说每个飞行教官都想驾驶包机，你必

---

① 译者注：起落航线是指飞机起飞后，围绕机场跑道建立一个较小的、航迹类似长方形的航线，然后再降落到跑道上，是一个基础飞行训练科目。

须从右侧座位作为副机长开始。我们有'纳瓦霍人'和'阿兹特克人'类型的飞机。"

首席飞行员告诉雷义，因为资历不足，他还得再等一年才能进入包机的驾驶舱。"但我希望再过一年就毕业，然后去做其他事情。"雷义回答道。首席飞行员建议他到捷达航空公司（Stagecoach Airlines）去看看，这家公司使用由"比奇18"改装的双发涡桨飞机，每周有四个班次往返雪城和芝加哥奥黑尔机场。它安排有夜间飞行，大约晚上 8 点 30 分离开雪城，第二天早上 5 点或 6 点返回，飞行时长为 8.5 小时或 9.5小时。

雷义说："到达那里的第一晚，我去了停放飞机的运营基地①。我正站在那里时，一个魁梧的大个子走过来对我说，'你一定是新的副机长。'"这个大个子是飞行员。雷义和他聊了一会儿，他问起雷义的飞行背景。雷义告诉他："我是一名飞行教官。"他想知道雷义有多少多发动机飞机的飞行时间。雷义说："目前还不是很多。这就是我期待增加多发动机和涡轮发动机飞机飞行时长的原因。"

已被雷义忘记名字的那个机长注意到，作为一名学生，雷义从芝加哥回来后还要去上课。要克服睡眠不足的问题。"要么这样，你飞 1 小时或一个半小时后去睡觉；然后我飞一个半小时后去睡觉。我们轮流休息，合理利用时间，每个人就至少有一半的飞行时间用来睡觉了。"

"这个主意不错！"

"这样做，要注意一个问题。"机长警告雷义，如果他们不小心同时入睡，飞机会叫醒他们，因为没有自动驾驶仪。机长说："你会听到异常的声音。飞机会出现失速坠降，进入螺旋俯冲状态，你能听得出来。"

雷义说："在这种情况下，需要快速醒来，把飞机拉起来，同时不要

---

① 运营基地是指为飞机提供服务的固定基地或服务商（fixed base operator，FBO）。

打扰自己的搭档。后来，我很擅长这么干。"

"比奇"飞机需要两名飞行员。飞机没有配装增压，没有雷达或自动驾驶仪，但至少它配备有除冰套（deicing boot）。捷达航空公司与当时经营铁路的伯灵顿北方公司签订了合同。机长说："如果我们不交付货物，我们就得不到报酬。"

雷义问，如果飞行时遇到恶劣天气或其他问题该怎么办。机长说："好吧，作为机长，我敢保证我们一定会遇到雷暴天气。我们得决定要左转还是右转，然后继续前进，直到看到天空放晴。如果燃油不足，我们会停下来购买燃油，然后继续前行，直至到达目的地。"

雷义从 1976 年秋天飞到次年春天。这份工作"几乎没有报酬"，但这是很棒的经历。他回忆说："这次的经历能够在我的飞行履历中增加夜航、多发动机、仪表飞行规则（IFR）和结冰条件的飞行时长。几乎每晚，我们都是以仪表飞行规则飞行的，天气通常都很糟糕。"

雷义还碰到过几起事故。"有一次我们起飞后，1 号普惠涡轮发动机的温度开始升高。发动机动力开始下降，记得当我们一路回到雪城时，那台发动机几乎没有动力了。但是，飞机上的每个人都想回家，我们只能眼看着动力下降，继续飞行。没什么大不了的，我们基本上靠着一个发动机着陆了。"

至少可以说，操作相当轻松。"我站在那里喝咖啡，机长说，'我们出发吧。'我一直看向窗外，看到外面还有 2 个货盘的货物，我说：'我们还不能走。他们还没有装载好货物。'机长回答说：'他们不负责装载货物，是我们装载货物，他们只是把货物放在那里。'"雷义这才了解到，他的工作内容还包括装载货物，而不仅仅是驾驶飞机。但也有例外，第一次飞往奥黑尔机场时，他还对工会有了一些了解。他说："千万别碰奥黑尔的货物。工会的人会拧断你的胳膊。那是他们的工作，报酬很高。"

某次飞行在重量和配平方面出现了险情,给了雷义一个重要的教训。这一天,他要运送一些卡特彼勒钢轨,这些钢轨被放在货盘上。起飞时,"比奇"遇到了困难。雷义说:"我们沿着跑道猛冲,可它不想飞上天。我们把飞机拉起后产生了地面效应。两台发动机都在全速运转,然后缓慢开始爬升。哎呀,这真的很奇怪。"

雷义和机长看了看发动机仪表。推力适当,温度也没问题。到达奥黑尔机场时,他们检查了载货单,然后发现了问题。钢轨的标示重量为 2 000 磅①。但他们以为货盘载重共 2 000 磅。雷义说:"每条钢轨的重量为 2 000 磅。那架飞机超重 2 000 磅,真是太多了。如果飞机的一个发动机失效,飞机就会直接下降,也许会缓慢地下降,但最终都会下降。"

驾驶飞机是一项有趣的工作。"我睡着的次数多到数不清,但我非常擅长感受轻微的俯仰变化和听到随之发出的异响——飞机会出现失速坠降,然后我突然醒来,让飞机保持水平,甚至不会吵醒旁边正在睡觉的人。"

雷义还学会了如厕自如的诀窍。机长说:"'比奇 18'飞机上没有盥洗室,如果需要解决内急问题,不用担心,这里有一个减压管,你只要往里面释放就行了。不过,我认为它自 1958 年以来就没有被清理过。"雷义回忆说:"我从来没用过减压管。"

---

① 译者注:英制中的重量单位。1 磅=0.453 6 千克。

第 3 章
派珀飞机公司

"我们决定还是要更熟悉我们企业文化的人。"

——美国航空公司，拒绝候选人雷义的求职申请

雷义于 1977 年 5 月毕业，获得金融和运输管理 MBA 学位，是时候寻找一份真正的工作了。他想成为一名飞行员，但他眼睛近视，且不是退役军人，所以无法进行航线飞行。雷义的学业成绩因为有一个 B 而非全 A，但他的成绩在班上仍名列前茅。他向美国航空公司投递了一份简历，当时该公司的总部仍设在纽约。美国航空公司财务部邀请他去面试，并给他寄了一张从雪城出发的往返头等舱机票。雷义觉得他得看起来像是去拜访美国航空公司的样子，于是就买了一身三件套西装和一个公文包。在那个年代，人们一般都是身着白衬衫、扣紧衣领、留着短发。

雷义说："我早起后到达那里，看起来精神焕发，上午 9 点与面试官会面。我走进去，秘书带我上来。美国航空公司有一个开放式楼层，财务或其他相关人员在此办公，靠墙是一些行政办公室。我知道事情不会顺利，因为我长发垂肩，胡须浓密，而那里的每个人都留着平头，1977 年的退伍军人式平头。我忍不住暗想，该死！"

"我记得我没见到首席财务官。他们和我相处了一整天，给我提供了午餐，告诉我这个职位的相关情况。他们说对这次面试很满意。大约两周后，我收到美国航空公司漂亮的信件，上面写着：'雷义，这是一个艰难的决定。你的资历非常好，我们很享受与你面谈的过程，但最终

我们决定还是要更熟悉我们企业文化的人。'"

2019 年,美国航空公司时任首席执行官克兰德尔第一次听到这个故事时,笑了。他说:"我肯定会录用他,因为在那时,他就是个聪慧的年轻人。"

雷义回到家,按照 1977 年的商务标准剪去长发,剃掉胡须。雷义说:"我的妻子回家了。在大学里,从第一次开始和她约会时,我就蓄着胡子。她从没见过我没有胡子的样子,突然之间,她开始哭泣。"

格蕾丝惊呼道:"上帝呀,这不对,你不该这样做。"雷义回答道:"你想挨饿吗?要从事这个行业我就不能留大胡子,也不能留长发。"随后雷义的目光转向通用航空飞机行业,他分别向塞斯纳、比奇和派珀三家飞机公司投递了简历。雷义在一周内接受了前两家公司的面试;派珀飞机公司(以下简称"派珀")虽然落后了一步,但派了一架飞机专程去接他。

派珀的总部位于宾夕法尼亚州的洛克海文,距离雪城有 1 小时的航程。雷义穿着他的三件套西装,带着公文包,这一次他胡须剃得干干净净,留着短发。派珀告诉雷义,他与公司目前的在招岗位非常匹配。一位公司高管告诉雷义:"我们有一个新的职位空缺,我们也注意到你的简历。我们有一个经销商网络。我们的工作伙伴是一些飞行员,他们都是牢靠的人,他们的工作与汽车经销商几乎没什么区别,只是这'汽车'会飞。他们需要了解税收、折旧以及如何在竞争激烈的市场中销售我们的飞机,如何进行售后回租,让那些想买'纳瓦霍人'飞机的人出于税收和经济方面的考虑下订单。我们将设立一个营销业务管理部门,也许我们会让另外一两个人也参与进来。你将帮助我们的经销商和分销商了解航空业务,而不仅仅是展示我们的飞机。"

雷义说,太好了。当时派珀给的工资还可以。虽然公司规模很小,但那时其他的公司规模也都不大。对雷义来说,加入派珀最大的好处是,他有机会驾驶公司的新飞机。无论是业务需要还是出于个人因素,雷义都可以在指定的航线上驾驶飞机。派珀给他配发了一张信用卡,用于购买燃油或支付其他相关费用。雷义需要以最少的飞行小时数来满足仪表飞行规则的仪表经历要求。派珀希望其高级管理人员了解并熟悉公司的产品线。周末时,雷义可以乘坐新飞机与格蕾丝和孩子们一起飞往海滩,也可以飞到缅因州为周六烧烤采买龙虾。雷义怎么会拒绝呢? 在 27 岁这样的年纪,这是一份很棒的工作。

在派珀的 7 年时间里,雷义为经销商组织研讨会,内容包括销售培训、面试和销售技巧、税收减免和福利、融资、现金流分析以及如何成为经销商。雷义设计课程并帮助教授这些课程,雷义和他的团队还与派珀的经销商进行角色扮演。

雷义说:"我们带他们参观飞机,展示派珀飞机的优缺点,然后我扮作塞斯纳飞机公司的推销员,我的搭档扮作比奇飞机公司的推销员。经销商会以潜在客户的身份与我们交谈,向我们咨询飞机的情况。我们甚至会在派珀飞机及其竞争机型比奇与塞斯纳飞机上做演示飞行。这很有趣。"

雷义和他的团队去过澳大利亚、欧洲和加拿大。他们还去了南非。在这次旅行中,雷义沿一条乡镇街道以 200 英里①/时的速度进行了一次低空飞行 ,他拉起飞机并使飞机失速坠降。机主问:"你在做什么?"

雷义回答:"嗯,我想再做一次。"

"你知道今天是星期天早上吗? 这可能会把镇上的每个人都吵醒,他们都宿醉了,还都有枪。你真的想沿着大街再来一次低空飞行吗?"

"好吧,那接下来我们怎么办?"

下一站是莫桑比克附近的克鲁格国家公园,雷义正在一个铁丝网

---

① 译者注:英制中的长度单位。1 英里=1.609 千米。

栅栏附近为飞机加油,这是一架"航空之星"602P飞机。当听见狮子的咆哮声时,正专注于加油的雷义吓得几乎魂飞魄散。狮子就在栅栏的另一边,栅栏不高,狮子真要跳过来的话,是可以跳过来的。雷义把加油的事交给一个当地人,然后爬进驾驶舱提交他的飞行计划。

雷义从来没为派珀卖过一架飞机,销售飞机是经销商和分销商的工作。在从事金融和经销商培训工作之后,他接管了营销和广告业务,选用的是联邦快递公司(FedEx)早期合作过的一家广告公司——艾利和加佳诺公司。卡尔·艾利(Carl Ally)亲自负责派珀的业务。雷义说:"我仅仅听卡尔·艾利讲话就学到了很多关于广告的知识,他真的很擅长交谈,如何定位受众,让广告引人注意并让它令人难忘,以及诸如此类的事情。"当年,联邦快递公司发布了一则幽默的电视广告,广告中一位80岁的董事长感叹,使用联邦快递"太容易了,甚至连我这个董事长都能做到"。

雷义与派珀的分销商讨论后认为,受到投资税收抵免和其他税收优惠政策的刺激,通用航空市场在1978—1979年迅速发展,其他通用航空制造商也从中受益。1978年通用航空的销售达到顶峰,所有通用航空原始设备制造商共售出17 811架飞机。1979年销量略有下降,1980年下降到11 877架。

"然后销售量断崖式下降。"雷义说,"到1984年底我离开时,各家制造商只生产了大约2 500架飞机。这是轻型飞机行业的彻底崩溃。"雷义将这种崩溃归咎于经销商的过度吹捧、高估飞行俱乐部受欢迎程度以及经济衰退。各家制造商也没有对飞机进行更多的更新。

律师和产品责任法规也影响了通用航空产业。如果一名"周日飞行者"——持有视觉飞行规则(visual flight rules,VFR)执照的飞行员,与家人一起出去兜风,飞机可能会在暴风雨来临前起飞。尽管收到气象预警并被告知应以仪表飞行规则飞行,但飞机如果因此发生事故而坠毁，制造商还是会被起诉的。

雷义说："我们怎么可能设计出以 150 英里/时的速度撞向山体的飞机呢？飞机携带 100 加仑①的高辛烷值燃油。怎么能不起火呢？塞斯纳飞机公司败诉，比奇飞机公司也败诉。最后，又过了 10 年或 15 年，美国国会才介入并修改法律，说'对某些责任必须进行限定'。我认为这个产业至今还没有从中恢复过来。"

雷义离开派珀总部的时候到了。派珀把总部从宾夕法尼亚州搬迁到佛罗里达州的维罗海滩。雷义可以到那里继续担任营销总监，但这次他想进入销售领域，想去海外。派珀在瑞士日内瓦设有办事处，公司同意将雷义调到那里担任欧洲、中东和亚洲的销售总监。他的名片上写着"东半球销售总监"。

那时格蕾丝在宾夕法尼亚州立大学任教，她想在搬去瑞士后，仍然继续工作。派珀帮助格蕾丝在欧洲核子研究组织（European Organization for Nuclear Research，法文缩写为 CERN）谋到一个职位。但雷义在办理工作许可证时遇到了麻烦。"把你的妻子带过来没有问题，但欧洲不太乐见已婚女性参加工作。"派珀的相关人士表示。

1984 年 11 月，当猎头加里·克劳萨默找到雷义时，雷义和派珀仍在处理搬迁到日内瓦的相关事宜，并一直在为格蕾丝寻找工作。他们在拉瓜迪亚机场的"海军上将俱乐部"见面。克劳萨默问雷义："如果你想获得一些国际经验，为何不尝试为那些在美国的跨国公司工作呢？我们打算重振空客在美国的业务。"雷义如果接受这份工作邀请，那么他将在洛克菲勒中心的办公室工作。

当然，雷义自己就是纽约人，格蕾丝的家人也住在那里。雷义的兄弟和叔叔在长岛。雷义说："他们（空客）想要的不是那种只会派发宣传

①　译者注：英、美计量体积或容积的单位。1 英加仑 ≈ 4.546 升，1 美加仑 ≈ 3.785 升。

册的推销员。"

克劳萨默说："想要销售飞机，就需要真正了解飞机的经济性。我们不希望你去和飞行员交谈，他们不是购买飞机的最终决定者。你必须与财务人员、规划人员交谈并让他们相信，我们的飞机比波音的飞机更好。"

如果雷义有需求，空客甚至提出为雷义提供培训，获得空客飞机的飞行员型别等级。但雷义从未接受过这个提议，因为至少需要8周时间才能获得这个他永远都不会使用的型别等级。虽然这个训练很有趣，但雷义更希望将这些时间用来陪伴家人。

空客计划招聘四五名销售人员，他们都是工商管理硕士（包括雷义），但雷义的目标更高。他告诉空客北美公司董事长、美国运输部第一任部长艾伦·博伊德，应该聘请他担任销售经理。"我为此做了很大的努力。"雷义回忆说，"我记得艾伦·博伊德只是看着我说：'好吧，约翰，我们这样做的可能性为零。我希望你和我们一起做推销员。如果你像自己认为的那样出色，那么一年后，你可能会成为销售经理。但是我们现在无法聘用你担任销售经理。我们会招聘5个人，这些人都直接向北美公司的首席执行官汇报工作。'"

两年后，雷义得到了他想要的职位。史蒂文·哈叙是商用航空巨头之一，他与合作伙伴共同创立了两家业内领先的航空租赁公司，他向作者回忆起当年的雷义。哈叙在2019年的一次采访中说："他是一名推销员、调机飞行员，是派珀的万事通。后来他被空客北美公司聘用为初级营销人员。起初他对大型商用飞机一无所知，但他学得很快。"

实际上，当空客找到雷义时，雷义是派珀的营销总监，他的团队有40人。空客提出将雷义的薪水提高一倍，他可以搬到纽约；可以乘坐头等舱（包括"协和"飞机）跨国旅游；而且他会为一家欧洲公司工作。

克劳萨默在核实雷义履历时见到的第一个证明人是查克·耶格尔

(Chuck Yeager)，他是当时为派珀做促销工作的传奇试飞员。不用说，耶格尔表达了对雷义的强烈认可。克劳萨默开始慢慢地与雷义达成协议。

克劳萨默说："很多人去欧洲并在那里定居。很多军人说：'我在欧洲待了三年、四年、五年，我了解欧洲体系。'不，其实他们并不了解欧洲。这些人只是在自己的美国人小圈子里，只是在为一家美国公司或军队工作，然后又回来了。也许他们不必走那么远就能看到埃菲尔铁塔，但他们根本不懂法国人。你只有为法国人工作才能真正了解法国人。"

虽然最初雷义被公司派到了北美，但他是为一家法国公司工作，并负责相应的行政事务。雷义被这个提议打动了，他说："这个提议很有吸引力。"最终，他接受了空客的邀请。

第 4 章
在空客的初期

"他们拥有 10 架飞机。"

——雷义，向西北航空公司推销 A320 飞机时

雷义加入空客时年仅 34 岁。他最初的任务是向泛美航空公司、西北航空公司和皮埃蒙特航空公司推销飞机。泛美航空公司在 1984—1985 年陷入了困境。作为美国的非官方载旗航空公司，从二战爆发前以来，泛美航空公司率先开启跨洋飞行，并在 20 世纪 30 年代发明了能够支持远程通信和飞行的技术。由西科斯基飞行器公司、马丁公司和波音（尤其是后两家）制造的飞艇成为传奇，并成为奢华的象征。在外界看来，泛美航空公司致力提高其国际航空公司的地位，经常以美国国务院授权来取得国外运营权，并因此受到指责。传说泛美航空公司在必要时甚至可以影响他国政府的决策。

泛美航空公司的创始人胡安·特里普（Juan Trippe）是美国航空界和华盛顿特区最具影响力的人物之一。除了是马丁 130 和波音 314 飞艇的启动客户外，特里普同时订购了波音 707 和道格拉斯 DC-8 飞机，开启了美国喷气式飞机的时代。他还是波音 747 的启动客户，开启了航空旅行和大型喷气式飞机的全新时代。

然而，尽管特里普拥有巨大的权力和影响力，但在使泛美航空公司成为美国官方的载旗航空公司方面却处处受阻。正如其他国家政府指定一家航空公司执飞国际航线那样，如英国的英国海外航空公司（BOAC）和法国的法国航空公司（均为政府所有），他希望泛美航空公

司成为美国海外航线的唯一受益者。泛美航空公司试图收购其他航空公司以拓展其市场,但没有成功。然后特里普退休了。

波音747于1970年1月投入使用,在此过程中波音几乎破产[①]。人们普遍认为,是大额订单导致泛美航空公司陷入了财务困境,并最终走向破产。

到20世纪70年代末,美国民航运输业显现出放松管制的趋势。泛美航空公司可以自行进入美国市场,但建立航线网络需要数十年时间和数十亿美元资金。相反,泛美航空公司与弗兰克·洛伦佐(Frank Lorenzo)的得克萨斯航空公司(Texas Air Corp.,TAC)为了收购美国国家航空公司(National Airlines)展开了一场竞购战。美国东方航空也参与了此次竞购。

泛美航空公司耗资4.37亿美元赢得了此次竞购[②]。人们普遍认为,泛美航空公司在这场竞购中支出过多,原有债务负担加上波音747的债务负担,以及20世纪70年代的运营亏损,这些因素一起敲响了泛美航空公司的丧钟。到1984年,泛美航空公司已经奄奄一息。但它的国际声誉远高于其在美国的声誉——在美国国内它被认为是一家失败的航空公司。每个人都能感受到泛美航空公司已是穷途末路。它无力购买新飞机,因此需要创造性融资。空客需要处理一批"白尾"的A300-B4飞机,并进一步打入美国市场。此外,鉴于泛美航空公司仍具有良好的国际地位,空客获得其订单将被视为对空客的一种认可。

雷义说:"当我被聘用时,我还不知道空客留存着约20架'白尾'飞机。这些不是订单中的'白尾'飞机。空客制造了大约20架A300-B4

---

① 译者注:在当时经济衰退、石油价格上涨的大背景下,全球客机订单数大幅下降,而此时波音还要承担高昂的研发费用,一度濒临破产。

② 得克萨斯航空公司从其收购美国国家航空公司的过程中获得了可观利润。因此,泛美航空公司实际上为洛伦佐提供了一个不错的存钱罐,使得克萨斯航空公司在接下来几年中得以扩张。

宽体飞机，这些飞机停放在图卢兹。[①]"空客生产这些飞机是为了保持生产线的正常运转，是在没有客户（订单）的情况下生产的。"空客损失惨重。股东们愿意减记[②]一些资产来维持这个项目，因为机翼、驾驶舱和机身制造创造了更多的就业机会。"

创造就业这件事似乎证明了波音、洛克希德和道格拉斯等公司的见解是正确的。这些公司在 20 世纪 70 年代对空客不屑一顾，当时空客只是作为又一个为欧洲增加就业率的项目而成立的。到目前（2021年）为止，情况似乎就是这样，但是空客要想让泛美航空公司购买"白尾"飞机还需要发挥更多的创造力。

空客可以在融资方面做一些波音不打算做的事情。空客可以利用其资产负债表（信贷资金事实上回流到其所有者——合作伙伴）来进行所谓的保税租赁结构（LILO）。空客将签订 22～24 年期的合同，从一群投资者那里租用 A300 或 A310——这是雷曼兄弟公司（Lehman Brothers）的创意。考虑到这一做法在当时是前所未有的，雷义称之为一个古怪的想法。然后空客将飞机转租给航空公司，如此这不再是泛美航空公司的贷款，推动租约的是空客的信贷。尽管空客对飞机进行了超额融资，为合作伙伴带来了一次性的利润，但它还是在没有利润的情况下将租赁费率转嫁给了合作伙伴。

"我们将信贷资金记入我们的资产负债表，并承担相应的风险。泛美航空将以比以往任何时候都低得多的利率获得融资，甚至比向波音金融公司（Boeing Capital）为波音 767 飞机融资的利率都低。"雷义说，"这就是进入市场的代价。"

---

① 正是这约 20 架"白尾"飞机的财务惨败使得让·皮尔逊被任命为空客的首席执行官。皮尔逊就是那个把雷义带到图卢兹的人。

② 译者注：指将一项资产的价值金额记入开支或损失项下，以降低资产或有关盈利的数额。

作为宽体飞机交易的一部分,泛美航空公司还订购了 50 架 A320,成为空客的早期启动客户之一。其实,泛美航空公司不需要 A320,也无法使用它们。但空客为了国际声望,希望订单上出现泛美航空公司的名字,因此说服了泛美航空公司。订购 50 架 A320 属于锦上添花,空客迫切希望获得这笔订单,以便能对外宣称泛美航空公司已购买了 50 架飞机。雷义说,空客当时对泛美航空公司的推销话术是:"这是您的合同。如果事情不成功,也许您可以把这些飞机转售他人来获利。"泛美航空公司回答说:"这个提议很有趣。好的,我们将采购 50 架飞机。"

当 1985 年 1 月雷义加入空客时,这些交易都还处在意向书(letters of intent,LOI)阶段,又过了七八个月的时间才成为确认订单。空客不了解美国合同和融资的复杂性,也不了解泛美航空公司及其法务和财务顾问的精明老练。

西北航空公司是空客的另一个早期目标,达成交易同样是一个艰难的过程。空客是新进入者。除了在喷气时代初期购买过少量道格拉斯 DC - 8 以及 DC - 10 - 40 飞机外,西北航空公司只购买过波音的喷气式飞机。雷义说:"我们的 A300 - 600 和波音 767 打成平手,但没有得到订单;波音也没有得到订单。我确信西北航空公司这一战不是平局,我们赢了,但西北航空公司当时无法说服自己购买空客的飞机。他们说:'也许我们不必现在就做出决定。我们会考虑一下宽体飞机。'一年后,他们开始寻找单通道飞机。"

西北航空公司在 1986 年确认订购 100 架 A320,空客分批次完成订单,每批交付 10 架,但如果首批飞机不符合西北航空公司的预期,他们有权取消剩下的 90 架飞机的订单。这是一笔非同寻常的交易。

空客拿下西北航空公司 A300 订单棋差一着,雷义开始发挥创造力。这让图卢兹的空客高管有些不安。雷义说:"100 架 A320 的合同让西北航空公司的人感到紧张。这个数字对我们有利,但西北航空公司的高管显然心中会打鼓，难道他们要把自己的整个职业生涯和声誉都赌在这 100 架欧洲飞机上吗?"

一方面，西北航空公司的中层管理人员记得"快帆"客机①和其他欧洲飞机带来的灾难，如"水星"客机。但另一方面，A320 并非另一个"快帆"客机或"水星"客机。空客可能会继续聚焦北美地区，其在全球市场也同样很有前景。空客可能不会发展成为第二个波音，但在与波音、麦道的三方角逐中可能会优于麦道。

西北航空公司想要订购 100 架飞机，但高管们对此很担忧。雷义建议他们订购 10 架，但不可以撤销订单。即便如此，西北航空公司还想以 100 架飞机的订购单价来购买 10 架飞机。雷义是在冒险，这下轮到空客紧张了。"如果我们用售卖 100 架飞机的单价仅卖给他们 10 架飞机，那么我们将承担多大的风险? 如果我们愿意接受 100 架的订单，为什么不接受 10 架的订单，给他们一个台阶下呢?"雷义告诉他的老板们。

雷义基本上只需要说服一个人——空客首席执行官让·皮尔逊。雷义告诉皮尔逊："我们可以义正词严地说，西北航空公司以 100 架的单价购买 10 架飞机并不公平，但我们终究赢得了西北航空公司这个客户。他们支付的是现金，拥有我们 10 架飞机，并将运营这些飞机，而且他们可能会再次订购。哪怕他们因为我们产品支持不到位而取消 90 架飞机的订单，那当我们的产品支持更好时，我也会再去卖飞机，可能再去卖 20 架，或者再去卖 30 架，很快我们的销量就会回到 100 架。"

这也是雷义多年来一直沿用的思路，面对美国市场时，他愿意以 400 架飞机的销售单价进行谈判，哪怕订单数量减少或者与波音平分

---

① "快帆"在当时是一个不错的成功案例。作为德·哈维兰"彗星"之后的第二款西方喷气式飞机，法国南方飞机公司(Sud - Aviation)售出了 282 架，但只有 20 架给了美联航。法国南方飞机公司的总部位于图卢兹，它是空客的前身。

400架。风险在于，如果空客不做这笔交易，西北航空公司会转向购买波音的飞机，随着时间的推移，空客会被市场淘汰。雷义回忆说：“我们必须这样做。这是非常快速的决策，我们做出了。”1987年，西北航空公司终于订购了多年前推迟购买的宽体飞机，与空客签署了24架A330‒300飞机的订单，2001年又增加了A340的订单。再后来“9·11”事件发生了，整个产业陷入了困境。

　　虽然雷义和空客获得了泛美航空公司与西北航空公司的订单，但他们未能拿下另外两家美国航空公司的订单。艾伦·博伊德对航空业内人士了如指掌。他安排雷义与美国航空公司首席执行官埃德·科洛德尼（Ed Colodny）共进晚餐。美国航空公司的前身为阿勒格尼航空公司，运营着DC‒9和波音737客机，在1972年与莫霍克航空公司合并后，还拥有了BAC‒111客机，因此该航空公司对欧洲飞机并不陌生。但是雷义说，虽然晚餐时相谈甚欢，但很明显科洛德尼对从空客购买飞机不感兴趣。在科洛德尼离开美国航空公司多年之后，雷义终于赢得了该公司的订单。

　　对于皮埃蒙特航空公司，雷义差点就让其订购了A310。雷义回忆说：“能认识戈登·贝休恩（Gordon Bethune），这对我来说是一次真正的突破。”贝休恩当时是皮埃蒙特航空公司的业务负责人。“我们举办了一场大型推介活动，将A310与波音767进行对比，我认为我们基本上赢了。然而，波音首席执行官弗兰克·施龙茨（Frank Shrontz）听说皮埃蒙特航空公司将与空客合作后，立马飞了过去，要求与执行委员会举行一次私人会议，大概想表达的思想就是，‘我该怎么做才能防止你们犯下选择空客的大错误？’”也不知道施龙茨说了什么，皮埃蒙特航空公司最终还是订购了波音767‒200ER。

　　波音对西北航空公司也尝试使用了类似的策略，但失败了。雷义说：“这就是为什么我很确定波音最终开始了长达20年的排他性做法。

他们想，'我们不能继续输给这些人，然后再不计代价地夺回订单。'"

但泛美航空公司却成了雷义无法解决的难题。到 1989 年，这家深陷财务危机的航空公司不得不将其手上的 A320 订单转卖给布兰尼夫公司（Braniff Inc.），即重组后的布兰尼夫国际航空公司（Braniff International Airways）。布兰尼夫国际航空公司有时被称为"BI"，成为美国航空运输业放松管制的第一个受害者。公司总体过度扩张，石油输出国组织（OPEC）把持石油定价造成燃料价格灾难性的上涨，加上吉米·卡特总统任期内美国经济衰退所导致的客运量急剧下降，以及利率的大幅飙升，所有上述原因最终导致布兰尼夫国际航空公司在 1982 年濒临破产。

此后布兰尼夫国际航空公司重组成为一家规模小得多的公司——布兰尼夫公司，俗称布兰尼夫 II 航空公司。以经营凯悦酒店（Hyatt Hotel）闻名的普利兹克家族曾为其提供资金，使布兰尼夫公司在 1984 年免于破产。到 1988 年，一群投资者从普利兹克家族收购了布兰尼夫公司。负责人是杰弗里·乔多罗（Jeffrey Chodorow，公司生产亚历山大娃娃）、亚瑟·科恩（Arthur Cohen，费城一家投资公司的首席执行官）以及斯科特·斯潘塞（Scot Spencer）；他们的公司被称为 B 施龙茨 A－COR 公司。

斯潘塞是个怪人。20 多岁的他更像是一个航空极客，但却成为收购布兰尼夫公司的主要推手。这群投资者从皮埃蒙特航空公司招募了执行团队。这家航空公司自从被美国航空公司接管后，原来的执行团队都已失业。从皮埃蒙特航空公司招募的这些高管让 BIA－COR 公司立刻获得了信誉。

布兰尼夫公司将其在达拉斯—沃思堡的航站楼卖给了美国航空公司，这对美国航空公司来说是一笔不错的买卖，因为在此过程中美国航空公司借给了布兰尼夫公司资金。布兰尼夫公司将其枢纽从达拉斯迁至堪萨斯城（原为布兰尼夫公司的二级枢纽）。后来，美国航空公司内部人员承认，他们希望取消对布兰尼夫公司的贷款，如此该公司未来的生存能力将大打折扣。但对美国航空公司来说，得到达拉斯—沃思堡的第三航站楼和布兰尼夫公司在达拉斯的市场份额远远抵消了这一点。

BIA－COR 公司团队收购了使用 BAC－111 客机的小型运营商佛罗里达快运公司，其中包括一些来自原布兰尼夫公司，几经易手的飞机。布兰尼夫公司将其总部迁至佛罗里达州奥兰多。当急需现金的泛美航空公司决定行使选择权、出售其 A320 的交付机位时，布兰尼夫公司对此很感兴趣。它购买了泛美航空公司的合同，并与爱尔兰租赁公司 GPA 集团达成协议，将飞机购买/回租给自己。

从 1987 年圣诞节到 1988 年新年前夜，雷义带领空客团队一直驻扎在纽约辛普森·撒切尔律师事务所的会议室中，来自布兰尼夫公司、泛美航空公司、GPA 集团和国际航空发动机公司的团队试图就 50 架 A320 飞机的出售/转让/租赁合同进行谈判。最终各方在新年前的午夜达成协议。

交易完成后，团队前往曼哈顿第三大道的一家名叫 P. J. 洛克的小酒馆，畅饮健力士啤酒直到天亮。庆祝是短暂的。正如美国航空公司所预测的那样，重组后的布兰尼夫公司很快便陷入了财务困境。到 1989 年 10 月时，形势十分危急。布兰尼夫公司与 GPA 集团一起筹集了超过 1 亿美元的资金。然而，意想不到的事情发生了。

布兰尼夫公司是一家上市公司，但只有 18% 的股票是公开流通股票。BIA－COR 公司持有剩下的部分。由于流通量太小，股票分析师并没有关注该航空公司，但其财务信息已提交给美国证券交易委员会（SEC）。贸易杂志《航空金融杂志》（Airfinance Journal，AFJ，一家专注于航空金融领域的杂志）的一位编辑却密切关注着布兰尼夫公司。

相应地，布兰尼夫公司提交给美国证券交易委员会的文件也很能说明问题。

在向美国证券交易委员会提交的 10 - K 年报和 10 - Q 季报中，《航空金融杂志》发现 BIA - COR 公司高管正在赚取咨询费并提高租赁费率，将现金"返回"给相关负责人。这并不违法。毕竟，弗兰克·洛伦佐和他的喷气式飞机资本有限公司，以及后来的得克萨斯航空公司，对得克萨斯国际航空公司、大陆航空公司、东方航空公司以及得克萨斯航空公司拥有的所有小型航空公司都这样做；这在业内也不是秘密。布兰尼夫公司在给美国证券交易委员会的 10 - K 年报中说明了返利和咨询费用。

《航空金融杂志》在例行报道中报告了返利的情况。当时在国际航空发动机公司工作的查尔斯·克利弗聘请了一名顾问来审查布兰尼夫公司的财务状况。这位顾问建议普惠公司参与并通过对布兰尼夫公司的财务审查。由于普惠公司的犹豫不决，整个计划失败了。布兰尼夫公司与 GPA 集团的交易要求各方要么全部参与，要么全部不参与。此时，布兰尼夫公司已经接收十几架 A320。无奈之下，公司只能依据美国《破产法》第 11 章申请破产重组，并在接下来的几个月内完全停止运营。如此，那十几架 A320 飞机不得不回到 GPA 集团。空客已同意在这种情况下帮助 GPA 集团再次营销。

A320 采用的是新技术，没有收到其他购买订单，GPA 集团和空客急于为这十几架飞机寻找下家。谈判人员包括美国西部航空公司总裁迈克·康威、GPA 集团高管吉姆·金（Jim King）和科尔姆·巴林顿（Colm Barrington）、雷义以及来自普惠公司和国际航空发动机公司的高管。普惠公司是发动机供应商国际航空发动机公司的两个主要股东之一。

《航空金融杂志》的编辑创办了一份新杂志《商用航空报道》（*Commercial Aviation Report*）。《航空金融杂志》为月刊，《商用航空报道》则是双周刊,致力于跟踪各种交易、潜在订单和金融新闻。《商用航空报道》密切跟踪泛美航空公司、GPA集团、布兰尼夫公司交易中的A320飞机。该杂志报道说,美国西部航空公司正在就此展开谈判,并有新的进展。

GPA集团对有关谈判的消息遭到泄露感到不满,金指责雷义应该对此负责。泄露事件发生了数次后,在一次特别激烈的会议中,康威在紧张的气氛中平静地点燃了一根火柴。他以低沉尖刻的口吻调侃道,当天的谈判是否会在《商用航空报道》杂志截稿前及时完成。金再次指责雷义泄露了谈判内容。根据克利弗的说法,雷义几乎跨过了谈判桌与金发生了激烈的冲突。雷义在谈判期间拒绝接受《商用航空报道》杂志的采访①。

当双方稍后在巴黎举行庆祝晚宴时,康威把10瓶从超市购买的廉价加州葡萄酒带进了这家高档法国餐厅。康威付给侍者100美元服务费,请他将葡萄酒送到晚宴上但不要透露酒的价格。大家都很喜欢喝这款葡萄酒,康威趁机向大家公开了这款葡萄酒的产地和价格。在场的美国人和英国人听后捧腹大笑,可法国人就不那么开心了。

泛美航空公司、布兰尼夫公司的那些A320飞机最后都归属于美国西部航空公司。这笔交易与深思熟虑的机队规划和企业扩张没有多大关系,而是与融资有关。克利弗和康威都回忆说,A320的交易与钱有关。美国西部航空公司当时已经捉襟见肘,现金注入对其生存至关重要。尽管在第一次海湾战争和油价冲击之后美国西部航空公司在1991年进入了破产程序,但最终还是成功进行了重组。这些飞机留在了美国西部航空公司,在接下来的几年里,该航空公司从空客又购买了更多的飞机。

然而,重组美国西部航空公司以一种意想不到的方式为空客带来

---

① 雷义不是泄密者。

了丰厚的利润。在美国西部航空公司按照《破产法》第 11 章提交破产申请后不久的某个周日晚上，在华盛顿特区的一家餐厅，雷义和空客美国办公室的"金融大师"达纳·洛克哈特会见了私募股权公司得克萨斯太平洋集团的大卫·邦德曼（David Bonderman）。为雷义工作的洛克哈特在债权人委员会中代表空客。杰出的私人股本投资者邦德曼希望空客支持他试图控制和振兴美国西部航空公司的举措。他正在招募一位行业新人——比尔·弗兰克（Bill Franke）来重组美国西部航空公司。雷义同意并说服空客支持重组。至此，他们结下了"深厚的友谊"，弗兰克最终成为雷义推销空客飞机的最大潜在客户。

但雷义仍然没有与泛美航空公司合作。到 1991 年，这家传奇的航空公司已经走到尽头。泛美航空公司已关闭其在美国国内的业务，把太平洋航线卖给了美国联合航空公司。泛美航空公司还将其欧洲航线权和资产出售给了达美航空公司。与此同时，泛美航空公司减少了拉丁美洲航线，并打算与达美航空公司作为共同投资者及合作伙伴运营剩下的航线。执飞飞机则是 A310－300。

在本次合作中，达美航空公司希望与泛美航空公司合资购买 9 架新的 A310－300 飞机，但其中困难重重。达美航空公司首席执行官罗恩·艾伦（Ron Allen）在弗吉尼亚州的家中给雷义打了电话："我们真的很想要泛美航空公司的那些飞机，这是让整件事顺利推进的关键。如果我们不能拥有这些飞机，我甚至不确定我们是否会继续与泛美航空公司合作。"雷义回答他："罗恩，我会亲自把那些飞机交给你。不管怎样，我们不会让你遇到任何问题。"

艾伦说："但我来找你的原因是我希望你能够做当时为美国航空公司的克兰德尔所做的事情。我需要 30 天的免责期①（walkaway），因为

---

① 译者注：指客户可在免责期内无条件地将飞机退还给制造商。

我不知道飞行员是否会喜欢这些飞机。"雷义最终给了这些飞机90天的免责期。不出所料,大约两年后,艾伦违约了,而美国航空公司却没有。回顾这一段往事,雷义认为自己被骗了,他说:"艾伦根本不打算在这几年的过渡期后继续留住这批飞机。"

公平地说,艾伦是在达美航空公司的降价运动中(名为"领导力7.5"战略)实施了这次免责。在海湾战争后的几年里,航空公司仍然承受着巨大的损失。一向对雇员大方的达美航空公司,当时同样面临着大量现金流失的窘境。"领导力7.5"战略的目标是将每可用座英里成本(cost per available seat-mile, CASM)降低到与美国领先的低成本航空公司——西南航空公司相同的7.5美分的水平。西南航空公司只运营一种机型,即波音737。机上仅免费提供软饮料,酒精饮料以及作为点心零食的花生或椒盐卷饼等则需购买;飞机上没有头等舱,只有经济舱。

对于达美航空公司来说,基于其国际航线结构、多机型的机队、多种舱位分类、餐饮服务、常旅客计划以及多年高于行业均值的工资,将每可用座英里成本降至7.5美分是一项艰巨的任务。拥有9架A310-300的小型机队对此毫无意义。此外,由于亏损远远超出预期,与泛美航空公司合作运营拉丁美洲航线的交易也宣告失败。美国联合航空公司进入了泛美航空公司之前所占据的多个市场。

多年后,雷义透露了他对泛美航空公司这笔高风险交易的一些想法。2019年,雷义回顾道:"我们一直在努力提升风险管控能力。我们做生意需要承担风险,但更需要管控这些风险。你以劣势方的身份参与竞争,如果提供的所有服务都近乎一样,那么航空公司将选择继续与波音合作。此时你就会这样想,我们有一款不错的A310飞机,我们可以通过向航空公司租赁飞机或提供资产价值担保(asset value guarantee, AVG)来增值,以帮助航空公司获得更好的融资。因此,空客将这些飞机租赁给泛美航空公司，这是一笔前所未有的风险交易，但为泛美航空公司解了燃眉之急。对空客来说，这笔交易让它能够在北美市场立足——尽管这个立足点并不那么牢靠——但这一交易能够将泛美航空公司与空客捆绑在一起，这对空客开拓其他市场具有价值。"

最后，雷义终于摆脱了泛美航空公司，但达美航空公司却依旧与泛美航空公司纠缠。泛美航空公司前雇员们起诉达美航空公司，称达美航空公司在1991年退出拉丁美洲航空交易导致泛美航空公司倒闭；他们向联邦法院提起诉讼，要求达美航空公司为此赔偿10亿美元。达美航空公司在提交给美国证券交易委员会的10-Q季报文件中及时报告了这起诉讼，但差不多就只是一个注释。

与此同时，彭泽尔（Pennzoil）石油公司起诉了德士古（Texaco）公司，指控其干涉合并。该诉讼也由联邦法院受理，德士古公司被裁定负有责任。鉴于索赔金额为10亿美元，联邦法院要求德士古公司备有与索赔金额相等的保证金才能上诉。而德士古公司没有10亿美元的现金（记得那是1991年），所以在法院审理上诉的过程中，该公司申请了破产。

《商用航空报道》杂志写了一篇关于泛美航空公司前雇员提出诉讼的报道，指出达美航空公司对这一风险不屑一顾。报道还提到德士古公司的案例，并将其与达美航空公司的情况进行了比较。一些航空公司分析员注意到了这篇报道，并在他们的调研报告中为客户分析了此事。在达美航空公司的历史上，"达美航空"和"破产"出现在同一个句子中还是第一次。达美航空公司的企业宣传部门对此非常不满。然而，该公司接下来的10-Q季报中指出，如果达美航空公司败诉，可能会遭受"重大不利影响"，这是对可能破产的委婉说法。

艾伦的"领导力7.5"战略的提出是对非工会员工实施全面的成本削减策略。然而，与达美航空公司数量众多的非工会员工不同，隶属工会的飞行员群体必须接受公司提出的任何要求，但达美航空公司飞行员协会(Delta ALPA, DALPA)拒绝做出任何让步。与此同时，达美航空公司提交了8-K报告，这是美国证券交易委员会要求企业在发生计划外事件时提交的一份文件。达美航空公司董事会给艾伦增加了10万美元的年薪(从40万美元增加到50万美元)，而他却给达美航空公司飞行员协会写信，解释为什么"领导力7.5"战略一定要削减部分雇员的成本。《商用航空报道》杂志获得了这封信的副本，并在杂志的"新闻简报"部分引用了这封信中的大部分内容。剩下的内容只有一句话那么长，是8-K文件引用艾伦加薪的报道。达美航空公司飞行员协会看到了这两部分内容，后来艾伦的加薪被取消了。

第 5 章
高风险，高回报

"重点在于迈出成功的第一步。"

——雷义，关于一次高风险交易

　　雷义早期在美国达成的交易表明，他和空客愿意为高回报承担高风险。皮尔逊支持雷义的举动，他的领导力和对雷义的支持值得重点着墨。皮尔逊于 1985 年 4 月成为空客总经理。他责成雷义以更专业的形式开展北美业务，并在 1994 年把雷义带到图卢兹后，将同样的理念传播到空客在全球各地的分公司。如果没有皮尔逊在关键时刻的大力支持，雷义和空客不会在与波音和麦道的竞争中取得如此大的成功。

　　皮尔逊对空客的愿景是形成完整的飞机产品谱系，并与美国制造商开展竞争。在推出 A300/310 双通道飞机（空客的第一款飞机）和"成就"公司的 A320 单通道飞机之后，空客开始考虑推出初代宽体机的后继机型。A300 和 A310 都不是优秀的远程飞机，空客需要现代化的中程飞机和远程飞机。

　　皮尔逊的愿景演变为双机项目，即 A330 和 A340，两者都是双通道飞机。在接下来的几十年里，A330 成为最畅销的双通道飞机之一，与波音 767、777 甚至后来的波音 787 并驾齐驱。而 A340 飞机由于发动机制造商停止向该机型提供改进型发动机，最终销售业绩惨淡。

　　A330 和 A340 本质上是同样的飞机，它们的驾驶舱、机翼、系统和机身都相同。两款飞机的区别是：A330 是用于中程航线的双发飞机，A340 是用于远程航线的四发飞机。完善飞机谱系的一个关键决定是为新型宽体飞机提供与单通道 A320 系列飞机相同的驾驶舱。

20 世纪 90 年代初期，A330/340 的研发成本合计约为 35 亿美元，而单一型号的研发成本为 30 亿美元。在早期，空客拥有 18% 的全球市场份额，但在美国的市场份额要少得多。在法国、德国、西班牙直接以及英国间接资助下，空客可以承担一定的财务风险（数十年来，波音一直将"非法"补贴视为空客成功的原因）。

以销售 100 架飞机的单价来销售 10 架 A320 飞机，这笔确认订单对西北航空公司来说交易风险其实并不大。该航空公司是否会只购买 10 架飞机还要打个问号。就此来说，这与麦道向美国航空公司销售 MD-80 所做的举动并无不同，MD-80 只不过是机身加长并配有新发动机的现代化 DC-9。MD-80 于 1980 年投入使用，最初的名字是 DC-9"超级"80，后重新命名为 MD-80，以体现出这是麦道的产品。

MD-80 的销售停滞不前。美国航空公司需要一支数量庞大的新机队来替换 20 世纪 50 年代设计的油耗大的波音 707 飞机。彼时，美国航空公司的国际航线不多，只有几条飞往加拿大和墨西哥的航线。这些运行在国内航线上的波音 707 正在榨干美国航空公司的资金。吉米·卡特总统任期内的油价冲击，使得采用波音 707（以及与之竞争的 DC-8）执飞美国国内航线不具备经济性。美国航空公司有太多的波音 707 在美国本土飞行。

麦道为美国航空公司购买 20 架 MD-80 提供了一份 5 年期的免责协议。如果出于特定原因，美国航空公司在 5 年后决定不再需要 MD-80，可以直接将飞机退给麦道。虽然购买价格从未正式公布，但多方报道暗示这是一个令人尖叫的数字。到期后美国航空公司没有归还飞机，加上与环球航空公司和里诺航空公司合并后获得的那些飞机，美国航空公司最终共运营了 360 架 MD-80。最后一架飞机于 2019 年退役。

一方面,雷义在西北航空公司上的冒险取得了成功。另一方面,与泛美航空公司的赌局则让雷义头痛了好几年,但即便如此,那些A320飞机的问题最终也得到了解决。这些飞机最终由美国西部航空公司接收,随着时间的推移,该航空公司停止从波音购买飞机,最终成为空客单通道飞机的忠实客户。在与美国航空公司合并后,美国西部航空公司的管理层也十分信赖空客的远程飞机。

然而,与达美航空公司的A310交易存在重大风险。可雷义为什么要这么做呢?"我想卖出更多的飞机,所以整体思路是先卖出飞机,再扩大机队。A310－300更适合达美航空公司的国际航线。"雷义的意思是A310－300的航程更远,机身更宽。显然波音和达美航空公司不这样认为,当时达美航空公司的执飞飞机是波音767。达美航空公司最终没有选择A310,在其日益增加的国际航线上我们也始终只能看到不同型号的波音767。

达纳·洛克哈特回忆说:"罗恩·艾伦曾与让·皮尔逊当面谈判,并说'这些免责条款对于我的会计师来说只是装点门面'。当然,后来他们在免责条款上大做文章。"在雷义任期内的大部分时间里,洛克哈特一直担任空客北美公司的财务主管。空客此前曾与美国航空公司签订过一项免责协议,租赁25架A300－600R双发宽体飞机。与此同时,美国航空公司与波音就波音767飞机签署了相似的免责协议,后来美国航空公司打破先例,同时订购两种机型,而不是选择其中一种,这让波音很恼火。事实上,波音之所以和美国航空公司签署免责协议,仅仅是因为克兰德尔让它相信,这样做能阻碍美国航空公司与空客的交易。但克兰德尔对两家公司采用了同样的策略。

对雷义来说,获得美国航空公司的订单意味着又得到一个"认证标志"。但与西北航空公司一样,他认为风险并没有那么高。雷义说:"当克兰德尔签订免责协议时,他是打算保留飞机的,他确实也这样做了。签免责协议更多的是为了让董事会通过决议,以此表明资产负债风险较小。他之后还以非免责方式又购买了 10 多架飞机。"

克兰德尔在 2019 年回忆说:"我们打算跟一家制造商购买 25 架飞机,结果跟两家制造商分别都买了 25 架,因为每家制造商都提供了非常有吸引力的条件。"美国航空公司将 A300 仅用于加勒比地区业务,与波音 767 相比,载货量大是该机型的一个优势。

洛克哈特说:"20 世纪 80 年代末和 90 年代初,是一段交易频繁的时期,但我们也进入了航空公司破产的早期阶段,使得很多交易从赢利变成了亏损。"雷义还向西北航空公司、环球航空公司和大陆航空公司出售 A330,向大陆航空公司和西北航空公司出售 A340,它们都是双通道飞机。只有西北航空公司购买了 A330。后来这三家航空公司都破产了,环球航空公司和大陆航空公司拒绝履行合同,西北航空公司保留了 A330 的订单。

洛克哈特回忆说:"我们表面上取得了一些重大成就,但到了 20 世纪 90 年代初,美国东方航空公司破产,1989 年美国西部航空公司破产,随后,布兰尼夫公司和环球航空公司也相继破产,而我们则继续存在着。"空客向一些破产航空公司的重组提供贷款——要么作为过渡性资金,要么作为下订单的激励措施。波音在接下来的几年也是有选择性地做着同样的事情,但对于 20 世纪 80 年代后期和 90 年代的空客来说,这似乎是习以为常的事情。

提供有担保的债务人持有资产(debtor-in-possession,DIP)融资也使空客在航空公司破产清算时享有优先受偿权。其中风险并不像当时一些人想象的那么高,空客实际上从中获利了。洛克哈特说:"毫无疑问,雷义的使命是建立影响力,扩大规模,提高市场份额,这也是高级管理层,特别是让·皮尔逊传达给他的使命。"

当时,美国《破产法》第 11 章对欧洲人来说是陌生的(这对美国的航空公司来说也是前所未有的，直到 1982—1983 年布兰尼夫国际航空公司和大陆航空公司都依照第 11 章提交了破产申请）。第 11 章允许对债务人公司进行重组。有时，这是依据第 7 章申请"清算"之前的拖延行为。在欧洲，一家航空公司申请破产后，会被接管，然后被清盘，之后销声匿迹。而在美国，航空公司此前签订的合同可能会重新谈判，租约可以选择是否由他人承接，通过债务重组（通常一本万利），航空公司可能会起死回生。债权人是债权人委员会的成员，帮助航空公司重整旗鼓。

空客北美公司拥有优秀的破产律师，并且拥有一支善于处理破产事务的专家团队。"达纳·洛克哈特是其中最好的一个专家。"雷义说，"他不仅是航空公司破产方面的专家，而且在破产律师界和航空公司财务工作中也享有盛誉。"

当 1991 年泛美航空公司依据《破产法》第 11 章申请破产时，空客早已预见到了。几周前，洛克哈特的团队终止了 21 架飞机的租约。泛美航空公司已严重违约，洛克哈特向雷义提议空客也终止租约。雷义问道："我们要如何处理这些飞机？我们不能把这些飞机拿回来。"洛克哈特回答说："泛美航空公司很可能会保留飞机，他们迫切需要这些飞机。他们要做的第一件事就是协商保留这些飞机的办法。"

当空客在周五下午终止租约时，雷义立即接到了泛美航空公司首席财务官大卫·戴维斯（David Davies）愤怒的电话。第二天，洛克哈特、雷义和其他几个人在泛美航空公司位于曼哈顿的办公室里，就这些飞机的新短期租约进行谈判。这 21 架飞机从未离开泛美航空公司。租约从长期改为基本按周支付租金的租约，这完全违背了《破产法》第 11 章第 1110 条的规定，即关于飞机控制和归还的破产管理条款。

空客多次通过传真要求戴维斯终止 A310 的租约，戴维斯不得不关闭传真机，试图阻止租约终止，却是徒劳之举。每架 A310 都需要相应的终止租用通知,空客的律师事务所被迫通过快递的方式递送法律文书和要求。当时,泛美航空公司的多架飞机立即停飞。从肯尼迪国际机场起飞的国际航班当晚被取消,许多乘客因此滞留机场。

破产期间,空客能够将飞机的每月租金提高数万美元。洛克哈特说:"其他债权人都为此感到恐慌。他们说:'你们怎么能那样做?'我们说:'嗯,这些对运营至关重要。在破产之前,租金处于低市场利率水平,我们只是根据市场价格进行调整,我们可以这样做,因为这是短期租赁,不受第 1110 条的约束。'"

这番操作提升了空客北美公司在空客总部的地位,尤其是对雷义、洛克哈特和破产团队而言。洛克哈特说:"我们试图向总部证明,我们可以在航空公司破产的情况下继续进行交易。雷义是我们的领导者,我们为他提供助力,但我们也试图证明我们自己可以应对这些危机。作为一种理念,这就是为什么我们密切关注《破产法》第 11 章,并尽可能多地参加债权人委员会的活动,这让波音感到非常懊恼和惊奇。"

与客户共进退

洛克哈特说,空客之所以成功,是因为它更加灵活,而且销售人员与客户"共进退"。洛克哈特说:"我不知道波音是否只是有问题时来,解决完问题就走,但我们空客把整个团队的人都放在那里,我们一直常驻当地直到一切妥当。我们当然愿意达成交易。多年来,一些免责租约和类似协议以不同方式引起了人们的关注。"

雷义在空客工作的 33 年中一直表现出对"风险—回报"的关注,但他的目光并不局限于财务状况不佳的航空公司。他意识到向租赁公司和新兴的低成本航空公司提供投机性订单极具潜力。租赁公司为空客提供了扩大客户群的途径。当然，租赁公司必须给飞机找到去处。它们不仅会将飞机推销给现有客户，还会寻找新的客户，其中既有老牌的航空公司，也有新成立的航空公司。新的航空公司几乎总是向租赁公司租用比 A320 或者波音 737 更老旧、更便宜的机型。但这种情况也开始发生变化。对于空客来说，租赁公司成为雷义的新销售目标，它们能够提供空客或航空公司不必或无法提供的飞机融资。

在 A320 项目实施的早期，空客向租赁公司出售了大量飞机。在 20 世纪 80 年代末和 90 年代初，当时的市场反应是，空客之所以这么做肯定是因为它没能成功地把飞机直接卖给航空公司。当时，租赁市场的份额还没有如今的这么大，租赁公司不被飞机制造商视为优质客户，但雷义却从中发现了商机。现在，租赁公司的订单量占新订单的 40%，航空公司机队中约 50% 的飞机由租赁公司提供融资。

国际租赁金融公司（ILFC）是一家崭露头角的租赁公司，由莱斯利·贡达（Leslie Gonda）与卢·贡达（Lou Gonda）父子以及史蒂文·哈叙于 1973 年创立。贡达父子和哈叙是匈牙利移民，约翰·普鲁格（John Plueger）是该团队的早期成员之一，并最终在贡达父子退出后成为国际租赁金融公司的总裁。

哈叙后来成为雷义在业内最好的朋友，国际租赁金融公司也成为空客最大的客户之一。空客与国际租赁金融公司在 1988 年达成了第一笔交易——国际租赁金融公司将一架 A310 租给肯尼亚航空公司。国际租赁金融公司于 1990 年被保险集团——美国国际集团（AIG）收购，这对租赁公司来说是一个开创性的时刻。收购让国际租赁金融公司拥有了雄厚的资金、享受到了光环效应，并帮助其获得了投资级的债务评级。

到 1992 年，国际租赁金融公司与波音签订了一些投机性订单。

普鲁格回忆说："大约在那时，我们才真正考虑与空客签订第一笔具有投机性的重大订单。我们已经在购买波音飞机，但正是从那时起（1992 年），空客凭借 A320 系列飞机在全球市场取得成功，我们也开始发展。"

哈叙说："直到 1990 年 8 月与美国国际集团合并后，我们才真正开始加速推进与空客的关系。雷义还非常敏锐地认识到，即使我们不把重点放在美国的航空公司身上，也可以通过向全球范围内的多家航空公司推广 A320、A330 和 A340，从而扩大这些机型的客户群。"

普鲁格说："雷义意识到与美国国际集团的合并使得我们拥有更多的资本，这比我们之前的资金要多得多。雷义可能是第一个意识到这一点的人。因此，他去了国际租赁金融公司总部所在的加利福尼亚州。"普鲁格还表示，雷义的目标很明确，希望空客的产品能渗透到北美的大型航空公司，包括加拿大的航空公司。但他知道，为了使空客的整体市场份额达到 50% 或更多，特别是在单通道业务方面，空客需要使出浑身解数，在全球范围内获得订单。国际租赁金融公司和租赁平台增加了这样的机会。

根据普鲁格的说法，如果航空公司之前没有运营过某款特定型号的飞机，那么租赁公司在将飞机出租给航空公司后，该航空公司后续大概率会直接从飞机制造商处订购飞机。雷义不得不探索所有这些的替代方案。普鲁格补充说："我认为他也知道，对于空客可以提供的融资或者出口信贷机构可以提供的融资是有限的。租赁是唯一的方法。一旦仔细梳理，就会发现雷义是对的。"

爱尔兰租赁公司 GPA 集团因过度扩张而最终倒闭。通用电气资本航空服务公司（GE Capital Aviation Services，GECAS）收购了 GPA 集团及其产品，但在新的投机性订单方面，国际租赁金融公司实际上成了这家巨型租赁公司的唯一选择。哈叙说："在 20 世纪 90 年代后期，我们和通用电气资本航空服务公司是真正选择波音的人。在雷义到空客任职之前，我们已经订购了 130 架波音飞机，包括波音 737、757、767 和 747。空客当时并没有真正参与其中。"到 20 世纪 90 年代末和 21 世纪初，空客不断深化与租赁公司的合作，其在租赁业务的参与和开展方面超过了波音。波音对租赁公司有着不同的看法，认为与租赁公司建立关系是一件迫不得已的事情。

时至今日，租赁公司还经常抱怨波音并不想与租赁公司签署投机性订单，因为这与波音直接和航空公司签署的订单冲突。租赁公司抱怨说，在将飞机出售给租赁公司之后，波音的销售人员仍会尝试直接向租赁公司的客户（即相同的航空公司）销售飞机。直接售价有时会低于租赁公司给出的租赁价格，这意味着波音可以为航空公司提供比租赁公司性价比更高的交易（如果波音愿意的话）。

雷·康纳是波音的一名雇员，他起初在生产线上工作，之后做过销售和其他工作，最终晋升为波音民机集团的首席执行官。他承认，皮尔逊和雷义愿意比波音承担更多的风险。康纳说，部分原因是空客乃后起之秀，但实际情况不止于此。

康纳在 2020 年接受采访时说："我认为波音当时没有意识到竞争的威胁。我要说的是，波音认为可以为自己的产品要求溢价或大幅溢价。我认为在某些情况下，这是可以的；但在某些情况下，事实并非如此。我认为在价格和服务方面空客愿意比我们更积极。但随着时间的推移，波音也变得与空客一样积极。"

但客户、观察员和竞争对手对波音的普遍看法是：波音较为自满和傲慢，这在许多销售活动中对波音造成了负面影响。康纳同意这一观点，2003 年的顶级销售员托比·布赖特也赞成。作为后起之秀，空客不得不冒险进入波音或麦道已经站稳脚跟的领域。

中国[①]

即便在 20 世纪 80 年代和 90 年代，中国也是一个拥有巨大潜力的目标市场。1949 年中华人民共和国成立，这个社会主义国家一直在慢慢地走向世界舞台的中心。在接下来的几十年里，美国在政治和经济上对中国设立了重重壁垒。其间，中国曾借助苏联的技术力量生产军用和民用飞机。

曾经的美国参议员和副总统理查德·尼克松起初是一位公开反共和反华（以及反苏）的政治家。尼克松在 1960 年和 1968 年两次竞选美国总统，结果是 1960 年他失败了，1968 年获得了胜利。在此期间，他的公开对华政治立场并没有改变，但在幕后，尼克松政府与中国以及苏联领导人积极开展接触，并最终得到了回报。1972 年尼克松宣布了新的对华政策，随后波音在中国市场实现突破。

尼克松的"空军一号"是一架波音 707。1972 年尼克松访华的随行保障人员和记者乘坐的飞机也是由泛美航空公司和环球航空公司运营的波音 707。在尼克松的破冰之旅期间，他授权波音与中国就订购波音 707 飞机进行谈判[②][③]。在尼克松访华结束后的两个月内，波音获得了 10 架波音 707 的订单。

普惠公司还获得了一份备用发动机的一对一订单。过去使用苏联

---

① 译者注：作者单独对中国情况进行了概述，后文作者还介绍了不包含中国的亚洲地区其他主要国家的情况。译者保留原文结构，并未按照地域情况将该部分内容划入后文。

② 有关波音代表在谈判中的简短陈述，请参见 https://www.boeing.com/boeing100/stories/2015/july/707s-for-china-07-15.page。

③ https://macropolo.org/analysis/boeing-us-china-relations-history/。

发动机的中国，现在拥有了 40 台备用的 JT3D 发动机。普惠公司对全面替换备用发动机提出了技术方面的建议。据说到 1988 年 12 月，部分备用发动机仍在原来的包装箱中。

麦道与中方达成协议在上海组装 MD-80（以及后来的 MD-90），但该项目并没有取得商业上的成功。装配线水平落后，飞机基本上是手工制造的。1988 年 12 月，项目实施仅几年，当时上海远没有今天发达。为配合项目顺利推进，保证飞机总装线的用电，当地政府还实施了限电政策。波音在 1997 年收购麦道后终止了该业务。

1985 年，中国民用航空华东地区管理局引进了第一款空客飞机——A310。雷义说："当我 1994 年第一次去中国时，空客飞机的数量屈指可数。"皮尔逊想在中国复制空客在北美的成功。于是，他在北京首都机场附近寻找地方，修建办事处、培训中心和备件设施。雷义雇用当地的销售人员，并培训当地人担任营销分析师。终于，大量订单接踵而至。

雷义记得 1996 年与中国民用航空局的一位副局长谈话时，坚称空客要占据 50% 的中国市场份额。这位副局长听后笑了笑回答说："但空客在全球的市场份额只有 18%，如果我的信息无误，那你们在中国获得的新订单所占的市场份额应该差不多。"

波音在中国拥有庞大的在役机队。到 2003 年，尽管空客获得了中国市场近 50% 的新订单，但空客飞机只占中国在役飞机的 20%。雷义设定的销售目标是：到 2015 年实现拥有在役机队市场份额的 50%。空客提前两年实现了这一目标。

空客是如何做到的？直接原因就是空客和波音的风险回报策略不同。曾在 2004—2014 年担任空客中国公司总裁，并于 2017 年担任董事长的劳伦斯·巴伦回忆说："我们向中国人传递的信息是，我们希望拥有 50% 的在役市场份额。"他说，中国的回应是一句耳熟能详的话：

与波音相比,中国在空客飞机制造中的工业参与度有多少?这一直是赢得中国市场的关键。

巴伦说,在当时,中国的参与度很低。虽然中国在波音的飞机供应链和产业链中参与度并不高,但在 2003 年仍是空客的 4 倍。作为回应,空客设定了一个目标,即到 2007 年达到与波音产业规模相同的水平。巴伦说:"在 2007 年之前,我们的目标实现了翻番。我们将更多的工作转包给了中国航空工业集团有限公司(AVIC),主要是生产 A320 的机翼。"

空客也采取了其他举措。例如,将 A350 的方向舵、升降舵和机腹整流罩的设计交给了新的空客(北京)工程技术中心。该中心是与中国航空工业集团有限公司于 2010 年在北京成立的合资企业。空客还与其他中国企业合资在哈尔滨成立了哈飞空客复合材料制造中心有限公司,为空客的 A320 和 A350 飞机提供复合材料零部件。复合材料结构,也称为碳纤维结构,对飞机来说并不新鲜,如波音 727 的整流罩(一种位于机翼和机身之间的流线型的整流结构)就是复合材料的。空客还将复合材料应用到 A300 - 600 宽体飞机的垂直尾翼上。波音在复合材料方面的大赌注是在波音 787 上采用了碳纤维机身、机翼和尾翼。空客紧随其后,推出了复合材料的 A350。对于拥有航空航天梦想的中国来说,获得这项技术至关重要。

最明显的是空客在天津设立 A320 总装线。该总装线于 2008 年投入使用,2009 年首次交付飞机,到 2020 年底,已交付超 500 架 A320 系列飞机。中国要求波音在中国设立波音 737 的总装线,但波音拒绝了。比起波音管理层,其强硬的工会——国际机械师协会 751 区更加反对这一做法。波音管理层询问工会领导是否同意离岸开设波音 737 总装线(之前所有波音 737 都在华盛顿的伦顿工厂组装),毕竟这只是扩大生产而非转移组装。工会对此表示反对[①]。

在开设天津总装线的问题上，空客管理层在工会那里没有遇到什么麻烦。图卢兹和汉堡总装线的产能已经饱和，在天津设厂作为扩建项目，可以充分利用天津的劳动力。复制汉堡工厂的新总装线每月能够组装 8 架飞机。天津总装线最初的生产速度是每月 2 架，然后稳定在 4 架。到 2019 年，空客不仅扩建了汉堡工厂，还在美国亚拉巴马州莫比尔开设了一家工厂，并提高了天津工厂的产能。空客还计划将图卢兹的 A380 生产线改造为一条新的 A320/321 总装线[②]，后受新冠疫情影响，该计划暂时搁置。

然而，周遭对于空客在天津开设总装线的决定并非没有争议。即使在那时，中国也在知识产权问题方面面临争议。空客的供应商总是担心必须要进行技术转移，才能在中国开展业务。供应商表示，它们主要将"过去的"技术转移到中国，同时在本国和安全的西方市场研发"未来的"技术。供应商抱怨说，那些未通过合资企业或其他商业手段自愿转移给中国的技术会被网络黑客窃取。因此，当空客同意开设天津总装线时，分析人士提出了技术转移和知识产权盗窃的问题。

在 2007 年巴黎航展前，欧洲宇航防务集团（European Aeronautic Defence and Space Company，EADS，当时的空客母公司）和空客的简报会上，空客民用飞机公司首席执行官恩德斯在餐桌上轮流与媒体进行交谈。在被问及有关知识产权盗窃的问题时，恩德斯回答说，总装线只涉及飞机研发的一小部分知识产权，不包括任何专有技术。此外，空客

---

① 经历了 2009 年将波音 787 所有组装保留在华盛顿州埃弗里特的纷争后，波音在南卡罗来纳州北查尔斯顿开设了第二条生产线，并表示（2011 年）要在普吉特湾以外的地方制造波音 737 MAX 飞机，国际机械师协会 751 区认为这是得寸进尺。2013 年，当需要为波音 777X 选择总装线地点时，波音再次威胁要将波音 777 的生产移出埃弗里特。波音终于在 2017 年宣布计划在上海附近建立一个波音 737 完工和交付中心，此后飞机将在伦顿工厂进行组装并飞往中国进行内饰安装和喷涂。该中心于 2018 年投入使用。

② A380 飞机于 2021 年停产。

也实施了相应的保护措施。

2019 年，已退休的恩德斯回忆起做出在天津开设总装线的决定时说："在中国，要有政府授权才能进行飞机销售或相关交易。我们可以与政府谈判商定订购的飞机数量。正如我们所知，在美国并非如此。"此后，空客应中国的要求在天津开设了 A330 完工和交付中心。此举增加了 A330 的销量。

当时也存在着一种担忧：空客这样做是不是在创造新的竞争对手？2008 年，波音首席执行官詹姆斯·麦克纳尼向国际机械师协会751 区表示，在未来航空领域，极速成长的中国（以及俄罗斯和日本）对波音来说是威胁，管理层希望工会对在中国设厂做出让步，作为条件，他们会选择在埃弗里特设立第二条波音 787 的总装线。麦克纳尼曾在给工会的一封电子邮件中写道，中国将成为波音的下一个重大威胁，一个新的竞争对手。

顾问理查德·阿布拉菲亚认为，对中国成为波音和空客在民用飞机领域的竞争对手的担忧有所夸大，但只有少数人跟他持相同观点。他明确指出，中国商用飞机有限责任公司（以下简称"中国商飞"）的 ARJ21 是一个超重、经济性方面还有提升空间的产品，而中国商飞的 C919 暂时也无法与波音 737 和 A320 竞争。但这不是重点，这些飞机有助于建立基础设施和获得专有技术。拟议中的 CR929[①] 是接下来的重点。中国可能需要一代人的时间才能推出具有商业可行性的客机，但这一天终将到来。雷义对此表示同意。"中国仍需要 20 年的时间才能成为商用航空的主要参与者，但它最终会实现这一目标。"

空客中国公司董事长劳伦斯·巴伦在退休很久之后，回顾了那 10年。巴伦说："我个人的看法是，这不是为了技术转移。他们无论如何

---

① 译者注：现更名为 C929。

都会做到的，会找到一种获得技术的方法。A320 于 1988 年首次交付。这并不是什么新技术，复制和逆向工程不管用。中国用 ARJ21 飞机证明了这一点。唯一能真正对抗竞争的方法就是投资研发。在我看来，赶上空客的将是波音，他们正在用波音 787 进行赶超。谢天谢地，他们搞砸了。如果波音 787 项目没有延迟，他们在时间方面有巨大优势。比起其他国家，我一直对美国波音更感到担忧。这是我个人的看法。"正是出于对知识产权和技术转移的担忧，波音拒绝将任何重要的波音 787 工作转移到中国。

增加工业足迹是空客扩大市场份额的关键。虽然空客在中国的销售量急剧增加，但过程确实是艰辛的。在 20 世纪 90 年代初期，尽管空客在中国卖出了一些 A300 和 A310 飞机，但想扩大知名度，完全打开中国市场依旧是个难题。空客在与中国方面的沟通交流中仍然存在阻碍。雷义回忆起早期与中国一家大型航空公司会面的情景。会议在一间大房间里举行，座椅靠墙摆放。中方有翻译，来访者也有翻译。会议在预定的时间内准时结束。

会上雷义和他的团队介绍了空客的组织架构，并讨论了空客对中国航空市场的预测。会议时间正好 1 小时，这家航空公司的董事长通过翻译对雷义的到访表示感谢，但同时表示他们不需要空客的产品。航空公司告诉雷义，他们正在安装登机桥，此后不再需要用摆渡车来运送乘客。空客即使设立了天津总装线，也没法给销售提供助力。

巴伦说："中国的航空公司最初不想接收在天津总装的飞机，觉得飞机质量不会那么好。"这是 20 世纪 80—90 年代麦道在上海设立 MD‑80 和 MD‑90 总装线时给外人留下的印象。"我认为 MD‑80 总装线对各方来说都是一场灾难。我非常仔细地考虑了这一点，我们决定以完全不同的方式做事。麦道是将总装线转包给了一家中国工厂。空客合资公司保持对技术方面的完全控制，目标是制造出与图卢兹和

汉堡工厂相同品质的飞机。整个交付过程完全掌握在空客手中。"巴伦还转述说,首批交付的 A320 飞机的签派可靠度达到 100%,这是航空公司看重的一个关键指标。这意味着在机场飞机每次都能按计划正常放行,没有因技术故障而引起延误。

在中国,航空公司购买飞机通常会纳入政府采购体系。巴伦说:"这些很可能是大宗采购。"

2016 年 11 月,唐纳德·特朗普当选美国总统,任职期间特朗普政府在贸易方面对中国处处掣肘,最后发展成对中国的贸易争端,对价值数十亿美元的商品征收关税。

在此背景下,波音与中国的长期合作伙伴关系受到影响。订单不足是波音在 2019 年底宣布将波音 787 生产率从月产 14 架降至 12 架的一个原因。这可能也是导致波音 777X 销售不温不火的原因之一。

如果中国政府与法国或德国政府之间产生不可避免的摩擦,空客或将陷入困境。

作为后起之秀,空客也许除了参与其各联合体的市场无须承担什么风险,在其他市场必须自担风险。空客联合体各国的政府基本都会确保其载旗航空公司至少购买一些空客的飞机。多年来,英国航空公司是个例外,在收购空客的客户英国加里多尼亚航空公司之前,它一直是波音的忠实客户。

拉丁美洲

拉丁美洲在很大程度上是波音的地盘。道格拉斯公司(后来的麦道)和洛克希德公司分别凭借 DC–8、DC–9、DC–10 和 L–1011 在拉丁美洲市场上取得了一定的成功,康维尔公司也在拉丁美洲售出了一些 CV880 飞机。但到目前为止，波音的远程飞机和波音 737 在该地区仍旧占据主导地位。空客认为拉丁美洲是一个成熟的市场。

1984 年，拉斐尔·阿隆索成为空客在阿根廷、哥斯达黎加和厄瓜多尔的销售员。后来他成为空客拉丁美洲公司的总裁。阿隆索回忆说："1984 年，空客在该地区几乎没有立足之地。当时大约只有 6 架 A300 在该地区运营。拉丁美洲是北美的后院。'只买美国货'这一理念在当地根深蒂固。"

直到 1997 年，空客才取得了一些进展。萨尔瓦多的塔卡航空公司意识到，与其他航空公司合作购买飞机将带来巨大的经济利益。塔卡航空公司当时的首席执行官是费德里科·布洛克（Federico Bloc），他是拉丁美洲航空界那个时代的名人。总的来说，在航空产业，尤其是在拉丁美洲，他是一个非常有影响力和话语权的人。

布洛克找到了阿隆索，此时阿隆索已被雷义任命负责空客整个拉丁美洲的业务。布洛克说："拉斐尔，我们受够了。我们四处打听，才买了三四架飞机。事实是，你们给出的价格太高了，我们很难与更大的航空公司竞争。"

阿隆索回答说，空客不可能为三四架飞机而给塔卡航空公司提供与订购 100 架飞机的客户一样的价格。布洛克问道："是不是说，如果我订购 100 架，就会给我一个优惠价？""当然。"阿隆索回答。当时，订购 100 架飞机是一笔大买卖。与 2019 年相比，航空公司当时在下订单方面更加保守，而 2019 年时订购 200～300 架或更多飞机的情况并不少见。

1997 年，拉丁美洲的航空公司格外保守。该区域的航空运输量充其量也就那么点，拉丁美洲内部的航空服务规模不大。尽管如此，布洛克还是在 1997 年 7 月带着一份提案回来见阿隆索。布洛克说："拉斐尔，我一直在和智利航空公司商谈，也和塔姆航空公司谈过［塔姆航空公司是一家巴西的航空公司,智利航空公司的所有者是备受尊敬的奎托(Cueto)家族〕。我们已经决定联手与空客或波音签订一笔大订单。请做好准备,因为我们很快会发出提案请求。这将是一笔近 100 架飞机加上选择权的订单,你们需要再好好考虑一下报价了。"

塔卡航空公司已在运营 A320,智利航空公司是波音 737 的运营商,塔姆航空公司则运营福克 100 飞机。空客将这三家航空公司称为"三个朋友",波音则称它们为"拉丁三重奏"。阿隆索说:"可以想象,谈判的过程非常非常艰难。雷义也参与其中。我们来回奔波,我们能够赢得这次竞争,是因为我们有一款非常好的飞机。我们有合适的融资策略。达成交易的条件之一就是帮助航空公司融资。空客并不直接提供融资,而只是支持和帮助它们。"

约翰·费伦是从麦道加入波音的推销员。他回忆说:"这是一笔相当具有开创性意义的订单,而且是在波音和麦道刚刚合并后提出的。智利的智利航空公司、巴西的塔姆航空公司和萨尔瓦多的塔卡航空公司组成的'拉丁三重奏'决定要进行联合订购。"

联合订购的概念并不新颖。荷兰皇家航空、北欧航空、瑞士航空和法国联合航空这四家欧洲航空公司曾联合采购 DC‑10 飞机。这四家航空公司被称为 KSSU 集团,其合作范围不限于采购,还包括维修,可通过批量维修来降低成本。联合采购也使各家专注自身所长:一家航空公司负责机体维修,一家负责发动机维修,剩下的负责航空电子设备维修。

费伦说:"KSSU 集团进行的交易内容齐全。'拉丁三重奏'只是为了获得低价而做的简单组合。""拉丁三重奏"只涉及飞机采购,这是拉丁美洲首次大量采购单通道飞机。"如果没有 KSSU 集团的先例,那这次订购将是极不寻常的,而且以这种规模进行订购同样不寻常。我认为该笔交易是此类销售中的第一例,而且会成为拉丁美洲有史以来最大规模的单通道飞机订单。"

由于波音在拉丁美洲市场占据主导地位，波音认为空客在本次竞争中的胜算不大。费伦回忆说："大家认为，空客将很难与波音竞争，但波音对多家航空公司聚力购买更多飞机以获得更大折扣的想法感到特别震惊。更重要的是，这可能使竞争环境变得更加公平，因为我认为如果空客当时在智利航空公司的订单上与波音正面交锋，那么波音更容易在波音 767 或其他产品上大做文章，以削弱 A320 的竞争力。"

两家公司都很积极。阿隆索说，随着决定时间的临近，波音变得非常积极。雷义几乎让阿隆索独自一人出面，他总是处于幕后。雷义决定了价格、条款以及将提供的飞机数量。"三个朋友"的创造性交易结构一直是焦点。

波音最初比较保守。费伦表示："雷义通观全局，他的习惯做法是提供规模化的订单，以平衡与波音的竞争环境。我不知道他是出于本能还是直觉，但每次他都成功地让航空公司增加最终购买飞机的数量，这对我来说是一个危险信号。我想，'该死，这不会有好结果的。'他在与美国西部航空公司的交易中这样做，在与加拿大航空公司的交易中也这样做。而波音的方法是'需要购买的话，我们将为您提供不同的购买方式，我们不会允许销售存在太大的风险。'波音 737 还未获得过数量惊人的订单，也没有人认为 A320 是一个强大的竞争对手。也许这看起来很天真，但事实并非如此。"

费伦回忆说，波音一直认为这三家航空公司只需要 58 架飞机。"它们怎么能接收 100 架飞机？我们真正不明白的是，我认为塔卡航空公司和智利航空公司意识到塔姆航空公司坐拥金矿，而圣保罗航空公司（VASP）[1]的人工作效率极低，与拓展国际市场相比，国内市场似乎

① 圣保罗航空公司当时是巴西的一家大型航空公司。

更重要。"

　　按雷义的说法，谈判没完没了，"一直在原地兜圈子"；他变得沮丧起来。因此，他在一家酒店召开了一次与三家航空公司的会议，所有负责人都出席了这次会议。最后，经过一天情绪高涨和戏剧性的拉锯式谈判，最终达成了交易大纲。空客于1997年12月完成这项交易，与三家航空公司签署了一份谅解备忘录。三家航空公司购买A320飞机，数量为88架确认订单和120架选择权订单。

　　国际航空发动机公司最终赢得了发动机的订单，它在与CFM公司在单通道市场和拉丁美洲市场的竞争中艰难地站稳脚跟，阿隆索说："这是空客在该地区的崛起。"雷义对此表示赞同，但他指出在本次采购中，空客的战略截然不同。雷义解释说："我坚信了解当地市场的重要性，我需要真正了解客户的销售人员。这样的销售人员需要很多年才能培养出来，他要花费大量时间与客户接触，了解客户的需求和短板，并帮助客户看到空客飞机可以创造的机遇和实现的未来。这就是拉斐尔和他的团队所做的。"

　　雷义提出："在我看来，波音销售团队轮换得太频繁了。费伦是一位出色的销售员，但他显然不了解拉丁美洲的航空公司以及拉斐尔·阿隆索。他怎么可能了解呢？"事实上，在雷义担任空客首席商务官期间，波音大约每两年更换一次销售主管。"这当然不利于它的商业战略。"雷义补充说。

　　从"三个朋友"开始，空客相继赢得墨西哥的Viva Aerobus航空公司、墨西哥航空公司（Mexicana）、Volaris航空公司和英特捷特航空公司（Interjet）的关键订单。在一次宽体飞机交易中，智利航空公司罕见地选择了空客的A340而不是波音777。波音赢得了墨西哥国际航空公司（Aeromexico）的订单，后来拉塔姆航空公司（LATAM）选择了波音787。波音保留并获得了巴拿马航空公司更多的订单，还将巴西高尔航空公司(GOL)的订单收入囊中。

在空客工作的 35 年里,阿隆索被派往空客的拉丁美洲公司(还负责伊比利亚半岛的业务)。空客在该区域的市场份额从最初的 6 架 A300 发展到 2019 年占拉丁美洲在役飞机总数的 60%,以及储备订单的 70%。拉丁美洲机队中有 700 架飞机以"A"开头。雷义说:"获得斐然的销售成绩,都要归功于这支深入了解地情的世界一流的销售和营销团队。"

亚洲

当空客在美洲和欧洲与波音展开竞争时,它也在应对来自中国的竞争。同时,波音并没有忽视除中国而外的亚洲其他地区,这里被认为是全球增长最快的市场——经济增长呈持续上升的趋势,整个区域的人口都在按阶梯状增加。从日本、越南到印度尼西亚和印度,亚洲建立低成本航空公司(low-cost carrier,LCC)的时机已经成熟。

与美国一样,其中的一些局面很难打破。当雷义升任图卢兹的首席商务官仅仅几个月时,空客就将一架 A340 运抵印度。在空客北美公司与雷义共事的拉奥回忆说:"他们在印度进行了一次演示飞行,皮尔逊在飞机上,但现场基本上没有人。当时我在美国联合航空公司现场服务办公室,我记得很清楚。我当时在旧金山,接到了雷义的电话。"

雷义说:"基兰,我想让你去印度,让你成为空客印度公司的总裁。"拉奥控制住了自己激动的心情,他说:"雷义,我哪儿也不去。我现在在美国,我们买了一栋房子,买了两辆车,我们的电视机只能在美国使用,我们什么都能做。我不能搬到印度去。"雷义说:"不,你要搬到印度。"

两人为此争论了大约 6 个月。拉奥说:"最终,我搬到了印度。雷义搂住我，用力拥抱了我。"雷义说："这对你的职业生涯有好处，当我告诉你该怎么做时，你得听我的。"拉奥是1996年去的印度。他直到2002年才签订了一笔飞机订单，但这段时间让他对印度航空市场有了充分的了解。拉奥的重大突破来自一家新成立的名为德干航空（Air Deccan）的低成本航空公司。这是印度第一家低成本航空公司。

此后，空客继续向靛蓝航空公司①销售大量飞机，到2020年，靛蓝航空公司购买了数百架A320系列飞机，最终成为最大的A320客户。空客的客户还有印度的低成本航空公司捷行航空公司、印度航空公司、翠鸟航空公司和亚洲航空印度分公司。尽管印度航空公司最终并入波音的大客户印度国际航空公司，翠鸟航空公司因扩张太快而倒闭，但空客在10年内还是获得了印度80%的市场份额。

亚洲航空公司（以下简称"亚航"）是一家受挫、濒临破产的马来西亚航空公司，它被企业家托尼·费尔南德斯（Tony Fernandes）以极低的价格买下。亚航运营着几架老旧的波音737。费尔南德斯投入了大量资金，通过姊妹品牌亚航X订购了许多A320、A330、A330neo和A350。他在亚洲通过合资公司特许经营这两个品牌。与靛蓝航空公司一样，亚航也成为空客最大的客户之一。

波音只是不愿意承担空客承担的那种风险。鉴于其在市场上的主导地位，它在一定程度上也不必如此。尽管如此，波音未来还是会抱怨说，空客在一些地区取得成功，是因为得到了本国政府的补贴，使交易价格低至波音无法竞争的程度。空客对此强烈反对。直到20世纪80年代后期，波音骨子里压根没有这种风险回报意识。

---

① 这是印度的航空公司，不要与比尔·弗兰克的"靛蓝航空公司合作伙伴"混淆，后者是A320的另一个大客户。

第 6 章
对　抗

“A340 是为某一家航空公司制造的，这实在是太愚蠢了。”

——一位不愿透露姓名的波音高管

到 1990 年，空客与波音的全球竞争日益加剧。令人费解的是，波音对不断加剧的威胁反应迟钝。诚然，宽体 A300/310 依然落后于波音 767，单通道的 A320 也只服役了两年时间，但空客已经迈出了下一步。

20 世纪 80—90 年代，当麦道垂死挣扎之际，空客和波音迎来新一轮对抗。空客在设计 A330 和 A340，波音在设计波音 777，它们都想全面替代 1990 年投入使用的 MD-11 飞机。A340 于 1993 年投入使用，A330 紧随其后于第二年投入使用。波音 777 于 1995 年投入使用。

在 20 世纪 80 年代后期，空客推出了一个新概念——采用 A300 机身，但航程更远。四发的 A340 将是远程机型，双发的 A330 将覆盖中程航线，其航程较 A300 的更远，但载客量少于 A340。A340 原计划由国际航空发动机公司（普惠公司是合资伙伴）提供名为“超级扇”（Superfan）的发动机。作为当今齿轮涡扇发动机的先驱，“超级扇”发动机将显著降低油耗。A340 概念是由德国人和汉莎航空公司推进的。

国际航空发动机公司于 1986 年 7 月发布了“超级扇”发动机概念，并表示“超级扇”发动机的油耗将比当时现役发动机的低 20%。这款构想中的发动机在当时是革命性的。它采用国际航空发动机公司的 V2500 发动机（配备于 A320 飞机）的核心机，并在前部增加一个变速箱。如果国际航空发动机公司继续研发这款发动机，A340 的未来将会是另一番景象，但事实并非如此。次年4月，国际航空发动机公司停止了"超级扇"发动机项目。

时任国际航空发动机公司总裁尼克·托马塞蒂表示，研发停止的原因在于合作伙伴之间的内讧以及普惠公司的公开反对。托马塞蒂回忆说："我们的发动机，其性能比任何在役发动机的都要好。这将极大地改变我们使用商用飞机的方式。"早在几年前，普惠公司就已将市场份额的领先优势拱手相让，因为该公司将赌注压在了航空公司偏好波音757类似大小的飞机身上，而不是专注于更换发动机的波音737。通用电气公司和法国航空航天制造商赛峰集团通过它们的合资公司CFM公司，凭借CFM56发动机赢得波音737 Classic的独家供应商资格。

"超级扇"发动机原本是普惠公司重返领先地位的最佳选择，但它再次错失良机。问题在于为什么该项目失败了。托马塞蒂说："他们认为国际航空发动机公司并不能为行业带来新技术。就这么简单。我们一直在向罗罗和普惠公司的工程部门争取。从根本上说，普惠公司反对国际航空发动机公司将这样一款具有优势的发动机推向市场。他们就是嫉妒，赤裸裸的嫉妒。多年来，我们与国际航空发动机公司的个别部门进行着一场无意义的斗争。这不是什么新鲜事。坦率地说，这是'没有创新'综合征。他们不想创新，不想承担风险，在任何发动机研发项目中都是如此。所以他们终止了'超级扇'项目。"

让·皮尔逊前往普惠公司总部东哈特福德（East Hartford），力图保留该项目。托马塞蒂说："当时我们没有与空客签订约束性合同。皮尔逊来到东哈特福德，打算会见国际航空发动机公司负责人或合作伙伴。他提出让普惠公司将发动机安装在即将推出的A330上，空客也会大力宣传A330。当国际航空发动机公司联合团队拒绝他时，他坦率地说：'再见吧，朋友。以后你们的发动机不要装到我的飞机上。'"

然而，由于西北航空公司的坚持，A330 确实配装过普惠的发动机，当时西北航空公司只为自己的飞机订购普惠的发动机。托马塞蒂回忆说："这迫使皮尔逊采取行动，但对普惠公司来说这并不是一个非常成功的项目。""超级扇"发动机本可以为 A340 带来巨大改变，但国际航空发动机公司还没有"动力"来解决这个问题。当时用于 A320 的 V2500 发动机项目仍处于早期阶段。"我们几乎要终止该项目了，"托马塞蒂继续说道，"要不是皮尔逊来到东哈特福德，并威胁说如果中止研发'超级扇'发动机，普惠公司将被处以 30 亿美元的罚款，那么我们就不会拥有 V2500 发动机。普惠公司真的不在乎那个项目。"

随着"超级扇"发动机研发项目的终止，空客的飞机就成了一架"滑翔机"。空客被迫将采用现有技术的 CFM56 发动机安装到自己的飞机上。皮尔逊毕恭毕敬地去了 CFM 公司。雷义表示，由于了解通用电气公司在谈判中的强大地位——通用电气公司与法国赛峰集团是对半持股的主要合作伙伴——CFM 公司拒绝在费用上给予让步。这使得空客很难在某些销售活动中以有竞争力的商业条款销售 A340，否则，该飞机有很大机会与波音 777－200/200ER 或 MD－11 竞争。

CFM56－5C 发动机推力不足成为日后 A340－300 的致命弱点。虽然该型号飞机的巡航燃油消耗在当时是可以接受的，但起降性能却相对较弱。为了弥补无法使用更高效的"超级扇"发动机这一缺陷，空客对机翼进行了更改，以提高飞机的经济性，但这只不过是一个折中的解决方案。

最初，A340 的航程为 6 830 海里，是当时飞得最远的在役飞机之一。A330 最初的航程设计仅为 3 900 海里，适用于欧洲地区和亚洲地区的航线，也适用于横贯美国大陆的航线。但在考虑到风力、备降和备用燃油等因素后，早期的 A330 最多也只能执飞最短的跨大西洋航线。这是为了避免与远程的 A340 竞争。

1987 年 6 月，空客在巴黎航展上启动了 A340 项目。空客最初的 10 家客户中就有汉莎航空公司和瑞士航空公司，两家公司的飞机订单共有 130 架。波音的一名工程师（在 20 多年后仍不肯透露姓名，以便自由发言）表示，波音认为 A340 是"一个错误"。他说："A340 是空客犯的一个愚蠢的错误。它为汉莎航空公司制造 A340，因为当时汉莎航空公司不愿意用双发飞机执飞跨洋航线。A340 是为某一家航空公司制造的，这实在是太蠢了。仅一家航空公司的需求并不代表市场。"

布赖特是波音的销售员，他曾在几次销售活动中将波音 777 与 A340 进行对比，并对空客的飞机表现得不屑一顾。布赖特说："我认为波音内部没人认为 A340 是一款像样的飞机。"（费伦认为 A330 - 300 是一款好飞机，但也认为 A340 - 200、A340 - 500 和 A340 - 600 都是蹩脚货。）

A340 的效率不如双发的波音 777 的，而且速度很慢。飞越大西洋，A340 比波音 777 多耗时 30 分钟。这增加了运营成本，包括机组调度问题。"这是一款很棒的飞机，不幸的是，它遭遇了鸟撞……从后面……"雷义在 A340 停产后很久打趣道。

波音 777 的研发涉及波音飞机设计方式的重大变化。这是波音第一款采用计算机技术设计的飞机，打算在 1990 年取代波音 747。例如，波音 767 和 A310 等一些双通道飞机已经在飞越大西洋等航线上取得了进展。DC - 10 和尚在役的洛克希德"三星"飞机动摇着波音 747 的垄断地位。"开放天空"①民用航空政策也不同程度影响着波音的市场占有率。在许多地区，传统的"枢纽到枢纽"跨洋模式已经在向"枢纽到二线城市"转变。将波音 777 设计为波音 747 的替代品是有道理的（距离最后一架波音 747 飞机下线还有将近 30 年的时间）。

---

① "开放天空"允许参与国的航空公司在很大程度上不受限制地进入参与国的任何城市。

即便如此，波音也在将其产品战略向"更小、更强"的机型发展。一位当时在采访现场的退休波音高管说："对于我们的产品战略来说，最重要的信条是：更小、更强。我们一直在努力使飞机尽可能高效，尽可能小。出发点首先可以追溯到为什么人们要乘坐飞机。那是因为他们想要快速、安全和高效地到达某个地方，而任何阻碍这一初衷的因素都与之相悖。这意味着要避免飞机经停，要飞点对点航线。因为在飞机停止飞行之前，很多机遇就会因为时间太长而错失了，所有你要做的事可能都被搞砸了。波音777一直被设想为波音747的替代机型。"

当波音管理层和董事会考虑是否推出下一款新飞机波音787时，也不得不考虑面对波音777项目超出预算这一事实①。这款飞机有两种型号：波音777 - A，即后来的777 - 200，是一款"美国"飞机，服务美国国内航线，包括夏威夷；波音777 - B，即后来的777 - 200ER，是一款跨大西洋飞行的飞机。有一次，波音建议在飞机上安装折叠翼尖；在雷义看来，这仅是一个具有噱头的概念。在20世纪90年代初，复合材料对飞机的影响还没有后来那样大，而且翼展足够短，增加折叠翼尖意味着增重，此外还要想办法避免造成操纵面效率损失。实践证明雷义是正确的。波音放弃了这个想法。

用雷义自己的话来说，他对折叠翼尖嗤之以鼻。波音当时没有采用折叠机翼，但20年后，这个想法在波音777X项目中再次出现。包括波音777 - 200ER型号在内的早期波音777 - 200飞机可选装普惠公司、通用电气公司和罗罗的发动机。A340 - 200/300仅配备CFM56发动机。A340于1993年3月投入使用，波音777 - 200（A）于1995年6月投入使用。

---

① 波音没有透露波音777的成本。然而，该项目的一位高管承认项目成本超过了100亿美元，并且有一份已发表的报告称其为115亿美元。这些数字符合波音希望将波音787的研发投入金额设定为波音777一半的既定目标，即50亿美元。

雷义认为,空客在一次向美国联合航空公司销售飞机的时候差点获得 A340 的订单。这种想法可能有些一厢情愿。美国联合航空公司是波音 777 - 200 设计委员会的成员。除了 DC - 10 外,美国联合航空公司在 DC - 10 之后只订购了波音的飞机,它几乎就是一家全波音飞机的运营商。那时,美国联合航空公司只从普惠公司购买发动机;A340 仅装配 CFM 发动机(普惠公司认为,如果美国联合航空公司订购 A340,可能会给它第二次机会——在国际航空发动机公司退出后将其发动机配备到空客飞机上)。

空客的飞机输给了波音 777。1990 年 10 月,美国联合航空公司首次订购了波音 777。但这次竞争很可能帮助雷义在后来赢得 A320 的订单,因为谈判过程中空客的表现给美国联合航空公司留下了深刻的印象,借这次机会美国联合航空公司熟悉了空客及其销售和支持团队,双方的沟通为后续的合作奠定了基础。

当空客和波音相继推出 A340 和波音 777 时,尼科·巴克霍尔兹还是空客的一名工程师,他负责的一项工作是比较各型号飞机之间的成本。波音做了同样的事情,将空客的飞机进行细致、深入的分拆比对,诸如刹车那些重要的细节也包括在内。巴克霍尔兹说,接下来就看买方是不是行家了,一般来说,买方不具备那么全面和精尖的专业知识。巴克霍尔兹表示,波音 777 - A"并不是一款非常好的飞机,但我们都知道它是后续制造的出色飞机的雏形"。

A340 自身也存在缺点。用巴克霍尔兹的话来说,第一款 A340,即 A340 - 200 飞机,是"无望取得成功"的;A340 - 300 是一款拥有可靠发动机的好飞机;A340 - 500/600(没有 A340 - 400)装配了昂贵的发动机,这与罗罗高昂的维护、修理和大修(maintenance, repair and overhaul, MRO)合同有关系。

早期的竞争是围绕南非航空公司(South African Airways, SAA)

展开的。当时拉奥对销售业务还很陌生，他表示南非航空公司希望空客和波音分别将 A340 和波音 777－200ER 带到约翰内斯堡进行样机试飞。空客用一架 A340 试飞机进行试飞，波音带来的是一架为达美航空公司制造的波音 777－200ER。A340 试飞机的内部仅配备了测试设备和数量有限的座位，没有任何完整的内饰；波音飞机则内饰完整。

拉奥回忆说："雷义来到试飞机上，他对我们带来这架飞机非常生气。他知道我们在努力赢得这次竞争，但这架试飞机可能会导致我们失败，因为我们向南非航空公司的董事会展示了一架基本无内饰的飞机，而波音带来了一架全新的波音 777。"

拉奥回忆说，雷义的坏情绪始于图卢兹。"登机时他在楼梯上滑倒，衣服被撕破了。在抵达约翰内斯堡后，他抱怨没有人协助他和试飞机组来通过海关和移民局的检查。等到他终于过了海关，我们才一起前往南非航空公司的办公室。到现场后，我们看到罗罗的工作人员从南非航空公司的办公室出来，他又开始向罗罗的人抱怨。"当时，雷义不满意罗罗厚此薄彼，对 A340 项目缺少支持，但却优先支持波音 777 项目。

"接下来即将进行演示飞行。但此时电源出现了故障，我们无法启动飞机。"拉奥说，"在解决完电源故障后，我们出发并进行了演示飞行。当时南非航空公司董事长和其他高层管理人员都在飞机上。然后我们降落，一切情况良好。随后，同样一群人又坐上了波音的飞机。"

波音飞机载着这些乘客顺利起飞，南非航空公司的董事长在驾驶舱里。但是飞行过程中一台发动机发生了故障。雷义说他看到当时空客的团队在笑，那一刻他承认，他输了。嘲笑竞争对手，结果可能会更糟，错误不断，又判断失误，嘲笑就是最后一根稻草。

空客的竞争战略围绕着南非航空公司对四发飞机的需求展开，因为南非的机场均位于高气温高海拔地区，而且距离南印度洋、大西洋都很远。在进行现场演示时，状况层出不穷，工作人员忽略了一些小细节，如没有对修改后的演示文稿进行校对，还有一些大的地方，如本应使用一架装备齐全的演示飞机来代替销售演示的试飞机。雷义觉得图卢兹团队没有达到他的标准，即便是这次对南非航空公司进行演示的现场表现也没能改变雷义的想法。

雷义对罗罗不满是因为罗罗同时为 A340 – 500/600 和波音 777 – 200/200ER 提供发动机。波音 777 可以选装三家制造商的发动机。这件事情甚至登上了美国报纸《华尔街日报》，报上的一篇人物传记中写到雷义大约有一年的时间没有搭理罗罗。

拉奥说："在当时的许多竞争活动中，罗罗都没有支持 A340 – 600，我们会输的。"将 A340 – 600 与波音 777 – 300ER（四发与双发飞机）进行比较，A340 的成本要高得多。空客和提供发动机的罗罗降低了发动机推力，以弥补其成本高昂这一缺点，因为较低的推力可减少零件受到的张力或减轻磨损程度。从理论上讲，这也可以降低 A340 的发动机维护成本，从而与双发波音 777 的成本相当。但如果计算每台发动机的维护成本，我们就会翻倍，这也是最终停产 A340 – 600 的原因之一。

拉奥说，罗罗拼命想继续为波音 777 – 300ER 提供发动机。"罗罗对波音大献殷勤，试图确保它的发动机能留在波音 777 – 300ER 上。我不知道它的立场是什么，但它一直向波音示好，为此我们在与波音的争斗中处于下风——罗罗基本上不支持 A340 – 600。"

无论外界对波音 777 – 200/ER 持何种看法，波音都研发了波音 777 – 300，这是一款运力增加的衍生机型，其航程比波音 777 – 200A 的略远，但远小于波音 777 – 200ER 的。与之前的波音 747 – 300 一样，波音 777 – 300 仅售出了 60 架。但是，当波音通过为 777 – 300 配备 GE90 发动机和增加油箱，制造出波音 777 – 300ER 后，波音大获成功。波音 777 – 300ER 在 2004 年投入使用，到 2019 年时已经售出了 800 多架。

截至 2020 年 2 月,波音 777 Classic 的总销量超过 1 600 架(包括 181 架货机)。

波音的成功反杀

空客与雷义在 A340 和波音 777 的竞争中遭遇了巨大的尴尬场面。原本新加坡航空公司计划订购一批 A340 – 300,但波音突然介入并赢得订单,新加坡航空公司转而去订购波音 777 – 200ER。作为交换,波音购买了新加坡航空公司已接收以及未接收的所有 17 架 A340 客机。空客最终是向波音交付了 A340 – 300,布赖特接到了销售这些飞机的任务。

布赖特回忆说:"我们曾大张旗鼓地向新加坡航空公司推销波音777 客机,而它原本已承诺购买 A340 客机。实际上波音从未真正以贸易方式购买过飞机。我们觉得这批飞机订单是很好的筹码,可以用它来做点什么。这对雷义来说是一个打击。我认为,这是为数不多的几次,我们让他大吃一惊,并成功做到了这一点。"

事后波音试图出售这批被买家拒绝的全新、待交付的 A340,这带来了一些特殊的挑战。空客飞机的光学系统很糟糕。布赖特说:"我做的第一件事就是登上飞机满世界跑。我们去拜访那些已订购了 A340的航空公司。其间的对话也很尴尬,我说,'我来自波音。我来这里想和您谈谈我们所拥有的一些 A340。'"

作为一名销售员,雷义在空客任职期间一直吹捧 A340 的特性。尽管如此,所有花言巧语和花哨的宣传册都无法掩盖这样一个事实,即A340 被双发飞机所取代,而 A340 – 500/600 的发动机成本非常昂贵。2017 年 11 月,在雷义退休前不久,也就是 A340 停产后不久,他在接受美国航空新闻媒体《利厄姆新闻》采访时坦率地评估了 A340。

雷义说："对于四发飞机来说，A340 是一款非常好的飞机，但我们弄错了。在征询重要客户从远程、洲际、跨洋飞行的角度思考是使用双发飞机，还是继续使用四发飞机的意见时，我们弄错了。1994 年当我来到图卢兹时，我对人们不理解洲际双发飞机的概念感到震惊。绝大多数人关心的是四发飞机，空客的客户当时也一直热衷于四发飞机。汉莎航空公司就是其中之一，这不是什么秘密。"

雷义说，一些亚洲客户承认，横跨大西洋飞行可能会用双发飞机，但横跨太平洋则不会。"'这永远不会发生。'他们说。虽然我们听到了太多这样的声音，但没有真正去了解未来的发展将走向何方。"雷义继续说道，"我记得在威尼斯时，通用电气公司和空客的高级管理层举行过一次会面。时任通用电气航空公司的首席执行官布赖恩·罗（Brian Rowe）迫切希望为 GE90 发动机做点什么，因为他们想从波音 777 的三个备选发动机中'脱颖而出'。"

那时，波音 777 有"A"和"B"两个型号。雷义说，与早期波音 777 相比，A330/340 组合卖得很好。但作为波音 777 的三个备选发动机之一，通用电气公司的 GE90 的表现不佳。他说，如果空客在 A330 上装配 GE90 发动机，通用电气公司将会为此承担相应的研发成本。"我们的管理团队对此只是翻了个白眼，说，'我们为什么要这么做?'我们有一个合适的策略：一款四发飞机用于远程飞行和多款飞机用于区域飞行，它们都采用相同的机身和机翼。我们的战略是无与伦比的。"雷义回忆说，"我十分震惊。这是空客曾犯下的最大战略错误之一，错过了四发向双发转变的良好时机。现在回想起来，我真希望我当时能更加努力地争取在 A330 项目上使用 GE90 发动机，这将大大增加飞机的航程。如果那样的话，我们将拥有研发 A340 - 500/600 的绝佳替代方案。但当时我只是图卢兹办公大楼的新人，直到后来才成为首席商务官，所以那时我不得不推动空客研发 A330－200，A330－200 大大增加了 A330 系列飞机的航程，但代价是座位减少了。这是一款出色的飞机，但出于尺寸原因，它只能与波音 767－300ER 竞争，而不是与波音 777 竞争。"

但是在某些情况下，四台发动机更好。波音 777－200ER 无法直接从约翰内斯堡飞到伦敦。作为繁忙、起降有难度的机场之一，约翰内斯堡机场让双发飞机运营充满挑战，此处更适合四发的 A340 飞机。

波音 777－300ER 拥有更大的发动机，机体相应地做了一些改进，解决了发动机较大的问题。拉奥瞬间回忆起 2002 年波音和空客对毛里求斯航空公司的订单竞争战，当时波音推出的是波音 777－300ER，而空客则提供的是 A340－600。拉奥回忆说："我当时一直在主推 A340－600，因为我知道那时的波音 777－300ER 没有起飞性能。双方开始争取毛里求斯航空公司的订单时，波音 777－300ER 甚至无法从毛里求斯飞到伦敦。而当这次订单争夺战结束时，它们可以轻松地做到这一点。通用电气公司和波音联合将发动机推力增加至 5.2×10^6 牛，飞机就能够完成所有类似的飞行任务。接下来，波音又加大了波音 777 的航程，相比之下 A340－600 的航程略显逊色；而且波音 777－300ER 增加了大约 30 个座位。当我们最终着手研发 A350 时，上述这些波音能做到的实际上都影响了我的思考过程。"

尽管 A340－600 的座位数比波音 777－300ER 的少，但早期凭借飞机性能优势，空客可能会获得一些订单。拉奥说："一旦失去了性能优势，座位数就变成航空公司购买飞机的重要考量因素，而这一点在选购远程飞机中尤为突出。"到 2019 年，波音 777 Classic 的销量已超过 1 600 架。该项目的货机直到 2021 年仍在销售，从技术上讲，波音 777－300ER 也是可圈可点的，但销售数量不多。

空客仅售出 355 架四种型号的 A340，分别是 A340－200/300/500

和 A340 - 600。很明显,A340 生不逢时,当时又出现了双发延程飞行标准(extended-range twin-engine operational performance standards,ETOPS),人们也开始倾向于双发飞机。双发延程飞行允许双发飞机在单发失效的情况下,使用一台发动机的飞行时间长达 240 分钟,从而能够备降最近的机场,这令人惊叹。这极大地提高了双发飞机飞越水面甚至飞越荒凉冰盖的能力。拥有这项技术的飞机经济效益非常明显,使市场对四发飞机的需求大大缩减。

这点在 A330 的身上体现得淋漓尽致。从 1994 年 1 月投入使用到 2010 年中期的改进升级,A330 的销售数据就是很好的证明。到 2019 年底,近 1 500 架 A330 已售给 100 家客户,远比波音 777 的客户基数大。到 1987 年 6 月,当 A330/340 项目启动时,波音 767 只服役了 5 年。波音 767 - 300ER 是当时最畅销的机型,它于 1984 年问世,1988 年投入使用。到 2019 年底,波音 767 系列的商用飞机型号仅有波音 767 - 300ERF 仍在生产。波音 767 - 300ER 的销量略高于 800 架,包括波音 767 - 200 和基于波音 767 - 200 的 KC - 46A 空中加油机,到 2019 年波音 767 系列飞机的销量接近 1 200 架。

到 A330 推出时,波音 767 的设计技术已历时 10 年之久。空客拥有一个与波音设计相似的电传驾驶舱。A330/340 基本上是一样的飞机,驾驶舱与 A320 系列和后来的 A300[①] 的驾驶舱具有通用性,机组成员只需通过"细微差异培训",就可驾驶不同型号的空客飞机。波音 757/767 的驾驶舱是相同的,但它们与其他 7 系飞机(波音 707/727/737/747)不同。虽然经过 10 年的技术更新和迭代,但它们的发动机仍然是一样的,改进的只是系统。A330 比波音 767 载客量更多。总而言之,这对部分客户产生了很大的影响。

---

① 译者注:此处应为原著作者的笔误,A300 推出时间更早,此处应该指的是 A350。

　　工程师史蒂文·韦拉说："技术水平相差数年。"他后来为租赁公司和航空公司从空客、波音和麦道购买飞机。当他比较波音767和A330时说："波音767即将结束其服役期，而A330是个新家伙。"A系列飞机的驾驶舱通用性将成为主要的卖点。但是制造A330－200（即A330－300的缩小版）使A330的航程更远、用途更广。在1999年和2000年，A330的交付数量开始与波音767的相当。2001年略有下降，但在2002年，A330超过了波音767。此后，空客的销售数量一直遥遥领先。

　　2003年12月，波音首席执行官哈里·斯通西弗启动了波音787项目，计划在2008年5月投入使用。波音声称波音787将终结A330的销售奇迹。波音787旨在取代波音767以及A330，但因787项目的严重延迟，波音767重获新生。波音声称，波音787的燃油效率将比波音767和A330的高25％。结果并非如此。

　　正如空客后来所说的，在波音787推出后，售出的A330比以前更多了。部分原因是787项目存在大量问题，这些问题的根源在于波音将许多关键设计环节外包，以及工业生产计划也发生了巨大变化。再加上跨洋交通的蓬勃发展、航程的增长以及亚洲内部（特别是中国）乘客需求的大幅增长，在这些地区，A330的平均使用距离仅为2 000英里甚至更短，因而A330成为备受追捧的飞机。

　　业内曾将早期的波音787比作"铅雪橇"。它们很重，虽然很多新飞机的重量也不轻，但波音787尤其如此。一位航空公司机队规划师特意告诉他的首席执行官，由于重量、设计和性能问题，公司要拒绝接收首批生产的50架波音787飞机中的任何一架。虽然这家航空公司是波音787－8的启动客户，但机队规划师坚持认为，他的航空公司不应该是启动运营商。

　　这家航空公司的首架波音787－8来自波音生产的第二批飞机。波音787原计划于2008年5月投入使用，但直到2011年12月才正式投入使用。该型号的飞机一直面临连续不断的生产问题,多家客户受到影响。

空客能够更快地交付 A330,这是一款已获得市场验证的飞机。到 2011 年,它的成本已基本摊销,因此空客在定价方面具有极大的灵活性,从而降低了航空公司的购买成本或租赁成本。这反过来又拉平了波音 787 的燃油效率优势。2017—2019 年,767 系列的交付量激增,虽然客机的销售量和交付量有所下降,但该系列货机和加油机的交付量上升,抵消了影响。

尽管波音 777 - 200(A 型)和 777 - 200ER(B 型)可能有这样或那样的缺点,但它们都是非常好的飞机。波音 777 - 200ER 将波音 767 开创的双发延程飞行能力提升到了一个全新水平。双发延程飞行带来的额外灵活性为波音赢得了更多的客户,受到了航空公司的青睐,并为后续研发双发飞机、宽体飞机甚至单通道窄体飞机奠定了基础。A340 的 "四发长距离"("4 engines 4 long haul")的宣传口号在早期还是具有一定适用性的,因为体量较小的航空公司较难取得双发延程飞行认证。在当时,双发延程飞行对飞机备降到最近机场的时间仍然有限制。四发的 A340 则没有任何限制。

波音为了让波音 777 以及更大机型获得更佳的性能采取了奇怪的方式。1998 年 7 月在《国际飞行》杂志上的一篇文章中,记者盖伊·诺里斯(Guy Norris,是航空媒体人)写道,波音考虑在波音 777 的尾部增加一台小型发动机,同时兼作辅助动力装置(auxiliary power unit, APU)[①]。

"波音正在考虑在波音 777 - 200X/300X 上以尾吊方式增加一台发动机。该发动机也可以兼作辅助动力装置。推进式辅助动力装置的

---

① https://www.flightglobal.com/boeing-studies-triple-engined-777x/21900.article.

使用，几乎是史无前例的，是正在研究的一系列改进之一，以期提高飞机外场性能。决定这样做的原因是这家总部位于西雅图的机体制造商的几个关键订单被空客以 A340 的最新机型截和后，公司试图为飞机寻找新的启动客户。"诺里斯写道。波音还考虑了几处机体和机翼的更改，包括增加翼梢小翼以提高升力。最终，新型发动机、改进后的起落架和更高的载客量所带来的卓越经济性使波音 777 - 300ER 战胜了 A340。

到 2020 年 3 月，43 家租赁公司和航空公司订购了 820 架波音 777 - 300ER①。仅阿联酋航空公司（Emirates Airline，EK）就订购了 114 架波音 777 - 300ER（约占订单总量的 14%），以取代其早期的波音 777 - 200 和 A330。随着时间的推移，阿联酋航空公司围绕波音 777 - 300ER 和 A380 制订了它的商业计划。波音内部的一些人对制造波音 777 - 300ER 感到五味杂陈，他们承认自己的旗舰产品波音 747 受到了威胁。波音 777 - 300ER 的成功是造成波音 747 停产的原因之一，因为它能胜任的任务有很多（即使不是大多数任务），在当时承担这些任务的都是大型喷气式飞机。

事实上，波音内部有两个派别：一派认为，波音 747 应该随着波音 777 - 300ER 的推出而停产；另一派则执着于飞机的声誉和标志性外形，以及其机鼻货舱门可打开装载货物这一在业内独树一帜的特点。波音 777 - 300ER 于 2004 年投入使用。波音 747 持续生产近 20 年，客运机型于 2017—2018 年停产，最后一架货机计划于 2022 年交付②。

---

① 这是波音网站上所列出的净订单。最初订单更多，但有些订单被取消或更换为其他机型。

② 译者注：最后一架波音 747 于 2023 年 1 月 31 日交付。

第 7 章
麦道的陨落

"他们不擅长经营。"

——亚当·皮拉斯基，麦道前高管

道格拉斯公司从 1967 年开始走下坡路，当时为了避免破产，道格拉斯公司与麦克唐纳公司进行了合并。合并为道格拉斯公司注入了新动力，但到 1996 年，曾经风光一时的道格拉斯系列飞机行将就木。二战前，全球 80% 的乘客乘坐的是道格拉斯公司的 DC - 2 和 DC - 3 飞机。二战后，道格拉斯公司的 DC - 4、DC - 6 和 DC - 7 飞机与洛克希德公司生产的外形美观的"星座"系列飞机展开了激烈的竞争。DC 系列飞机设计更为简洁，更易于操作，并且运营成本优于"星座"系列飞机。道格拉斯公司制造了 1 124 架 DC - 4/6/7 飞机（另有 1 163 架 DC - 4 军用衍生型 C - 54 飞机），洛克希德公司制造了 856 架"星座"飞机，两者市场份额比为 57% 比 43%（不计入 C - 54 飞机）。波音交付了 56 架"同温层巡航者"（Stratocruiser）飞机，市场份额微不足道。

对道格拉斯公司来说，成败皆看 DC - 9。如同 1997 年的波音，DC - 9 无法满足市场需求，生产陷入混乱，交货晚了几个月，美国东方航空公司对此非常愤怒，起诉了道格拉斯公司[①]。同时，道格拉斯公司也受到了美国介入越南战争的影响。美国于 1965 年初直接参加战事，随着空中作战的增加，普惠公司从生产民用发动机转向生产军用发动

---

① 一份白皮书对此进行了详细说明。"Overwhelmed by Success: What Killed Douglas Aircraft," by Jonathan S. Leonard and Adam Pilarski，2014。

机。而 DC‑9、DC‑8 和波音 707/720/727 飞机使用的都是普惠公司的发动机。

到 1967 年,道格拉斯公司已经岌岌可危。在美国政府的仓促撮合下,道格拉斯公司与位于圣路易斯的国防承包商麦克唐纳公司进行了合并。曾担任道格拉斯公司的经济师,后成为麦道经济师的亚当·皮拉斯基说,麦克唐纳家族根本不了解民用飞机业务,他们也没有给道格拉斯公司的飞机部门太多的权力。皮拉斯基回忆说:"每半年,他们就会展示过去 6 个月的数字,并重复说'是的,我们又赔钱了,但你们知道金融上的曲棍球棒效应:一切都会改变。'"

也许这就是问题之所在。道格拉斯公司(总部位于长滩)对麦道(总部位于圣路易斯)做出的预测从未实现过。在第一次会议之后,皮拉斯基对道格拉斯公司高管的预测表示怀疑。"公司高管怎么会相信一直预测错误的道格拉斯团队?当这些家伙一遍又一遍地向你们证明他们不擅长经营时,麦道怎么会相信这一切?"皮拉斯基问道。他批评麦克唐纳家族未能投资商用航空领域。他说,麦道对道格拉斯公司实行的是细微化管理,连最小的决策都是如此。

凭借衍生机型的稳定销售和对削减成本的热衷,在 1970 年空客成立时,道格拉斯公司的市场份额虽排第二名,但远远落后于第一名。洛克希德公司凭借 L‑1011 重返商用航空领域,与道格拉斯公司(DC‑10 飞机)一起瓜分了三发喷气式宽体飞机市场,但两款机型都难以盈利。

1994 年,哈里·斯通西弗成为麦道的总裁兼首席执行官,他是被派来卖掉麦道的。皮拉斯基说:"哈里·斯通西弗在通用电气公司工作了 27 年,后在航空产品制造商森德斯特兰德公司(Sundstrand)工作了 6 年。他对麦道毫无忠诚可言,对公司文化毫不理解。他没有为我们做任何事。他只是把我们卖了。"

斯通西弗后来成为波音内部的"头号公敌"。根据皮拉斯基的说法,他在道格拉斯公司内部也不太受欢迎,"很多人不喜欢他。他对人不太友好,但也不是一个傻子,他很清楚自己应该做什么。"

斯通西弗意识到,麦克唐纳公司很长时间没有投资商用航空领域,如果不投个数十亿美元,道格拉斯公司就不可能东山再起。此外,当时麦克唐纳公司是第一大军事供应商,合并基本上会终结道格拉斯公司,后来的事实表明果然如此。

1974年,当第一架A300交付时,麦道已是当年销量领先的双通道双发飞机制造商。麦道交付了48架DC-10,洛克希德公司交付了41架L-1011,波音交付了22架波音747,空客交付了4架A300,市场份额分别为42%、36%、19%和3%。到1974年,波音在宽体机市场的份额已经在缩小。事实证明,波音747太大了。波音767和波音777的成功推出使波音在双通道市场重新占据主导地位。空客和洛克希德公司此时都没有涉足该市场。

最初,道格拉斯公司并没有将空客视为一个有威胁的竞争者。他们和波音一样认为,空客只是一个欧洲"就业项目"。但道格拉斯公司并未对潜在的经济因素视而不见。皮拉斯基说:"空客从政府那里获得了无限的补贴款。他们有钱,能生产出好的产品。所以为什么不把钱投资在重大的项目上? 很明显,空客将取代我们,而波音并不想与空客竞争,因为波音根本不在意空客。"然而,这一天终将到来。

波音拥有60%的市场份额,而道格拉斯公司的市场份额远不到40%且正在逐渐减少。波音看起来并没有太在意空客,因为此时它把大部分注意力都放在道格拉斯公司这里。但波音最终意识到了威胁,并从1992年开始不满空客及其收到的国家补贴。波音说服比尔·克林顿总统站在它这一边,从而促成了1994年关税与贸易总协定(GATT)的签订。

洛克希德公司决定依靠L-1011重新进入商用飞机市场,这对道格拉斯公司的未来造成了毁灭性的打击。道格拉斯公司认为DC-10

可以满足当时市场对中远程飞机大约 800 架的需求。最后,道格拉斯公司售出了 446 架 DC‑10,向美国空军售出了 60 架 KC‑10 加油机;洛克希德公司售出了 250 架"三星"飞机。这与预测数量非常接近。

"洛克希德公司造成了非常糟糕的影响,因为我们认为 DC‑10 有市场。出售 800 架飞机,我们就可以从中赚到大钱。"皮拉斯基评论道,"洛克希德公司瓜分了我们的市场,拿走了本该属于我们的钱。"道格拉斯公司总部说:"我们这里还有其他问题,所以我们不希望在任何事情上再花钱了。我们的工程师却说,'但我们有一款新产品。'公司总部表示,'我们不关心产品。'"

麦道曾尝试与福克公司一起研发 MDF‑100,但一无所获。它又尝试过一项交易,希望韩国的利益相关方投资道格拉斯公司,但也没有什么结果。麦道还考虑与空客合作,又是竹篮打水一场空。

皮拉斯基回忆说:"我想合作这件事基本上是空客对我们的策略,试图让我们感觉良好,就像'我们将会彻底打败你,但你可能没有意识到,所以假装我们之间存在合作的可能。'合作方式将是'你们为什么不停止生产你们的飞机,并成为我们某些飞机的分包商?'"他继续说,合作似乎是麦道希望看到的。"麦道有胆量真正投资并做点事吗?"

道格拉斯公司在圣路易斯遇到的一个问题是定价。在 20 世纪 90 年代,要想具有竞争力,道格拉斯公司需要将 MD‑11 的售价控制在 7 000 万美元左右,但麦道则认为定价应为 9 000 万美元左右。道格拉斯公司提出以 7 500 万美元的价格将 MD‑11 出售给瑞士航空公司和奥地利航空公司。皮拉斯基回忆说,麦道否定了这个价格,并想要把价格定为 9 500 万美元。最终,道格拉斯公司完成了与瑞士航空公司的交易,皮拉斯基并不知道最终的交易价格。道格拉斯公司将 MD‑95 出售给了北欧航空公司,作为启动客户,北欧航空公司将享受启动客户的价格。波音希望扼杀 MD‑95,因而研发了波音 737‑600,这是波音

737 - 500 Classic 的 NG 版本。然而市场不太需要波音 737 - 500 这样的飞机，因此销量有所下降，但总体还算不错。与波音 737 - 500 售出 389 架相比，波音 737 - 600 仅售出了 69 架。

《华盛顿邮报》对波音和麦道的拟议合作评论道：

> 北欧航空公司的内部评估委员会建议以每架 2 000 万美元的价格购买 50 架道格拉斯公司的新型 100 座 MD - 95 喷气式客机。相反，北欧航空公司将以每架约 1 900 万美元的价格订购 35 架波音 737，这与波音的目录价格相比优惠力度相当诱人。一位参与这场竞争的销售员回忆说，很明显，波音的策略是阻止麦道公司推出 MD - 95[①]。

由于对普惠公司和罗罗的期待的破灭，尼克·托马塞蒂此时已离开他曾担任总裁的国际航空发动机公司，加入麦道并担任单通道项目的负责人。但不久之后，托马塞蒂得出结论："麦道对这个项目没有实际需求。我们推出 MD - 95 的唯一原因是我们想通过一些东西来增加公司的价值。我们那时正尝试卖掉麦道。"

托马塞蒂回忆说："最终，波音收购了麦道。MD - 95 是当时唯一还在运行的项目，波音接手了它。"MD - 11 已经在走下坡路。波音在收购麦道后立即停产了 MD - 11，后续也停产了 MD - 95/波音 717。

波音采用 MD - 95 的生产方式

托马塞蒂说："波音真正需要的是我们推进 MD - 95 项目的方式。

---

① *The Washington Post*，April 5，1997.

我们让所有零部件的供应商同时进行生产，并为它们供应的产品支付认证费用。我们让负责机翼的人来做机翼，让负责机头的人来做机头，让负责尾翼的人来做尾翼，这样每个人都各司其职。出于某种原因，我不确定我是否能完全理解这一点，但波音非常喜欢这种运作方式。它虽然当时没有立刻采纳，但后来还是沿用了这一做法，这给它的一些项目带来了很多问题，尤其是波音787。"

托马塞蒂说，斯通西弗认为将风险分散到供应链，是制造MD-95的方法。"坦率地说，我不知道哈里是否知道他到底在做什么。但这让我们的董事会和其他不得不向公司投资的人相信，这是一种成本低得多的飞机研发方式。波音首先会绘制零件图纸，供应商也会绘制它们生产的零件的图纸，并将图纸提交给波音。波音会对图纸进行修正，并标注上零件号，然后把图纸反馈给供应商。好吧，这一切都过去了。麦道的方式能够降低研发成本，但将其运用到波音787项目上却遇到了很多问题。"

斯通西弗在1997年波音收购麦道时进入波音，并于2003年在菲尔·康迪特（Phil Condit）因加油机丑闻辞职后成为新的首席执行官。包括斯通西弗和约翰·麦克唐纳在内的波音董事会就成本和是否遵循麦道生产模式进行了一年多的辩论，之后，波音于2003年12月提出了波音787概念。

斯通西弗要求波音管理层了解飞机的生产成本。在他到来之前，很少有人真正了解。正是斯通西弗推动了波音787生产模式的诞生。托马塞蒂说："我知道波音会一败涂地。这太可怕了，也太糟糕了。"瓦卢杰航空公司（ValuJet）最终以1 800~2 000万美元的价格成为MD-95的启动客户。

不像道格拉斯公司和波音的大多数人将斯通西弗描绘成反派，瓦卢杰航空公司的前首席执行官罗伯特·普里迪（Robert Priddy）时至今日仍然是斯通西弗的忠实粉丝。普里迪回忆说，斯通西弗使麦道扭亏为盈，成为一家盈利的公司。他还将斯通西弗描述为"普通人"。因为大多数首席执行官似乎都毕业于哈佛商学院，但斯通西弗毕业于田纳西州的一所技术学院。

"哈里是一个了不起的人。"普里迪在 2020 年接受采访时说，"我是他的支持者。他有点像赫布·凯莱赫(Herb Kelleher)。"凯莱赫是美国西南航空公司的首席执行官，著名的社交达人。MD－95 的交易巩固了斯通西弗与普里迪的关系。普里迪向空客、波音和麦道发出了招标文件。在初步谈判中，普里迪表示希望将履约担保写入合同。几家公司都同意了，普里迪最初与波音签订了购买波音 737NG 的订单。但当到确认合同时，普里迪表示，波音拒绝在合同中加入履约担保。

波音销售人员和一名后来飞往瓦卢杰航空公司总部所在地亚特兰大的高管表示，波音没有以书面形式承诺提供履约担保。波音当时表示："我们是波音，我们信守诺言。"这还不足以说服普里迪。空客此前曾表示愿意签署书面的履约担保，于是普里迪给空客打了电话。但普里迪称，到了正式签署 A319 购买协议时，空客也违约了。雷义坚决否认这一点，他表示："空客的许多合同都有履约担保。普里迪只是想要MD－95，原因我百思不得其解。"至于普里迪，他并不喜欢雷义。

普里迪给斯通西弗打了电话。斯通西弗不仅将履约担保写入了合同，麦道还承诺提供融资帮助。MD－95 是一款新飞机，而瓦卢杰航空公司也是一家相对较新的航空公司，因此麦道支持其融资极为重要。1996 年瓦卢杰航空公司 592 航班在大沼泽地坠毁后，该航空公司因安全问题停飞了数月，尽管事故本身是由氧气瓶标签和装载不当引起的，责任也主要在地面服务商赛博瑞科技公司(SabreTech)。麦道最终通过旗下的麦克唐纳·道格拉斯金融公司(McDonnell Douglas Finance Corp.，MDFC)为瓦卢杰航空公司的所有飞机提供融资，麦克唐纳·

道格拉斯金融公司在 1997 年合并后成为波音资本公司①。

在波音和麦道合并之前，麦道曾努力从空客挖走雷义。20 世纪 90 年代中期，时任道格拉斯公司财务总监的费伦接到商用飞机部门项目副总裁约翰·沃尔夫(John Wolf)的电话。沃尔夫说他们要去纽约面试雷义。费伦问道："我们为什么要面试他？"沃尔夫说，雷义将接受销售主管的面试。费伦又追问，"我们为什么要这样做？"费伦当时不太了解雷义。他们没有在销售活动上碰过头，当时空客在美国航空公司这边并不重要。费伦知道雷义，但仅此而已。

三人在中央公园著名的餐厅"绿地酒馆"碰面。"雷义到达那里，与其说是我们在面试他，倒不如说是他在面试我们，这让我印象深刻。"费伦回忆说，"更让我难忘的是，他为这次面试所做的准备。他确实在钻研这些问题，即约翰·麦克唐纳对继续做这个行业的态度有多认真。您准备投资多少？他开始对他认为的 MD‑11 或 MD‑80 的可行性进行细致又专业的分析。我认为当时我们刚刚宣布了推进 MD‑90 项目的计划，但还没有真正将它推向市场。"

谈话围绕着雷义为什么要离开空客展开。费伦说："我们讨论过一个美国人永远不会被允许负责空客的全球销售工作。对此他有点卡住了。在空客北美公司，首席执行官没有多大的实权。问题就在于他的工作本身，他不能真正升职成为图卢兹的高级管理人员，至少当时看起来是这样。高级管理职位由欧洲国籍的人把持，商务总监是留给英国

---

① 赛博瑞科技公司受到刑事指控，这是业内人士唯一能想到的美国在航空事故调查中的一次刑事诉讼；其母公司停止了赛博瑞科技公司的相关业务。瓦卢杰航空公司的名誉受到了不可逆转的损害。后来它收购了一家较小的航空公司——奥兰多的穿越航空公司(AirTran)，并沿用了穿越航空公司的名字。在穿越航空公司重新命名后，公司的运营得到了大跨步发展，于 2010 年被美国西南航空公司收购。西南航空公司将拿到的 88 架 MD‑95(现更名为波音 717)飞机租给了达美航空公司。西南航空公司逐渐将穿越航空公司的亚特兰大枢纽缩小到原先的一半左右。波音资本公司保留这些飞机的所有权，作为西南航空公司的主要出租方。

人的。"

当然，后来证明这样的观点是片面的；雷义将成为空客的全球销售主管，但从未被考虑担任空客的首席执行官，因为正如他曾说的那样，他"持有错误的护照"。雷义后来在与华盛顿隔河相望的弗吉尼亚州克里斯特尔城会见了麦道的首席执行官麦克唐纳，与他共进了一顿私人早餐。麦克唐纳给出的理由如出一辙，但强调他认为道格拉斯公司需要"新鲜血液"，尤其是在销售方面。雷义决定在空客至少再待几年。他不相信麦克唐纳会批准那些用于重振道格拉斯公司的投资。

皮尔逊显然是从通用电气公司那里听说了这些会谈内容。不用说，他很不高兴，尽管他从未直接与雷义谈过这个问题。有一天，皮尔逊在喝酒时不经意地对雷义说，他应该意识到任何离开空客的人都将被视为叛徒。这话表面上说的是雷义在美国的下属，但实际所指很明确。

不过，费伦说，雷义暴露了道格拉斯公司的问题，那就是在麦道总部没有支持者。大多数情况下，道格拉斯公司受资本控制，而且这又是一家非常保守的公司。对管理层来说，将钱投资于商业领域是一个非常困难的决定。通过自己的独立调查，雷义立即抓住了问题的核心。

雷义的精心准备给费伦留下了深刻的印象。费伦说："我并没有不尊重的意思，但这听上去有些不近人情。他没有浪费很多时间说'我不打算做这个，我不会在那个上面浪费时间。'然而，他坦率地承认，他的现任雇主可能会让他的职业生涯走入死胡同，这令人印象深刻。这对我来说是一次非常难忘的经历。"

人们只能推测，如果麦道成功将雷义挖走，空客、道格拉斯公司和波音的命运可能会有很多不同。雷义可能是对的，麦克唐纳公司仍然不会投入数十亿美元让道格拉斯公司再次成为航空领域有力的竞争对手。但在1997年波音与麦道合并后，雷义会加入波音吗？如果加入波音,他会负责销售业务吗? 他最终会被任命为波音民机集团的首席执行官,或许有朝一日会成为波音的首席执行官吗? 毕竟,他是个真正的美国人。这可能是一种有趣的心理战,但现实是,雷义留在了空客,道格拉斯公司的市场份额下降到个位数,麦道被波音吞并了,直到 2018年 1 月退休,雷义一直都被波音视为"眼中钉"。

多年后,在这本书的一次采访中,波音民机集团前首席执行官阿尔博开玩笑说,波音应该聘请雷义,并每年支付 1 000 万美元让他挂个名。阿尔博说:"我们本可以领先的。"

与麦克唐纳公司的合并延长了道格拉斯公司的存续时间。但是,由于麦道不愿意,或者在某些人看来,麦克唐纳公司拒绝投资道格拉斯公司,因此道格拉斯公司注定要失败。仅仅依靠技术老化的衍生产品,在来自空客的新竞争压力下,道格拉斯公司除了倒下,别无他路。当美国航空公司首席执行官克兰德尔宣布与波音达成排他性交易时,他被问到为什么公司没有选择与麦道合作购买更新后的 MD - 90,毕竟,它装配了国际航空发动机公司(普惠、罗罗和其他公司的合资公司)的最新发动机。克兰德尔的回答一针见血:"MD - 90 采用的是旧技术。"2020 年,托马塞蒂也持相同的观点。

到 1996 年,波音希望大幅扩展其军事业务,部分原因是为了平衡防务和商用领域的收入。波音对麦道的商用飞机不感兴趣。MD - 11与波音 777 竞争,MD - 80 和 MD - 90 与波音 737 竞争,MD - 95 仅仅与波音 737 - 600 竞争。虽然 MD - 95 是一款比波音 737 - 600 更好的飞机,但它是个停产产品。瓦卢杰航空公司想要一个航程和载客量比MD - 95 更远和更大的机型,但这将与波音 737 - 700 争夺市场份额。这对波音来说是不可能的。波音马不停蹄地关停了麦道的整个商用飞机部门。但在并购得以推进之前,那些排他性交易成为欧盟(European Union,EU)批准波音收购麦道的拦路虎。

当时，美国航空运输业的参与者比今天的要多得多。美国联合航空公司没有与大陆航空公司合并，西北航空公司也没有与达美航空公司合并，环球航空公司仍然是独立的。西南航空公司只买过波音的产品。波音赢得美国航空公司、大陆航空公司和达美航空公司的排他性交易，这让空客失去了很大一部分美国市场。

波音与麦道的合并，需要美国政府和其他国家以及司法管辖区的批准及监管。不出所料，由于空客受排他性交易的影响被排除在未来竞标名单之外，欧盟反对并购。作为获得批准的条件，波音和这三家航空公司必须同意撤销这些排他性交易。

美国航空公司的克兰德尔对此毫不在意。波音与美国航空公司的交易是在1994年进行谈判的，但合同是在1996年波音宣布与麦道合并前不久签署的。波音同意取消排他性交易，并于1997年完成合并。就克兰德尔而言，波音必须照合同办事。他说："波音方面可能要求取消排他性交易，但这和我没有任何关系，于我而言，与波音签署的合同仍然有效。法律上可能没有要求波音履行该项交易，但我要求它履行。"

欧盟在批准波音与麦道合并的文件中概述了波音与美国航空公司交易的范围：

美国航空公司和波音达成长期合作伙伴关系，波音在2018年之前都是美国航空公司喷气式飞机的独家供应商。美国航空公司同波音签署了103架飞机确认订单，包括75架波音737NG系列飞机、12架波音777-200飞机、12架波音757飞机和4架波音767-300ER飞机。根据波音的目录价格，这些订单总价约为66亿美元。在20多年的独家经营期内，美国航空公司还与波音签署了另外527架喷气式飞机的价格保护购买权订单。与传统的18～

36个月的交付期相比,这些购买权使美国航空公司能够决定何时行使其购买飞机的选择权,窄体飞机只需在交付期前15个月通知波音,宽体飞机只需提前18个月通知。据报道,美国航空公司不必为这些购买权支付费用,而是以仅购买波音喷气式飞机的承诺换取这些购买权。与此同时,波音似乎对美国航空公司此前交易中购买的飞机提供了巨大折扣[①]。

值得注意的是,三巨头的交易占据了主导地位。欧盟总结说,独家交易的飞机数量占20年全球市场预测销量(14 400架飞机)的13%和美国市场预测销量的30%。欧盟写道,与麦道合并后,波音在大型商用飞机整体市场的市场份额将从64%提高到70%,其客户群从当前服役机队总数的60%提高到84%。

在批准合并的文件中,欧盟和波音同意停止签署排他性协议10年:

> 波音在2007年8月1日之前不会签订任何新的排他性协议,但在销售竞争中,其他制造商提出签订排他性协议的情况除外。
>
> 上述决议对在此之前与美国航空公司、达美航空公司和大陆航空公司分别于1996年11月21日、1997年3月20日和1997年6月10日签订的排他性协议无约束性。

2010年美国大陆航空公司与美国联合航空公司合并,大陆航空公司管理层接手新公司。除了美国联合航空公司此前订购的A350飞机订单外,重组后的美国联合航空公司仍然是波音的忠实客户。直到

① European Union Decision, Boeing‑McDonnell Douglas Merger, Case No. IV/M. 877, July 30, 1977, Page 33, Paragraph 107.

2019 年 12 月,美国联合航空公司才订购了空客单通道飞机,因为那时波音很显然不会或无法决定是否推出新的中型市场飞机(NMA)。当时,美国联合航空公司订购了 A321XLR,用于替代其机队中的波音757。达美航空公司于 2008 年收购了大型空客运营商西北航空公司,其管理层转而经营管理达美航空公司,并将其订单分配给两家航空制造商。

第 8 章
警钟

"我们刚好让门开了一条缝。"

——波音销售员托比·布赖特谈空客赢得美国联合航空公司

的订单

雷义早期在美国市场取得的销售成功，并没有动摇波音在本土的地位。1988年7月，加拿大航空公司订购了34架A320，以替代其原先的波音727-200机队。此举依旧没对波音产生多大影响。空客的大多数销售对象是陷入困境的航空公司，如泛美航空公司、环球航空公司、大陆航空公司、布兰尼夫Ⅱ航空公司和美国西部航空公司。波音和大部分市场人士将这些视为困境中的交易。

A320于1988年投入使用，与波音737系列飞机展开竞争。波音并没有认真对待A320，甚至空客在自己的商业计划中预测，A320在项目生命周期内的销量为400架飞机。单通道飞机是空客和波音商业表现最好的机型。波音称，A320和波音737-800为"市场的核心"。

在20世纪80年代初，空客对A320的设定是150座飞机，比流行的126座波音737-300略大，与波音737-400的尺寸大致相同。波音737-400是波音737-300的加长版。作为一款简单的加长型飞机，波音737-400更重，机场起飞着陆性能更差，航程更短。相比之下，A320显然是一款更好的飞机。

美国联合航空公司也这样认为。到1992年，虽然没有签订排他性协议，美国联合航空公司实际上是波音的独家客户。其机队中仍有一些麦道的 DC-10 飞机,但美国联合航空公司没有订购后续机型 MD-11 飞机,而是只购买波音的飞机。美国联合航空公司需要一款比 126 座的波音 737-300 更大的飞机。空客提供了 150 座的 A320。美国联合航空公司希望与波音重新签订购买波音 737-300 的合同,同时考虑重新谈判购买波音 737-400 的价格。波音拒绝了。尽管对接美国联合航空公司的销售人员布赖特要求波音灵活处理,但波音管理层表示,必须照合同办事。

雷义抓住了这个机会。他和团队制订了一个非常有说服力的销售计划,以至于当波音民机集团首席执行官迪安・桑顿(Dean Thornton)意识到威胁是真实存在的时候,为时已晚。27 年后,波音的布赖特回忆说,这给波音敲响了警钟,波音不能再把空客作为一个"欧洲就业项目"而忽视它。

布赖特在 2019 年回忆时说:"此前,我觉得波音可能并没有真正担心空客,或者并没有把空客当回事。空客获得美国联合航空公司的订单才算真正拉开了两家制造商拉锯战的序幕,波音认识到雷义和他的团队是一股不可忽视的力量。"布赖特在美国联合航空公司的单通道飞机订购竞争中站在波音一边。当时,美国联合航空公司是波音最大的客户,每月要接收 6 架飞机。

布赖特说:"波音内部认为美国联合航空公司不会改用空客的这款新飞机。我们在一个小事情上出了差错,这让雷义钻了空子,然后整个事情的走向就偏离了我们的预期。当波音完成与美国联合航空公司的波音 737-300 飞机交易时,美国联合航空公司认为他们不需要波音 737-400。他们并没有就价格谈那么多,只是按比例推算了一下。他们在 20 世纪 90 年代初回过头来告诉我们:'我们当时想订购波音 737-400,但每架飞机的售价比之前订购的 737-300 要高约 40 万美元。'"

波音不愿让步。布赖特说:"好吧,伙计们,我们已经达成了协议。我们不会重新谈判,绝不可能。算了吧,您已经在合同上签名了。"波音对美国联合航空公司态度强硬。这就是雷义所需要的。最初波音与美国联合航空公司达成的交易是购买 100 多架波音 737。美国联合航空公司想修改合同,并以优惠的价格将订单中的飞机型号换成波音 737 - 400。后来当美国联合航空公司明显倾向于空客时,波音终于让步了。

布赖特说:"最后,为了挽救这笔交易,我们为每架飞机投入的资金远远超过 40 万美元,大概是这个数字的 4 倍。这一切都始于约 40 万美元的分歧。到最后,一切都太微不足道,太迟了。"布赖特说桑顿后来承认应该听布赖特的。

布赖特说:"当迪安退休时,我很惊讶,作为波音一名年轻的销售人员,我收到了他的退休派对邀请函。他把我拉到一边,用手搂着我的肩膀说:'我只是想让你知道,我职业生涯中犯下的最大错误之一就是让空客赢得了这笔美国联合航空公司的交易。'"布赖特说,桑顿告诉他,他仍然受雇佣的原因是总是说对了话。桑顿说:"你一直在跟我们说,但我们没有听。"

美国联合航空公司订购 A320 给波音敲响了警钟。雷义说:"波音必须推出波音 737NG。"波音于 1993 年推出了波音 737NG。波音设计了一个新的、更大的机翼,使波音 737NG 的航程比 A320 系列飞机的更远。波音将 737 - 400 的机身加长,推出了波音 737 - 800,该机型是波音 737NG 系列中的最佳设计。在详细说明客舱布局的技术文件中,波音 737 - 800 比 A320 多 12 个座位。在所有其他条件相同的情况下,波音 737 - 800 比 A320 的每可用座英里成本更低。126 座双舱波音 737 - 700NG 于 1997 年 12 月在西南航空公司投入使用,西南航空公司的飞机采用单舱布局,配置了 135 个座位。波音 737 - 800 成为波音 737NG 系列的中坚力量,其经济性是一流的,而且经过几十年的磨炼,可靠性也是可圈可点的。

波音还推出了波音 737 - 900。坦率地说,这款飞机质量极差。波音 737 - 900 只是在 737 - 800 的基础上直接加长机身,缩短航程,增加座位,但也只比波音 737 - 800 多大约 18 个座位;从总体上看,这并没有多大的改进(在两舱布局下,波音 737 - 700 可容纳 126 名乘客,而波音 737 - 800 则有 162 座,增加了 36 个座位)。虽然波音 737 - 800 可以轻松地从美国东海岸飞到西海岸,但波音 737 - 900 基本上只能飞三分之二的航程。而且波音 737 - 900 的机场起飞着陆性能明显不如波音 737 - 800 的,甚至不如 A321 的。当然,A321 也有自己的问题。事实证明,波音 737 - 900 仅制造了 54 架。

波音通过增程机型(波音 737 - 900ER)解决了航程问题。该机型一共生产了 505 架。再加上基准型波音 737 - 900 飞机,合计生产了 559 架;而波音 737 - 800 生产了 4 991 架,波音 737 - 700 生产了 1 128 架,波音 737 - 600 生产了 69 架。到 2019 年停产时,波音 737 - 900ER 占 737NG 系列飞机销售总额的 8%。

空客于 1994 年交付了第一架 A321,这一年雷义成为空客的首席商务官。到 2019 年,空客共交付了 1 791 架 A321ceo,与波音 737 - 900/900ER 的市场占比为 3∶1。仅将 2001—2019 年的交付量与波音 737 - 900ER 的进行比较,空客交付了 1 616 架 A321ceo。尽管与波音 737 - 900/900ER 相比,A321 更具销售优势,但它的缺点也很明显。雷义不断推动工程设计,增加飞机最大起飞重量和油箱燃油容量,以增加航程。鲨鳍小翼的运用虽有帮助,但并没有解决问题。不过,2017 年开始交付的 A321neo 做到了。从投入使用到 2019 年,空客一共交付了 290 架 A321neo。与 557 架波音 737 - 900ER 相比,空客总共交付了 1 906 架 A321,市场占比为 3.4∶1。

这些数字清楚地表明了波音 737NG 系列中较大型号飞机的弱点。

但雷义仍然没有满足于这些销售数据。他继续不断推动工程设计，以获得拥有更远航程和有效载荷的飞机，最终 A321XLR 诞生，或称为"雷义的飞机"（一些工程和项目上的人这样称呼）。

独家交易

在波音失去美国联合航空公司的订单后不久——而且波音显然厌倦了在最后一刻赢得交易——波音首席执行官菲尔·康迪特会见了美国航空公司的克兰德尔，以拟定独家采购协议。根据美国航空公司理查德·切尔尼（Richard Cherney）的说法，康迪特和克兰德尔起草了一份正式的独家供应商合同大纲，波音将成为美国航空公司唯一的飞机供应商。

飞机交易的合同通常十分复杂，包括信用、履约担保、维修成本担保等条款，尽管合同曾经过协商但还是经常会出现争议，但这次不一样。切尔尼解释道："这基本上是在一张鸡尾酒餐巾纸上完成的，因为克兰德尔放弃了很多其他优惠条件、备件和价格担保，也许还有通货膨胀上限等。它们是有价值的，但有点难以量化。克兰德尔说：'我想把这些价值全部转嫁到飞机本身上去。'这很容易，因为您可以问，我们在谈论多少架飞机？大致时间是什么时候？净优惠率是多少？"

切尔尼说："协商内容还要包括备件、各种担保、最高限额或其他任何东西，信息量大，一张鸡尾酒餐巾纸背面肯定是没法完全写下的。作为独家协议的交换，我们想要获得最惠国待遇（也称最惠客户）。"这意味着，美国航空公司能够比其他客户以更优惠的价格购买飞机，或者美国航空公司将收到差额支票。

雷义对此毫不知情。克兰德尔的一名手下阿佩打电话告诉雷义，这项交易正在进行中,但为时已晚,空客无法改变局面。雷义后来回忆说:"我被独家交易激怒了。我当时处于震惊状态。'您一定是在开玩笑,'雷义告诉阿佩,'为什么有公司要消除未来的竞争?'"阿佩没有回答。

雷义说:"我们试图介入,但在这一点上,基本上我认为波音得出的结论是,无论付出何种代价,最好要满足现任管理层的所有要求,以获得(波音)20年的排他性协议。因为尽管现在可能会很痛苦,但20多年后,波音会得到回报。果然,他们做到了。"他认为波音知道,随着时间的推移,波音可以在升级、支持成本等问题上收回收益。"这就是为什么我们有机会在2011年获得美国航空公司的A320neo系列订单。"

飞行员的偏好也是一个因素。克兰德尔在2019年回忆时说:"飞行员好像更偏爱波音的飞机。当然,波音愿意付出很大的努力将空客挤出美国市场,它长期以来一直在这样做。其结果是,飞行员们无论如何都更喜欢波音飞机,而波音也能提供一份交易协议,我们认为这份协议比其他任何人一直提供的条件都要好,甚至更好。这看起来像是一笔不错的买卖,这就是我们这样做的原因。我认为这绝对是基于飞行员更喜欢波音飞机这一事实的。"

与此同时,波音自身遇到了制造的问题。时任波音民机集团总裁罗恩·伍达德曾发誓要增加波音734和747飞机的产量以期在数量上超越空客,并击败空客。但问题在于,这完全不切实际,超出了波音所能承受的范围。供应商无法按计划交货,生产计划彻底被打乱。当飞机从生产线下线时,总有零件丢失,非正常流程的工作激增。最后,波音无法按计划向客户交付飞机。波音被迫关闭了波音737和747生产线一个月,希望可以集中力量达成目标。伦顿工厂的波音经理加里·斯科特(Gary Scott)说,波音最终花了两年时间才完全赶上。加里·斯科特后来成为庞巴迪商用航空公司总裁。

自二战以来，波音首次出现年度亏损；随后伍达德被解雇。与波音-麦道合并有关的股东诉讼称，波音在合并交易完成时就知道自身存在生产问题，但没有予以披露。波音以数千万美元达成和解。批评人士说，尽管输掉了西北航空公司和美国联合航空公司的订单，以及险些输掉皮埃蒙特航空公司的订单，但波音的傲慢态度仍有增无减。本应是波音胜利的两次竞争变成了空客的胜利。

美国联合航空公司惨败后不久，老边疆航空公司的部分前高管于1994年创立了新的边疆航空公司。老边疆航空公司的机队几乎全是波音737飞机，新边疆航空公司依赖于二手和租赁的波音737-200，后来又引进了波音737-300。出于管理人员的延续和运营波音飞机的传统，边疆航空公司被认为是波音的可靠客户。作为一家小型航空公司，转变机队机型也是一笔"大生意"，这进一步增加了波音的信心，波音相信边疆航空公司将在可预见的未来成为波音737的运营商。因此，当边疆航空公司于1999年签署采购A318和A319的协议时，波音感到十分震惊。边疆航空公司于2001年开始接收新飞机。到2005年年中，所有波音飞机都被替换了。

捷蓝航空公司于1998年由大卫·尼勒曼（David Neeleman）创立，他曾是盐湖城莫里斯航空公司（Morris Air）的联合创始人。莫里斯航空公司故意模仿西南航空公司，使用波音737-300和简化的预订/票务系统。后来西南航空公司收购了莫里斯航空公司。尼勒曼完成了转型，但他与西南航空公司的首席执行官赫布·凯莱赫相处得并不融洽。于是他们分道扬镳，由于尼勒曼受到一项竞业禁止条款的约束，因此他去了加拿大，创立了西捷航空公司。这家低成本航空公司也依赖于波音737。

竞业禁止期满后，尼勒曼回到美国，创立了捷蓝航空公司。最初，他计划是与理查德·布兰森(Richard Branson)合作,并获得维珍品牌的许可,但未能达成协议。鉴于尼勒曼与波音 737 之间的深厚渊源,波音认为他会为新航空公司购买波音 737。事实上,他的商业计划中就有波音 737 的身影。但是他订购了一大批 A320 飞机,这令波音和业界大为不解①。到 2020 年,捷蓝航空公司、边疆航空公司和尼勒曼都没有再买过波音的飞机。

---

① 尼勒曼后来在其家乡巴西创立了巴西蔚蓝航空公司,机队使用的是巴航工业的 E195 飞机。当巴西蔚蓝航空公司扩张并需要干线喷气式飞机时,空客也得到了这些订单。再后来,尼勒曼投资了葡萄牙的载旗航空公司葡萄牙航空(TAP Air)。2017 年,他宣布了设立一家名为"Moxy"的美国航空公司的计划;2018 年他订购了 60 架 A220‑300 飞机。

第 9 章
推出 A380 飞机

"这是非常概念化和未来主义的。"

——罗伯特·兰格,描述 A380 客舱平面图

空客在 20 世纪 90 年代开始尝试设计双层超大型喷气式飞机。当时,波音 747‑400 是全球最大的商用客机,两舱布局下可容纳 416 名乘客。空客概念飞机被称为 A3XX,标准布局下可容纳 550 名乘客,载客量比波音 747‑400 的大约多出三分之一。在高密度、单舱布局下,该飞机可以容纳近 900 人。

在整个早期概念设计阶段,空客与波音联合开展研发工作。讨论工作始于 1992 年,研究一直持续到 1995 年,该项目于 1996 年正式结束。当时从事销售和营销工作的罗伯特·兰格负责管理了空客第一架 A3XX 客机的样机。

兰格在接受本书作者采访时说:"这是非常概念化和未来主义的设计。样机的唯一目的是展示新飞机拥有如此多的空间,有可能做完全不同的事情。雷义和我经常互换身份,我们有时以贵宾身份参观样机,有时又以航空公司首席执行官的身份了解项目进展情况。"

A380 在新加坡航空公司投入使用,开启了 A380 与波音 747‑500/600 之间的竞争。A380 的机身被加长、航程增加,还进行了其他改进。波音 747‑500 可容纳 462 名乘客,波音 747‑600 可容纳 548 名乘客。雷义与时任波音亚太区域销售副总裁的康纳就购买订单展开竞争。

康纳回忆说:"新加坡航空公司当时主要运营宽体飞机。无论新加坡航空公司做什么,人们都会效仿。我和我的团队带着波音747-500和波音747-600抵达那里。我们在努力争取拿到订单。我收到菲尔·康迪特的一封信,上面写着'如果你们(新加坡航空公司)买了这架飞机,我们(波音)就立马推出这款飞机,'因为该机型到目前还没有在众人面前亮相。随后,波音研发团队进入了短时间的冲刺期,将飞机的性能调教到最佳状态并确定了最终的型号。我坐在酒店里吃午饭,雷义就在我的旁边,他的团队正准备去新加坡。"

与雷义在一起的是空客首席执行官诺埃尔·福雅尔(Noel Forgeard)。康纳说:"他把所有的大人物都请来了。而波音这边只有我和我的团队,我私下里说:'嘿,如果我们能把菲尔带到这里就好了,或者把艾伦或塞迪克带到这里。'"但这也只是说说,因为康纳找不到人来①。

康纳说,雷义和他的团队为推销A380给出了惊人的报价,其中包括免责的权利。康纳记得雷义告诉新加坡航空公司,如果出于某种原因,这架飞机没有实现空客预先承诺的功能,那么航空公司可以撤销合同。康纳说:"我们的人不打算答应这些要求,因为有人可能会因为各种各样的原因而最终放弃交易。""我一直说不。雷义却把它摆在桌面上,这就是我必须反对的。我无法让我们自己的员工也达到相同的标准。"

A380比波音747大得多,航空公司还必须在机场基础设施上投资数百万美元。康纳说,空客表示愿意在这方面提供帮助。"雷义对他们说,他们将投资并帮助航空公司改造机场停机坪,建造新的登机桥和其他设施。"康纳回忆说,"至少新加坡航空公司是这样告诉我的。如果购

---

① 菲尔·康迪特,时任波音首席执行官;艾伦·穆拉利(Alan Mulally),时任波音民机集团首席执行官;塞迪克·贝尔亚曼(Seddik Belyaman),时任波音民机集团销售主管。

买 A380，并为此建一个机场巴士停靠站，就能得到空客提供的补偿。"波音愿意对标空客提出的许多服务和承诺，甚至在价格上也可与空客提出的一致，但康纳表示，免责条款不在讨论的范围之内。

就像任何竞争一样，波音和空客都会根据它们在客户那里了解的情况，评估竞争对手飞机的性能和所提供的商业条款。两家制造商会相互鸡蛋里挑骨头，数落对方的不足。康纳说："我们告诉新加坡航空公司，A380 是一款很重的飞机。我们对所有这些变数都采取了典型的波音工程法，把这个庞然大物的所有风险都一一摆在了他们面前。新加坡航空公司转头将这些话又说给雷义听，雷义只是说：'好吧，好吧。如果真的发生了这种情况，那就是我们的责任，我们会解决的。'雷义基本上给新加坡航空公司吃了一颗定心丸。"

事实上，波音的这种做法反而给空客将 A380 卖给新加坡航空公司提供了助力。康纳说："这是典型的雷义风格，他利用我们的推销手段来对付我们，并把所有那些令人担忧的事情都带走了。他向新加坡航空公司提出了一个他们无法拒绝的交易，或者我们当时不愿意提供的等额交易。"

雷义对交易中的免责条款付之一笑。他说，新加坡航空公司可能已经告诉康纳这一点，但他否认交付后的免责条款是合同内容的一部分。雷义承认，如果在第一架飞机交付的前几年，空客被迫承认 A380 的性能比购买时承诺的要差很多且无法改进，那么新加坡航空公司有权取消订单。这一切都取决于如何定义免责。

免责通常与租赁和提供租赁的制造商有关。雷义说，新加坡航空公司正在购买飞机。新加坡航空公司为部分飞机安排了租赁融资，但它是与第三方合作，而不是与空客合作。雷义说，空客无法推出一款在交付后有免责权利的飞机。"那毫无意义，但我们绝对相信我们飞机的性能。"

不过,他表示,新加坡航空公司的合同中包含的条款是:如果飞机未能达到担保要求或交付严重延迟,订单可能会被取消。履约担保包括在支付任何罚款之前协商的保证金,以及交付延迟的程度。如果飞机交付时间延迟过长,航空公司可以取消订单。该条款对行业外的人可能很陌生,但这在业内不是秘密,关注这个行业的人也多有耳闻。波音737 MAX订单被取消就是一个很好的例子①。

雷义表示,尽管在生产交付延迟两年多后,运营商都有权取消订单,但几乎所有运营商都保留了A380的订单。雷义将波音747-500/600视为对A380定价最有影响力的机型。但他说,更大的问题是满足英国新的噪声控制要求,即噪声配额数二级(QC2)。最初,A380发动机不符合最新的噪声标准(波音747-500/600也不符合标准,它装配的是波音747-400的老一代发动机)。

满足噪声配额数二级是新加坡航空公司对交付飞机提出的基本要求。某个周五在拜访新加坡航空公司首席执行官时,雷义被告知,A380必须保证符合英国噪声配额数二级的要求。他说"尽力而为"是毫无意义的。雷义回到酒店,立马打电话给A380的项目负责人于尔根·托马斯(Jürgen Thomas)。托马斯虽然当时人在美国,但立即采取了行动。他与发动机制造商们整个周末通宵达旦,一起敲定了一份令新加坡航空公司满意的合同条款。罗罗在接下来一周的周二接受了这个提议。

然而,康纳并没有空手而归。他向新加坡航空公司出售了更多的波音747-400,为该航空公司选择A380架起了桥梁。但如果波音愿意为该航空公司提供波音747-500和波音747-600的免责条款,康纳认为他会赢,并推出这些新机型。雷义并不这样认为。"新加坡航空公

---

① 波音737 MAX飞机合同通常允许买方在交付延迟12个月后取消。在波音787项目的酝酿过程中,一些客户因737 MAX飞机交付延迟而取消了部分订单。

司想要的是 A380。它想要满足噪声配额数二级要求的全新飞机。我们只需要找到一种让它实现商业可行的方法。"

康纳认为，波音管理层其实不想推出波音 747-500/600。波音 747-500/600 没有可供使用的新发动机，而新发动机是大型飞机和实现更佳经济性所需要的。波音会调整机翼，但不会换成全新设计。而波音内部则在着力研发设计波音 787。

时至今日，一些人（主要是波音的粉丝和空客的批评者）仍然认为，波音明智地策划了一条路线，诱使空客向运营商承诺交付 A380，同时计划自己的新飞机项目。对此当时相关的波音主要高管否认他们曾促使空客研发 A380。没有什么宏大的"马基雅维利"计划可以诱使空客投入数十亿美元、人力和工业资源到它认为从一开始就注定失败的项目中。

康纳说："我不认为我们设计诱导空客制造了这款飞机。我认为空客将沿着这条路走下去，而波音考虑的是波音 747-500、波音 747-600 的市场和市场规模。经过深入调查研究，波音的工程人员将研发重点放在了点对点飞机的市场，即较小的波音 787，他们认为那是更好的发展道路。我不相信波音会认为当时有足够大的市场来容纳两款这么大尺寸的飞机。"

还有一种说法认为，A380 只是一款"雷义自负型"飞机。"我们都不相信 A380 能获得成功。"布赖特回忆，"我们当时认为雷义只是想满足自我，他想要一款大飞机。我不知道他会如何为发生在 A380 上的事情辩解。也许他可以辩解说，这确实表明空客是该行业的领导者。"

阿尔博当时在波音的防务部门工作，而后在 2009 年成为波音民机集团的首席执行官。他认为 A380 是一款被"政治驱动"的飞机。"他们想要拥有最大的飞机。我们想要的则是（对标波音 787）有市场需求的飞机。"

毫不奇怪，空客的员工坚称自负和政治都没有发挥作用。相反，人们确信波音正在用波音747飞机的利润补贴其他飞机的销售亏空。一些人相信，波音会将波音747出售给一家航空公司，然后再将订单换成波音777，从而达到挤占A340市场销量的目的。或者说波音在波音747上拥有可用于交叉补贴其他机型的高额利润。波音销售人员表示，在某些情况下会这样做，但这种做法并不普遍，也不是一种策略。

　　波音747项目于1966年启动，1970年投入使用。在最初的5年或10年里，波音747在全世界范围内是一款独一无二的飞机。如果能满座的话，它确实是20世纪70年代唯一一款高效率的远程飞机，这是空客的恩德斯后来提醒A380飞机要警惕的对手。但这也是在放松管制和"开放天空"政策提出来之前。当时的一位波音销售人员回忆说："那时往返纽约—约翰内斯堡的航班每周3班，由于波音747太大了，因此无法作为每日航班的执飞飞机。想要提高航班客座率，航空公司就不得不等待，合理调整航班时刻。很难决定什么样的定价结构真正合理，因为它就是既定事实。"

　　随着其他飞机的相继研发，波音747的市场开始受到蚕食，空客提出的补贴理论也不攻自破。到20世纪90年代，当A380被构思出来时，麦道生产了DC-10-30和MD-11，空客也拥有A340（当时A330仍然是中程飞机），波音则拥有波音777-200ER。

　　周遭"不和谐"的声音时有出现，但空客并没有理会。2002年3月发布的一份有争议的研究报告——《关键项目追踪评估：A380项目》预测，空客的A380不会盈利，而且在项目生命周期内只能售出大约400架飞机。这项研究是由学者阿龙·格尔曼（Aaron Gellman）、顾问汉斯·韦伯（Hans Weber）和理查德·阿布拉菲亚（Richard Aboulafia）以及乔治·哈姆林（George Hamlin）进行的。乔治·哈姆林是空客美国办事处的前雇员，他曾与雷义发生过争执，在离开空客后他成为"空客-雷义"的强烈批评者。该研究由波音资助。因此,空客和其他公司对报告的客观性表示质疑。毫无疑问,波音的资助让这份报告在外人看来带上了色彩。阿布拉菲亚坚称,波音没有参与这项研究。然而,雷义对此表示怀疑。

事实证明,研究团队的预测是正确的,这个项目从未为空客盈利,但即使在销售预期不佳的情况下,他们仍持乐观态度。实际上,空客仅售出251架A380,而研究预测为400架。不过,400这个数字包括空客在2006年放弃的A380货机项目,预测数量大约为100架。

波音对波音747－500/600的冷淡态度,以及后来将波音787作为新方向并没有打消康迪特想要给空客和A380制造麻烦的念头。据说康迪特曾威胁说,如果空客启动A380项目,他将提出贸易诉讼。波音当时的确没有这样做,但在接下来的几年里,以贸易诉讼为理由寻求庇护是反复出现的话题。

显然,波音并没有放弃对空客施加其他压制措施。在空客推出A380的3年前,在1997年批准波音和麦道合并的官方文件中,欧盟写道:

有迹象表明,波音现有的购买力可能对空客与供应商建立风险共担伙伴关系产生一些影响。例如,据广泛报道,今年年初,诺斯罗普·格鲁曼公司决定不作为风险共担合作伙伴参与空客A3XX飞机的研发。随后,诺斯罗普·格鲁曼公司宣布作为波音空中预警机雷达升级项目主承包商,获得了一份价值2.62亿美元的合同。波音最近还与诺斯罗普·格鲁曼公司签订了一份价值4亿美元的合同,为其波音737、757和767飞机生产客货舱门。在此应该指出的是,迄今为止,诺斯罗普·格鲁曼公司商用飞机业务的最大客户就是波音。在波音和麦道合并之后,诺斯罗普·格鲁

曼公司承担的麦道防务业务也会一并计入波音名下,就绝对数字而言,麦道的防务业务量甚至高于对波音的现有商业供应量①。

预测

对超大型飞机(VLA)的市场预测与 A380 本身一样具有争议。空客和波音将该领域定义为 400 座级以上。两家公司在宣传材料中都使用了各自"最大的飞机"来代表这个领域:空客使用的是 A380,波音使用的是波音 747。其他双通道飞机,从 A300/波音 767 到 A330/340、MD-11 和波音 777,以及决定于 2003 年推出的波音 787 一样,都属于中型宽体飞机。

空客预测,在 2000—2019 年的 20 年里,超大型飞机市场的需求量为 1 300~1 700 架(包括货机),数字差异取决于年度。相比之下,波音对同一时期该细分市场的需求预测一直为下降、下降、下降,直到 2018 年,即波音最后一年对该行业进行细分市场预测,当时预测的数量还不到 500 架,目标机型主要是货机。对波音预测数据持批判态度的学者指出,波音对超大型飞机的需求量的预测有升有降,具体数额则取决于波音在该年对波音 747 飞机的重视程度。一位参与撰写《当前市场展望》的波音前雇员表示,波音对该领域的市场预测其实有两个版本,一个供内部使用,另一个对外公布,数据波动更大。

对空客预测数据持批判态度的学者想知道,空客得出这种结论的原因是什么。事实上,正如空客高层多年后辩解的那样,他们预测的是"潜在市场",而不是实际"需求"(波音在其新中型市场飞机预测中会更

---

① 欧盟裁定案例 ♯Ⅳ/M.877,1997 年 7 月 30 日,(c)(ii),第 33 页,第 107 段。

倾向于此，从而掩盖商业表现状况不佳这一事实）。由此看来，空客向公众隐瞒了 A380 的真实预测销量。

一个消息来源透露了这个数字。在罗罗针对普惠公司就 A380 发动机所用技术提起的专利侵权诉讼中，罗罗在补充说明中透露，空客预计 A380 在项目生命周期内可销售 650 架①。空客前高管现在表示，这个数字接近 500 架，其中包括 100 多架货机。

多年后，空客解释说，在宣传材料和对外展示中一直以波音 747 和 A380 为代表的超大型飞机类别实际上包含所有超过 400 座级的飞机。由于销售市场上超大型飞机只有波音 747 和 A380，因此才这样统一了宣传口径。但也有少数航空公司将波音 777 - 300ER（加拿大航空公司的飞机，465 座）和空客 A330 - 300（宿务太平洋航空公司的飞机，440 座）布局为 400 多个座位。因此，在空客的计算中，这些飞机被算作是 400 座级以上的超大型飞机。

但这些布局在超大型飞机类别的范畴内很少见，而且（即便出现）也是微不足道的。此外，当波音发布 777X 项目时，波音 777 - 8 直接归入中型宽体类别（350 座），而波音 777 - 9 完全属于 400 座以上的超大型飞机类别（425 座）。与此同时，波音在其《当前市场展望》预测中对超大型飞机类别的定义进行了诠释，并将波音 777 - 9 归类为中型宽体飞机，考虑到几十年来行业内默认的规则（400 座以上为超大型飞机），这种分类方法令人不解。外界讨论，与空客隐瞒其对 A380 的真实市场

---

① 罗罗为 A380 提供遄达 900 发动机。发动机联盟公司是普惠和 GE 的合资公司，提供的竞争产品是 GP7200 发动机。当时，普惠公司和罗罗是国际航空发动机公司的合作伙伴，国际航空发动机公司是 A320ceo 和 MD - 90 所用 V2500 发动机的制造商。V2500 也用于巴航工业的 KC - 390 飞机。该诉讼最终以普惠公司收购罗罗在国际航空发动机公司的股份而告终，罗罗至今仍对这一决定感到遗憾，因为这样做罗罗实际上退出了利润更高的单通道飞机发动机市场。空客热衷于让国际航空发动机公司成为销售和维护普惠齿轮传动涡扇发动机的主体，因为它对普惠公司能否顺利实施该项目表示怀疑，而事实证明它是对的。

预测一样，波音出于同样的理由将波音 777 - 9 归类为中型宽体客机。

贸易诉讼的焦点

A380 成为空客沉重的负担，这不仅仅是因为飞机销售表现不佳和资金流失。康迪特没有对空客提出贸易诉讼；但在 2004 年，斯通西弗这么做了，A380 成为波音和空客向世界贸易组织（WTO，以下简称"世贸组织"）提起国际贸易诉讼中的争议领域之一[①]。空客成员国为 A380 提供的部分资金支持被裁定为禁止性的补贴。

在恩德斯宣布终止 A380 项目后，空客声称，公司无须履行此前世贸组织裁决规定的纠正非法补贴的任何义务。空客指出相关政府为 A300、A310 和 A340 提供的启动援助，也是波音诉讼的主要内容。空客说，由于这些项目已经结束，世贸组织认为其规则对这些项目不再适用，因为世贸组织规则的侧重点是未来的潜在损害，而不是追溯性损害。

由于 A380 项目终止，空客认为上述原则同样适用。当然，此时 A300、A310 和 A340 已经停产多年。最后一架 A380 定于 2021 年交付，所以这并不是同类比较。

---

① 　WTO 案件是政府对政府的案件，在这种情况下当事双方是美国贸易代表和欧盟；实际上，是波音和空客。

第 10 章
登月计划

"我们真正需要的是降低成本。"

——"9·11"之后的航空公司

康纳从新加坡回到家时伤心欲绝。他未能推出波音747-500/600，但雷义成功推出了A380。然而，当他与康迪特坐到一起谈论这件事时，首席执行官并没有责备他。相反，康迪特说不用担心，我们有更好的东西。波音内部有两个新的设计概念。其中一个是快速的"声速巡航者"（Sonic Cruiser）；另一个是传统的"机身加机翼"（tube-and-wing）设计，且采用该设计制造的飞机比当时任何客机的运行效率都要高得多。

"声速巡航者"是一款未来感十足的飞机。它与超声速运输机有相似之处，这是很自然的，因为该机型的设计速度为0.98马赫。它的经济性与波音767的相当。该型号飞机的主要特性是速度快，时速比在役远程客机的快近150英里①。"机身加机翼"设计后来应用到波音787的设计中，当时称为波音7E7。

---

① 最后一架设计时速为0.97马赫（约700英里/时）的客机，是20世纪60年代喷气式飞机的代表康维尔990飞机。康维尔飞机机翼和发动机吊挂的"减速带"存在各种空气动力学问题。与波音707和DC-8相比，康维尔990的油耗较高。该型号飞机共售出37架。康维尔880/990项目是当时美国历史上企业亏损最大的项目。

"声速巡航者"

在 2000—2001 年,波音提出了一种高速亚声速飞机的概念,飞机的巡航速度为 0.95～0.98 马赫(当时在役客机的时速为 0.72～0.84 马赫),具有跨洋飞行能力。这架具有未来感的飞机基本上是由美国国家航空航天局(National Aeronautics and Space Administration, NASA)设计的,它引起了航空公司和公众的无限遐想。空客却把它贬为只是另一款"波音纸飞机"。尽管竞争对手的评价"是非客观的",但这一设计概念是在波音 747 - 500/600 停产之后出现的,因此外界将"声速巡航者"视为炒作并非完全不合理。

空客指出了制造以低于声速飞行的飞机要面对无数的技术挑战。这不仅是来自对手的酸言酸语。普惠公司的一位销售员指出,万一巡航阶段出现翻转现象,"声速巡航者"必须能够以超声速飞行。飞机处于飞行包线中时,空气会形成"弓形波",气流造成阻力并影响飞行效率。

按照当时的标准,波音 767 仍然被认为具有经济性,但到 2000 年,波音 767 已经是一个 20 年的老机型了。"声速巡航者"需要新的系统和先进技术,以及更好的乘坐体验。波音指出,每 3 000 英里的航程,"声速巡航者"可以节省 1 小时的飞行时间。这可以缩短从美国到夏威夷以及受时区影响最小的南北航线的时间,但在跨洋和主要洲际航线上存在局限性。

康纳向新加坡航空公司介绍了"声速巡航者"的设计概念,尽管新加坡地处偏远,但新加坡航空公司对此并不感兴趣。与其他机型相比,"声速巡航者"虽然可以提前 2 小时到达伦敦,但航空公司仍无法减少机组人员。其他跨洋航空公司，无论是横跨大西洋还是太平洋，都面临着同样的挑战。康纳说，这款飞机是一个"另类"。它是一款超声速飞机，但它的速度还不够快，无法有效地适应航空公司的航班时刻表。

用心之作还是转移视线

空客高层当时并不认为"声速巡航者"是一款投入心血研发的飞机，只是波音为了转移公众对波音 747 - 500/600 失败的关注而找的替代品。直到今天，仍有人相信这种猜测是真的。波音的销售和产品研发人员坚持认为，"声速巡航者"是真实存在的。布赖特相信确实如此——波音民机集团首席执行官艾伦·穆拉利发布"声速巡航者"概念时，他正是公司的顶级销售员。

布赖特在 2019 年表示："是的，我们都相信这是真的。我认为，穆拉利真的很想带领公司朝着这个方向迈出一大步。除非当时有人叫停，否则我相信这就是公司的前进方向。"波音在这个时代从事销售和工程设计工作的其他人也同意这一点。

"是的，它实际上是真实的。"一位甚至多年后要求匿名以便自由发言的波音前雇员回忆说："很多人认为这是我们与空客或其他公司进行的一场博弈。'声速巡航者'项目源于一个有趣的设想：与其让飞机飞得快，不如我们尝试采用可以加速的构型并减慢飞机速度。那会发生什么？放慢速度意味着该机型从超声速飞机变成设计速度低于 1 马赫的飞机。我们开始实践这一想法，结果发现，这设想似乎是可行的。"

然而，无论是当时还是现在，波音在研发新机时都从未只专注于一个概念。一如既往，产品研发部门在同时围绕多个概念开展可行性研究。"我们实际上开始了并行研发。"那位波音前雇员回忆说，"主要关注的是'声速巡航者'。我们还会设计一款采用更传统布局,相同技术组合的机型,这样我们可以进行对比,看看放慢速度会产生什么影响。"

有 25 家或 30 家航空公司参与了该项目,试图找到正确的答案。一位波音工程师说:"有些航空公司对'声速巡航者'充满热情。我还记得与美国航空公司首席执行官唐·卡蒂(Don Carty)及其副手的会面。我们开始与卡蒂讨论制造'声速巡航者'的可能性。然后,他停止了会议,说:'把前两年生产的飞机都给我。'"他的团队变得灰头土脸,没有任何谈判的余地。

波音一位高管说:"这是一场争夺商务旅行市场的战争。他们都意识到,拥有大型'声速巡航者'机队的人会获得更多的商务旅行份额,因为飞行时间可以缩短 20%~30%,且燃油经济性与波音 767 相当。这对波音来说是一件轻而易举的事。"随着时间的推移,美国航空公司会在某个时候发现,如果其他航空公司拥有了"声速巡航者",此时波音引以为傲的优势就消失了。这位波音员工说:"这真是搬起石头砸自己的脚。"

时任波音民机集团首席财务官、后来担任首席执行官的斯科特·卡森同意"声速巡航者"是真实存在的,但也承认该项目还有另外一个作用。卡森说:"我们向市场展示了可供选择的选项。买方是希望以与波音 767 近似的价格获得性能和效能更高、速度更快的飞机? 还是他们想要更多的飞机,并以他们预期的价格购买? 后者对他们来说更重要,产业界选择了波音 787。顺便说一句,'声速巡航者'也是一个非常好的构想。"波音是真心地向行业提出这个概念。

康纳说:"我认为这是真的。我知道我们有两个选择:'声速巡航者'和波音 787。当公司推销'声速巡航者'时,我在新加坡。我记得新加坡航空公司的回应是,让我们看看,乘客提前 2 小时到达,或者晚 2 小时出发。"这对我们飞往伦敦或其他地方的航线并不可行。这意味着乘客要凌晨 2 点出发，而我们会在凌晨 4 点到达伦敦。这实际上是行不通的。人们希望 6 点到达并开启全新的一天。他们不想熬到凌晨 2 点然后再出发。对于波音的客户来说，速度提高开始成为航班时刻安排的噩梦。康纳说，他们想要的是拥有高燃油效率并能够匹配他们现有航班时刻的小型飞机。

如果不是"声速巡航者"，那又是什么呢？

虽然波音正在努力解决这些问题，但"9·11"恐怖袭击改变了所有设想，也变相地解决了问题。此时，速度不再具有吸引力。运营商现在需要一种运营成本比波音 767 低得多的高效飞机。因为受袭击事件影响，美国航空运输业岌岌可危。

波音取消了"声速巡航者"计划，并专注于研发波音 787。布赖特回忆说："倾听客户的心声。他们说：'嗯，我们真正需要的是降低成本。'波音做了一个彻底的改变，朝着另一个方向走。"但波音面临一个非常严峻的问题——市场想知道波音是否会投资研发新飞机。对波音 747 衍生产品的犹豫不决、波音 757 - 300 和波音 767 - 400 衍生产品的销量不佳，以及麦道对股东价值的影响，导致航空公司、租赁公司、分析师和其他人都质疑波音未来对商用航空的投入。

当康迪特于 2003 年因美国空军加油机丑闻（参见第 25 章）而引咎辞职，斯通西弗重新担任首席执行官时，问题更多了。斯通西弗因麦道商用产品的衰落而声名狼藉，对工程与利润的轻视也是众所周知。削减成本是他的首要任务。将工作外包给工业合作伙伴也是为了削减成本，这是斯通西弗在麦道为研发 MD - 95（后来称为波音 717）和潜在的新飞机所采用的策略。

在 20 世纪 90 年代初期，康迪特领导下的波音 777 飞机的研发成本比计划高出 15％，即从 100 亿美元增加至 115 亿美元。据当时的新闻报道，波音民机集团的首席执行官穆拉利被告知要将波音 7E7 的成本控制在 50 亿美元左右。穆拉利提出的工业合作伙伴关系看起来与麦道在其衰落时期所探索发展的合作伙伴关系非常相似。

2003 年 4 月，航空航天领域资深记者林恩·伦斯福德在《华尔街日报》上发表了一篇文章，引用了波音董事会对波音 7E7 审议的未具名消息。此时，董事会尚未批准该项目。据伦斯福德报道，过于看重成本削减引起了一位董事的担忧。这位董事警告说，过度削减成本可能会造成不利影响，并使空客有机会抢占波音的市场份额。

这位董事是詹姆斯·麦克纳尼，具有讽刺意味的是，他将接替斯通西弗，成为削减成本和因削减成本与工会斗争的领导者。麦克纳尼还必须应对波音 787 带来的负面影响。斯通西弗开始了削减成本的行动，后来许多人说，这将使波音从一家工程驱动型公司逐渐走向衰落。麦克纳尼和斯通西弗似乎让波音重蹈了麦道的覆辙。

从 1997 年到 2003 年初，波音领导层重点关注衍生产品、减少研发投资和强调股东价值。然而，波音工程师们正专注于波音 7E7 的设计。这款新飞机不一定采用复合材料，这一特性使波音 787 真正具有吸引力。就像波音有不同团队在研究"声速巡航者"和波音 7E7 一样，也有两个团队在研究不同设计概念的波音 7E7：一个是传统的铝制机身，另一个是复合材料。

在项目启动过程中也遇到了一些困难。"肯定会有两个阵营：支持铝制机身的人和支持复合材料的人。"一位主要参与者回忆说，"我认为，在获得最终结果前，双方之间的竞争是激烈且良性的。"

最终，复合材料设计方案获胜。令许多人惊讶的是，斯通西弗于 2003 年 12 月启动该项目，投入使用却定在 2008 年 5 月——仅仅在项目启动之后四年半。工业合作伙伴和组合总装是该项目的关键。即便如此,供应商仍持怀疑态度。

在太平洋西北航空航天联盟年度会议期间,一家供应商在场外告诉记者,即使与波音签署了合同,我们也不会相信波音 787 可以在不到 7 年的时间内生产出来(实际投入使用的时间为 2011 年 12 月,即项目启动 8 年后)。

是什么让波音将投入使用日期定在 2008 年 5 月? 中国希望这架现称为波音 787 的飞机在 2008 年夏季奥运会之前投入使用,这是该国首次举办全球性的运动会。当时参与项目的一位波音前雇员说:"中国的期盼推动我们定下了这个目标。我们制订了一个时间表。这不是疯狂之举,但这里面毫无应变之策。"

该雇员说:"我认为部分原因是工作分配的方式,在常规项目中,有很多事情会更具有连续性。理论上,这些工作可以同时进行。我们花了很多时间来制订时间表。毫无疑问,我们知道时间会很紧张。但是有很多意料之外的事情把这一切都搞砸了。"

当波音 7E7 最终亮相时,它是一款配备新一代发动机的中型双通道全复合材料飞机。波音 7E7 是一款全电动飞机,这意味着以前由传统方法供电的系统将改为由电池或发电机供电。其中一个改变就是淘汰了用于机舱加热、机舱加压以及除冰的引气系统。飞机选择了可电子调光的大舷窗,而不是传统的遮光板。波音计划采用一种类似于预制的新生产方法,由供应商在机身部段"填充"此前由波音安装的所有系统。波音为此建立了全球工业合作伙伴关系,设计和生产的外包程度达到前所未有的水平。总装将是预制机身的组装过程,从而大大降低了成本。在采用新方法进行设计、生产和组装后,波音设定了从项目启动(2003 年 12 月)到投入使用(2008 年 5 月)需要 4 年多一点的时间表。

这是一款令人惊叹的飞机,与以前的设计大相径庭,也采用了一种令人惊叹的生产和组装方法。正如康迪特继任者所说的那样,它是一个"登月计划"。它也将成为全球项目管理和实施中付出代价最大的工业失败案例之一,令人叹为观止。但这一切还是后话。

销售低迷

在公开场合,雷义和空客团队将波音 7E7 贬为波音的另一款纸飞机系列,包括波音 747－500、波音 747－600、波音 747－X 和"声速巡航者"。私下里,雷义怒不可遏。

当 2000 年推出 A380 时,罗罗、通用电气公司和普惠公司曾向空客保证,发动机(罗罗的遄达 900、通用电气公司与普惠公司的合资企业"发动机联盟"的 GP7000)采用的是最新技术。然而三年后,罗罗和通用电气公司的新发动机至少比 A380 装配的在技术上领先半代。新发动机的效率提高了 10%,噪声更小,排放量更低。考虑到研发发动机需要很长时间,当空客设计 A380 时,这些优化必须标注在图纸上。多年后,当雷义准备退休时,他指出波音 787 的发动机是 A380 陷入困境的原因之一。雷义说,如果这些发动机提供给 A380,那么 A380 的经济性就会好得多。

尽管波音 787 有前景、有创新,但最初的销售情况很糟糕。费伦在 2019 年回忆说:"我接到了哈里的电话,哈里说:'我想让你转到波音 787 项目。'"这是个愚蠢的主意,费伦想。"你想让我做项目经理? 我认为我不具备担任一名项目经理的条件。"斯通西弗回答说:"你当然不能成为项目经理,你将成为营销人员。"

费伦回答说:"我在北美销售飞机的工作真的很酷,我真的很喜欢它。我干得很不错，所以这是谈判吗?"事实并非如此，他开始满世界跑。"我们正从'9·11'事件的阴影中走出来，市场已准备好复苏。"他解释道。波音767已经运营20年，波音777已经运营10年，我们需要一款新飞机。

波音的市场地位受到空客的威胁，而波音787能帮助波音巩固市场地位。费伦说："我们在中间市场的份额很有可能会受到吞食。空客曾在A300和A310上跌跌撞撞，但在A330上开始搞清楚该怎么发展。我的看法是，如果我们不采取行动，A330对我们的长期商业模式将构成更切实的威胁。"

然而到2004年底，也就是波音787项目启动的第一年，波音只获得两份订购54架飞机的销售订单。其中第一份订单来自全日空航空公司(All Nippon Airways，ANA)，共50架。第二份订单只有4架飞机，来自一家初创航空公司——意大利的蓝色全景航空公司。费伦说："你必须正确看待'9·11'事件的影响力，我们客户的财务状况受到了极大影响，他们几乎没有业务，他们十分痛苦。几乎没有客户来下大订单。尽管我们四处奔波，聚拢了一群人，但他们并不是最强大、最有活力的启动用户。"

布赖特说："那是我担任销售主管时所面临的问题。我必须提醒下属，我们很难把这些飞机卖掉。"航空公司仍在从"9·11"事件的影响中逐渐恢复，布赖特说，波音的定价是"不友好"的。这些对斯通西弗来说都不重要。

2004年底，费伦被调任。布赖特离开了。卡森接到斯通西弗的电话，请他去接任布莱特的职位。从某些方面来看，卡森是一个奇怪的选择。卡森在2019年回忆说："哈里(斯通西弗)打电话给我，让我转去做销售，我告诉哈里我没有任何销售经验。"他说："是的，但你向董事会推销了4年联接系统(connexion)。联接系统是我当时运作的项目。"联接系统是波音有远见的尝试,是最早的机载 Wi-Fi。然而,这是一个失败的项目。航空公司和旅客还没有准备好使用机载 Wi-Fi。

当卡森到波音民机集团任职时,销售人员士气低落。波音在"9·11"事件之后生产率下降,但空客继续以其既定速度制造飞机。部分波音员工声称,这是由于空客拥有所在国提供的补贴。其他人指出,由于欧洲劳动法,空客无法因发不出工资而给员工放假,因此它只好继续以"9·11"之前的生产速度制造飞机。与此同时,波音因美国航空运输业仍处于复苏阶段,且面临 KC-767 加油机交易的连续丑闻而业绩下滑,雷义看到了获得市场份额的机会。

波音民机集团通常在一月举行年度销售会议。卡森说:"我们举行的第一次销售会议是全体大会,讨论了明年的目标。虽然我们没有雷义这样的人物,但就目前而言,我们有什么样的机会去扭转局面呢?我记得我对当时欧洲销售业务的负责人说:'可是,我们彼此能互相依靠。我不担心我们能否做到这一点。我担心的是我们能不能振作起来,走出去推销,把飞机卖出去。'"

2005 年,也就是卡森担任波音民机集团销售主管的第一个完整年度,波音共获得 939 架 7 系列飞机的净确认订单,算上未确认合同的承诺订单,波音历史上首次获得超过 1 000 架的飞机订单。这些确认订单中,波音 787 飞机有 179 架(即 19%)。波音的新飞机启动客户从 2 家变成了 19 家。卡森说,不同之处在于他让团队更多地与客户沟通,以了解他们在交易中的需求。他的定价灵活性比 2004 年布赖特的更大。(布赖特说,斯通西弗在 2005 年 3 月的离职为定价灵活性消除了一个障碍。)

卡森还叫停了销售团队一直在做的"跟踪雷义"活动。波音民机集团的团队是在追逐他而不是卖飞机。卡森说:"进入一家公司,你需要做的就是培养客户,而他们每周开一次会议,讨论这周雷义在哪里?这周雷义在和谁说话？我不在乎他在哪里。我关心我们的客户需要什么。那对我来说是一个'顿悟时刻'，对团队也是如此。我告诉他们，我真的不在乎。"

"雷义呢？"这样的疑问显然源于斯通西弗对销售不佳的愤怒。2004年12月20日，他将愤怒展示在《华尔街日报》的报道中（见林恩·伦斯福德的一篇报道），这无济于事。斯通西弗不仅抱怨波音民机集团糟糕的销售业绩，还公开指责波音民机集团首席执行官穆拉利。

卡森说："雷义在哪里？"这是波音所有人都想知道的。"你们怎么没有做得更好？我们在世界各地都能看到雷义。你们为什么不在他所在的地方？伙计们这就是我们必须做的。我们必须知道雷义在哪里，这样我们也可以在那里。"

卡森并不买账。"这就像，等一下。"他回忆说，"如果雷义正在和一个客户交谈，如果是他已经锁定的客户，我们为什么不把精力花在需要我们的地方呢？"

雷义不知道卡森在2019年的评论，他也有同样的理念：业务都与人脉关系有关。在一次采访中，他说他告诉销售团队，他们必须时常与航空公司和租赁公司保持联系，了解客户的动向是他们的工作。在发布正式的招标文件时，雷义的团队最好事先知道具体情况；否则，他们可能已经失去这笔交易。

在空客和波音，关系很重要。康纳于2009年接替卡森担任波音民机集团的首席执行官。2013年1月，日本航空公司（Japan Air Lines，JAL）一架波音787在波士顿发生电池起火事故，随后全日空航空公司的波音787在日本起飞时其电池险些发生火灾，导致波音787停飞了3个月。

波音民机集团举行了一场年度销售会议。现场销售人员、客户、与会嘉宾大约有1 000人。英国航空公司的首席执行官威利·沃尔什

（Willie Walsh）在会上演讲。该公司订购了波音787，尽管该飞机已停飞。沃尔什告诉现场听众，他这样做不是因为"波音说飞机会修好"，而是"雷·康纳说飞机会修好"。这种个人关系比公司关系更重要①。

对2004年的销售情况康纳的看法与卡森有所不同。他说，卡森到任时，很多交易都在进行中，只是没有漂亮的成果数据来挽救布赖特。"托比被解雇了，斯科特进来了。"康纳回忆说，"我们有很多交易，同时也正在进行很多交易，这是一个全新的项目。我们要在某个时间之前卖掉200架这样的飞机。完成这些事情需要一些时间，而我们只是没有完成。"

康纳被派往美洲，与西北航空公司和加拿大航空公司进行谈判。他说："这两家公司都是大公司，它们是北美最大的两家空客宽体飞机客户。其中一家是波音在西北地区有史以来最大宽体飞机的客户。我们有一些正在进行的交易，且即将完成，我认为我们当时都处于相同的位置。"康纳从每家公司那里得到了订单。雷义回忆说，他"打了我们个措手不及"。康纳说："我们对西北航空公司和加拿大航空公司都很满意。结果不言自明。"

康纳说："我们达成协议的时间晚了点，没能保住托比的工作。"不管是什么原因，随着卡森领导销售业务和斯通西弗的离职，再加上定价更具灵活性，波音787的订单量开始猛增。"托比受到了波音非常恶劣的对待。如果波音管理层再给他一点时间，他就能完成目标。"雷义说。

2005—2007年，波音共售出514架波音787飞机。然后随着工业、设计和生产不断出现问题，销量随之下滑。波音对波音787的整个商业计划，从材料到设计，再到产业计划，都是首席执行官麦克纳尼所描述的"登月计划"。

---

① 沃尔什在2019年波音737 MAX飞机停飞时重复了这一举动。他在巴黎航展上与波音签署了采购200架波音737 MAX飞机的谅解备忘录。

第 11 章
图卢兹的麻烦

"空客还没有成为一个架构简单而清晰的组织。"

——克里斯蒂安·斯特雷夫，空客首席执行官

2003 年 12 月波音推出波音 787 时，A380 已经在生产。A380 计划于 2006 年投入使用，即在项目启动 6 年后。波音 787 计划在 2 年后（2008 年）投入使用。当时，欧洲宇航防务集团（EADS）仍然是一家双头管理公司：一个在巴黎，另一个在慕尼黑。空客的总部位于图卢兹，但欧洲宇航防务集团的法德双方经常发生冲突，双方都想成为企业的主导者。英国和西班牙的文化差异使研发变得更加复杂。尽管自空客成立以来，这种多国、双头的方法一直有效，但也存在固有缺陷。

时任项目和客户支持执行副总裁的汤姆·威廉姆斯观察到，旧的全球整合企业（global integrated enterprise，GIE）模式在 A320、A330 和 A340 等飞机的研发中运行良好。但空客实际上仍然是 5 家公司：4 家全球整合企业成员和一个中央实体。这 5 个不同的组织并没有朝着同一个方向发展，因为之前的逻辑是，每个组织都努力使自己的收益最大化。

威廉姆斯说："它们从不完全确定飞机会为我们赚钱，而且这总是有点不透明。它们依赖于一个非常复杂的讨价还价过程，我认为，在 2000 年建立一家单一的实体公司显然是正确的做法，但这并没有在一夜之间实现。"事实上，人们要过好几年才能认识到，对于某项工作而言，员工是否能够胜任与他们的国籍无关，也不取决于工作地点。

A380项目进展糟糕，才让这一切暴露无遗。即便如此，在空客转型为商业公司之前，还要经历许多痛苦的岁月。

国籍思维很难克服。威廉姆斯在2019年退休后不久表示，这种想法在整个空客系统中都很普遍。"物理问题不是问题所在，因为人们知道如何制造所有零件。更多的是克服思维方式问题和标准的巨大差异。例如，您可能会发现，您去拜访了一家从事焊接工作的分包商，它正在按照德国标准和规范工作。但是英国人会说，是的，但这不符合我们的规范，如果它们想为这架飞机的英国部分制造零件，就必须重新获得认证。"

威廉姆斯说："有一些非常不合理的遗留问题需要解决，这给系统带来了很大的惰性，我们必须非常努力地克服。这是官僚主义的结合。更多的是一种思维方式，认为你的标准是最好的标准，而他人的标准不规范、不严谨，因为不能做这个或不能做那个，直到A350问世，我才敢说我们真的完全克服了这些问题。"

在A380的研发过程中，空客仍然受困于不同方法的遗留问题。是什么导致整个系统崩溃？A380于2000年启动，计划2006年投入使用。2006年5月，空客的管理层至少在公开场合仍然表示，有信心在年底前交付第一批飞机。

负责该项目的查尔斯·钱皮恩（Charles Champion）和空客总裁古斯塔夫·亨伯特（Gustav Humbert）在5月柏林国际航空航天展览会（ILA）之前和期间接受采访时重申，项目一切正常。尽管在那之前项目执行已出现了一些延迟，但他们都向记者保证，该项目正在按计划开展。

在钱皮恩的采访新闻发布之后、亨伯特的采访新闻发布之前，空客宣布遇到了一个重大问题，这让A380投入使用日期推迟到2008年。项目研发成本将达到数十亿欧元。空客的管理层进行了调整，钱皮恩被调动了工作，亨伯特作为空客总裁对此承担责任并引咎辞职。母公司欧洲宇航防务集团的联合首席执行官兼空客的非执行总裁诺埃尔·福雅尔就没那么有担当了。他声称对这一重大失误一无所知。尽管如此，他最终也被迫离开了[①]。

法国当局随后对欧洲宇航防务集团/空客的几位高管展开调查，他们在线路问题和由此产生的费用被披露前不久出售了股票，涉嫌内幕交易。高管们辩解道，他们在预定的时间窗口内出售了自己的股票，这符合公司规定。这些高管们最终被无罪释放。

因此，随着A380项目的失败，欧洲宇航防务集团和空客开始了数年的轮值领导制。路易斯·加卢瓦接替福雅尔担任欧洲宇航防务集团的联合首席执行官。另一位防务业务的联合首席执行官恩德斯留了下来。一个局外人，克里斯蒂安·斯特雷夫（Christian Streiff），于2006年7月被任命为空客总裁[②]。一开始斯特雷夫不属于任何内部政治派系，但他只坚持了几个月。

10月3日，也就是斯特雷夫辞职前四天，他在对雇员的讲话中说，空客必须制订客户可以信赖的A380生产和交付时间表。工业混乱意味着，从2007年10月第一架交付新加坡航空公司的A380开始，空客在未来几年交付的A380将远远少于原计划。空客计划在2008年交付13架A380，2009年交付25架，2010年全面提升生产能力，预计交付45架。斯特雷夫说，这意味着交付时间平均延迟一年。

现实与这些预测相去甚远。电气线束问题是根本原因。斯特雷夫解释说，该问题涉及530千米的电缆、10万根电线和4.03万个连接器。

---

① https://wwwflightglobal.com/former-eads-co-ceo-noel-forgeard-reiterates-defence-after-resignation/68264.article.

② https://wwwairbus.com/newsroom/press-releases/en/2006/07/christian-streiff-confirmed-as-airbus-president-and-chief-executive-officer.html.

他说："A380 电气线束问题复杂程度是我们第二大飞机 A340 - 600 的 2 倍。2006 年 6 月我们尚未完全了解问题的严重性。过去几周的全面分析表明,情况比预期的要糟糕得多。"

生产问题增加了 A380 的成本,延迟交付意味着空客必须支付赔偿金,导致收支严重不平衡。斯特雷夫在解释他对空客的复苏计划"动力 8"的必要性时说:"持续疲软的美元使我们的现金流失更加严重,它削弱了我们欧元区制造业的竞争力。我们还必须面对定价难题,必须通过现金创收来保障 A350 XWB 项目的研发,并继续对我们的未来投资。"

"动力 8"的名称源于斯特雷夫的愿景,即空客将基于计划提出的 8 个"模块"进行转型,来产生"动力"。到 10 月 3 日发表演讲时,"动力 8"的规划工作已经进行了 2 个月。斯特雷夫说,还需要 2 个月的时间来实施该计划。他还指出,空客不是一家"集成"公司。

斯特雷夫说:"空客还没有成为一个架构简单而清晰的组织。空客里有影子领导层,这是历史遗漏问题。而我们带来的改变也必须包括管理文化。直到最近,我们的管理文化还是一种'绿灯文化',真相没有被揭露。"(这也是许多公司常常抱怨的。这也是波音面对的一种抱怨,尤其是涉及波音 787 时。)

然而,3 天后,新闻报道称斯特雷夫向加卢瓦和恩德斯递交了辞呈。公司发言人否认了这一点,但第二天就得到了证实。斯特雷夫上任仅 3 个月。在 2006 年 10 月 7 日辞职后接受法国《费加罗报》采访时,斯特雷夫直言不讳地说[①]:"我逐渐得出结论,空客的管理风格不允许我的计划取得成功。"他告诉《费加罗报》的记者,"欧洲宇航防务集团原有的主要管理目标是保持人员、权力和职位之间的微妙平衡。这个

---

① 飞行国际网站(Flight Global)发布了采访内容的英文版: https://wwwflightglobal.com/christian-streiff-delivery-tough-warning-as-he-leaves-airbus-ceo-job/70022. article。

准则在正常时期可能是有效的，但它不再适合正在经历严重危机的公司。"

斯特雷夫希望精简高层组织结构，消除法国和德国派系之间的重叠架构。他希望决策过程能够更加精简，希望"拥有必要的运营权力。后来，当讨论变得困难时，我得出的结论是，除非我离开，否则我将无法改善这种情况。"斯特雷夫告诉这家法国报纸。他说，在空客无法谈论他认为必要的改变。

斯特雷夫表示，他在 2006 年 7 月上任时并未完全意识到空客危机的严重程度。2019 年，恩德斯对此不屑一顾，他说："回头看的话，我不会给他任何职位。那家伙只在空客待了大约 3 个月。"任何人都需要制订一个类似"动力 8"的计划。

"他是个奇怪的人。"恩德斯说，"但他是个好人。他有一个有趣的想法，虽然他是这个行业的新人，而我们正处于一场大危机中，他应该一个人大展拳脚，不应该受到路易斯或我的监督。这怎么能行呢？我们承受着如此大的压力，然后他突然辞职了。"

随着福雅尔和亨伯特的离职，钱皮恩在 A380 危机后被重新任命，而斯特雷夫上任不到 3 个月就跳槽了，空客需要迅速采取行动。恩德斯挺身而出。他在 2019 年回忆说："我当时就决定参加竞争，听着，我愿意做这份工作。有人认为我在图卢兹无法生存。他们会在几个月内把我活活吃掉。所以，路易斯作为法国人，与他们的心会贴得更近。"

加卢瓦成为空客的下一任首席执行官，同时也保留了他在欧洲宇航防务集团联合首席执行官的职位。"路易斯做得很好。"恩德斯说，"这是一份双重工作。他仍然是联合首席执行官。这是一个过渡期。这很奇怪，但幸运的是，我们在 2007 年夏天完成了管理方法的转变，回想起来，我们怎么能在有两位董事长和两位首席执行官的情况下度过 7 年？"

加卢瓦在空客的所作所为对留住雷义起到了重要作用。雷义曾经和麦道接触过,并对空客所有的动荡和无休止的欧洲政治斗争感到心烦意乱,再次产生了离开的想法。加卢瓦说服雷义留了下来。

合而为"空客"

A380 危机和高层动荡是空客开始转变为一家公司的催化剂。虽然法国和德国之间的文化差异永远无法消除,但生产上的不同减少了。恩德斯说:"这场危机使我们在一体化进程中比以往任何一次都更加艰难。如果你回顾一下,说'A380 产品问题的根源是什么?'那是管理层在整合方面没有取得足够成效。"

恩德斯说,时代也影响了空客的发展方向。在 21 世纪初,有一段时间一切似乎都运行良好,美元/欧元汇率走势良好,波音也遇到了问题。恩德斯回忆说:"为什么要自找麻烦呢? 汉堡和图卢兹的自治基本上没有受到影响。空客联合体被称为单一公司实体,但事实并非如此。直到这场危机真的让我们采取了更快、更直接的行动。"

威廉姆斯表示赞成。像恩德斯和其他人一样,威廉姆斯说,A350 最终将成为受益者。威廉姆斯、恩德斯、法布里斯·布利叶和纪尧姆·傅里将危机归咎于空客的转型。威廉姆斯说,恩德斯和他的团队"当时非常努力,以确保在设计标准、产品生命周期管理、构型管理以及贯穿系统的需求方面,A350 可能都是第一款集成飞机。这是我们第一次在碳纤维组件等方面采用通用方法。西班牙和德国的工厂在碳纤维组件制造中使用相同的机床,而此前,这完全是不可能发生的事情。双方会进行驳论——如果一方说这是最好的,那么另一方会努力证明它不是最好的。"

尽管如此，威廉姆斯继续说道："我们感觉到不能再这样继续下去。这确实是催化剂，迫使人们说，不，我们需要改变，我认为那时我们做到了。我们不只是为了完成转变。我们没有完全处理好这种转变。如果对比 A380 与 A400M，A400M 仍然是一款过渡产品。空客几乎完成了转型，但并未完全到位，只有到 A350 时才能真正完成转型。"

A350 项目的成功很大程度上归功于布利叶和迪迪埃·埃夫拉尔（Didier Evrard）。他们从 A380 的失败中吸取了教训，并使 A350 成为空客最成功的设计和生产项目。A380 在很多方面都是一种过渡型飞机，融合了当时先进材料领域的最新技术。A380 飞机机身 61% 是铝制结构，22% 是复合材料，3% 是一种称为玻璃层压铝增强环氧树脂（GLARE）的新复合材料。GLARE 材料比铝制材料贵得多，也轻得多，这对于 A380 大小的飞机来说是一个重要因素①。

在 A380 危机持续期间，空客另外两个飞机项目进展也极为不顺。军用 A400M 运输/货运飞机将成为一个财务黑洞，加卢瓦和后来的恩德斯在各自担任首席执行官期间和之后都会受到困扰。A350 的推出涉及错误的启动（时机）和错误的计算。

---

① 空客曾经说过，制造 1 架 A380 飞机相当于制造 8 架 A320 飞机。

第 12 章
尝试，再尝试

"空客对波音787毫无准备，一直处于恐慌状态。"

——汤姆·恩德斯，欧洲宇航防务集团联合首席执行官

当波音在2003年12月启动波音787项目时，雷义大吃一惊。空客最不需要的就是研发第三款大型飞机。2003—2004年，A380项目正在顺利运转，A400M项目处于早期阶段。A400M的机身大小介于波音的C‑17运输机和洛克希德·马丁公司的C‑130运输机之间。A400M是一款高速涡轮螺旋桨飞机，欧洲试图提供一种有竞争力的替代方案，以在二战以来由美国主导的货运/运输机市场占有一席之地。值得注意的是，C‑130运输机于1954年首飞，波音707飞机也是如此。与波音707不同，C‑130运输机的现代版直到2020年仍在生产。

C‑17运输机由麦道开发，1997年麦道与波音合并后继续生产。最后一架C‑17运输机于2015年下线。A330多用途加油运输机是空客进入军用货运/运输/加油飞机的开端之作，事实证明它具有很强的业务能力，但在美国空军订单的第三轮竞争中被淘汰。

A400M的营销亮点是：与C‑130相比采用了新技术。遗憾的是，与某些飞机一样，项目成功与否往往关乎所装备的发动机。而A400M的致命弱点正是发动机。早在1982年开始构思这个项目时，未来国际军用运输机集团（FIMA）是法国宇航公司（Aerospatiale）、英国航空航天公司（British Aerospace）、洛克希德公司（当时没有洛克希德·马丁公司）和MBB的合资公司。洛克希德公司于1989年退出C‑130J"超

级大力神"的研发。随后,意大利的阿莱尼亚宇航公司和西班牙的西班牙航空公司加入上述合资公司,集团更名为"Euroflag"。A400M 的研发与 A380 并行。A380 计划于 2006 年投入使用,A400M 则是 2009 年。

为了满足技术规格要求,飞机需要配备一款新型、动力强大的涡轮螺旋桨发动机。实践证明,最初选择的斯奈克玛(SNECMA)发动机无法满足要求。2002 年,空客发布新的招标文件。作为全球领先的涡轮螺旋桨发动机制造商,普惠加拿大公司提供了 PW180 发动机。新财团 Europrop 国际公司也提交了一份提案,其发动机比 PW180 发动机贵20%。尽管如此,空客还是选择了 Europrop 的发动机,而这一决定被外界普遍认为受到了政治因素的驱动。因此,当需要对波音 787 做出响应时,空客试图尽量减少其投资和工作量。它的现金和工程资源已经捉襟见肘。

空客需要对波音 787 做出响应。但由于 A380 客机和 A400M 军用运输机研发投入高,再加上 A380 的线束问题、A400M 的技术难关更让空客雪上加霜,空客对研发新飞机没有什么兴趣。"我最初对 A350持怀疑态度。"恩德斯在 2019 年回忆说,"我认为我们要处理的事情太多了。首先 A380 危机还没有解决,后面还有 A400M 项目需要推进。然后是美元对欧元的汇率引发的成本问题,还有因此提出的'动力 8'计划。公司对波音 787 毫无准备,一直处于恐慌状态。所有这一切让我得出结论,我们当时应该对启动 A350 项目持谨慎态度。"

兰格回忆说,空客的工程师团队当时表示,他们无法理解波音如何能实现它所承诺的飞机性能(事实证明,工程师们是正确的,但这一切还是后话)。兰格说:"这不仅仅是项目时间和项目任务的问题。任务概念中涉及许多东西。他们宣传的卖点是吊挂,这种吊挂可适用于任何一种既有的发动机。人们被它迷住了,但它从来没有实现。这架飞机还有部分性能没有达到所承诺的水平。波音的承诺真的很吸引人,但问题是他们无法兑现这些承诺。"

空客对 A330 的订单数量心中有数。"我认为有一段时间，雷义的对外立场是，我们不需要对波音 787 做出反应，因为它跟宣传的不一样。"兰格回忆说，"但这根本行不通，很明显，我们需要做出反应，而我们是从两个方面来做出反应的。一个是性能，这主要通过'重新设计'；另一个是上市时间，雷义总是强调尽早上市是关键。我们已经落后了。"

到 2006 年，空客可能正在考虑在 2011 年将 A350 交付使用，来应对波音 787 于 2008 年交付使用。最终，波音 787 在 2011 年 12 月投入商业运营。由于空客的自身失误，A350 投入商业运营的时间推迟至 2015 年。空客于 2005 年发布 A350 - 800/900，但它似乎更像是 A330 的翻版，配备 GEnx 发动机和复合材料机翼。可以预见，波音对此不屑一顾。

业界也是如此。从纯粹的经济性角度来看，A350 可能是一款好飞机，但它绝不会在同时期的竞争机型中独占鳌头。A330 是 20 世纪 80 年代的设计，是一款非常好的飞机。但即使进行升级改造，仍然不足以与波音 787 匹敌。与 A380 的结构相比，A350 进行了大量改进：机身 40% 采用了复合材料，31% 是铝；与大量使用复合材料的波音 787 相比，A350 的机翼使用了复合材料，而机身和其他部件是金属的。

空客赢得了国际租赁金融公司（雷义的好朋友哈叙的公司）和通用电气资本航空服务公司（其姊妹公司是发动机制造商通用电气航空公司）以及包括新加坡航空、全美航空等几家航空公司的订单。尽管如此，市场反响还是不冷不热。A350 的研发再次证明，空客如不能在第一次就把宽体机项目做好，那就要经历第二次、第三次或者第四次（甚至更多次）。

在空客确定最终设计方案之前，A350 经历了 5 次调整。第一次在 A330 的基础上更换了机翼和发动机，被非正式地称为 A350 V1.0。从国际租赁金融公司的订单中可以看出最初的市场反应很冷淡。到目前为止，哈叙从空客和波音购买的飞机比其他客户的都要多。哈叙也是波音787的早期客户，订购了74架；但最终也只订购了20架A350 V1.0。空客其他忠实客户并没有大量订购这款飞机。

2006年3月，一个大型贸易团体在佛罗里达州奥兰多举行了年度会议。雷义和哈叙是第一天的会议发言人。雷义例行展示了空客的营销数据，随后哈叙作为租赁公司首席执行官高层小组的成员进行了发言。活动于周一开始。

此前的上个周五，哈叙在西雅图为国际租赁金融公司的客户墨西哥航空公司接收了第一架波音777-300ER。当地报纸《埃弗里特先驱报》的航空记者布赖恩·科利斯（Bryan Corliss）参加了交付仪式。周末，科利斯写了一篇关于波音777-300ER交付的简短新闻，其中引用了哈叙的话，他对空客的A350表示不满意。科利斯对此没有进行详细说明。

另一位记者在奥兰多参加了会议，并在线阅读了科利斯的文章。当租赁公司首席执行官高层小组的记者招待会问答环节开始时，该名记者向哈叙询问了他在《埃弗里特先驱报》上做出的评论。哈叙喊道："雷义还在房间里吗？"雷义站在后面，大声回答："是的。"哈叙随后开始批评A350 V1.0是对A330的翻新，与开创性的波音787相比，它采用了金属机身和类似的系统。哈叙说完，记者就匆匆回到雷义身边，想要他对哈叙的话进行回应。雷义指出哈叙是空客的客户，但也只买了20架飞机。要不是当时有人提醒雷义，否则，他也没什么好说的。

几天之内，新加坡航空公司首席执行官公开批评了计划推出的A350。此后不久，空客宣布将从头再来。这导致项目延期一年，研发成本增加了数十亿美元①。

---

①　此后的一年里，雷义没有与记者交谈。本书作者就是那个在会上提问的记者。

直到今天，仍有人认为哈叙的问答是一个圈套。其实不是的。记者的提问是希望针对科利斯短新闻得到当事人的回应。这是一个很自然的问题，但影响是深远的。尽管哈叙和新加坡航空公司的公开批评增加了空客在 A350 设计中所面临的挑战，但实际上在幕后，业界的反应已经很激烈。销售团队已经遇到阻力，关键客户阿联酋航空公司在中途突然终止了购买提议。

在 2019 年，拉奥回忆起他的销售工作时说："我们做了很多宣传活动，而此时，空客没有产品战略。"这本身就令人惊讶。"对于工程的关注高过对产品战略的考量。雷义凭借最初型号的 A350，与波音 787 进行竞争。我们没有获得西北航空公司的订单，我们没有获得加拿大航空公司的订单。2005 年圣诞节，我们也没能拿下澳洲航空公司的订单①。当我们在澳洲航空公司的订单竞争中失利时，雷义认为最初型号的 A350 不足以与波音 787 匹敌。"

2006 年初，拉奥从销售部门被调入 A350 的销售团队，以期进一步开拓 A350 的销售市场。为了销售 A350 V1.0，该团队首先向哈叙、新加坡航空公司和卡塔尔航空公司做了推介，然后向阿联酋航空公司及其总裁蒂姆·克拉克做推介。"我和雷义一起去进行了项目展示。我不知道他们之间是否达成过一致，因为每次推介都以航空公司告诉我们这行不通而结束。克拉克是最后一个，那次是在图卢兹。我受命再次进行展示。我介绍了半小时后，在阿联酋航空公司和空客的所有高层管理人员面前，克拉克说：'基兰，停下。'然后他把飞机模型拆了，最后要求我们设计一款新飞机。"

拉奥和他的团队几乎闭关了 6 个月，其间他们要为 A350 提出一个全新的设计概念。他们提出的改进型号将采用复合材料机身，但即便

---

① 澳洲航空公司最终于 2006 年 3 月确认购买波音 787 的订单。

如此，空客仍然没能推出让市场满意的 A350。最初的重新设计版本包括采用覆盖在金属骨架结构上的复合材料机身。这仍然受到了业界的批评。当时《航空运输世界》（*Air Transport World*，ATW）的杰弗里·托马斯（Geoffrey Thomas）报道说，空客将把 A350 的机身改成复合材料结构。后来空客对此强烈否认并迫使《航空运输世界》撤回相关报道。事实上，正如托马斯所报道的那样，不久之后空客确实改用了复合材料框架结构。托马斯感叹他错过了赢得"年度新闻故事"的机会，因为《航空运输世界》将他的报道从网站上撤了下来。

空客直到 2006 年底才提出所谓的 A350 XWB 计划（XWB 代表超宽体）。该机型机身比波音 787 的宽，但比波音 777 的小。这次，空客将提供 3 种型号的 A350，从而能够与波音 787 及较大型的波音 777 竞争。A350-800 与波音 787-9 竞争，A350-900 与波音 777-200ER 竞争，新的 A350-1000 与波音 777-300ER 竞争。A350-900 是基准型设计，A350-800 是机身缩短型，A350-1000 是加长型。即便如此，"最终"版本的市场反响也不尽如人意。

由于 A380 和 A400M 项目的成本过高，空客严重超支，A350 的研发资金短缺，并且 A350 的研发成本也日渐高涨，面对这一切，空客孤注一掷，试图用一个飞机系列对战波音的两个项目。当空客发布 A350 时，其营销宣传口径之一是波音 787 太小。空客声称，更大的 A350-800/900 符合大飞机的发展趋势。然而，这却让实际上比竞争对手波音 777-300ER 更小的 A350-1000 陷入了尴尬的境地：350 名乘客对 365 名乘客。一些人认为（当时也这么说）空客试图用一个系列的飞机迎战波音 787 和波音 777 的这种做法太过冒险。而且无论如何，A350-1000 应该大约可搭乘 380 名或 385 名乘客。没过多久，这种做法的愚蠢性就显现出来了。

更改后的 A350 和波音 787 一样，机身都采用了复合材料。但是，波音 787 的机身是单筒结构，而空客则选择将 A350 的机身设计为在复合材料隔框上铺设巨大壁板。空客声称，这种结构的制造成本更低，技术复杂性也更低。

不出所料，波音从各个方面抨击了 A350。A350 - 800 的效率低于波音 787 - 9。作为一种缩短机型，它的经济性不佳。A350 - 1000 的表现也不如宣传的那样好，存在面板设计糟糕、隔框结构不好等瑕疵①。问题在于，波音对空客飞机的评价从来就很直接，要么是表扬，要么就是批评。但空客认为，波音的评价不是客观的，它就像一个在喊"狼来了"的小男孩，不能完全相信。空客开始向客户展示还不那么完美的 A350 - 800 和 A350 - 1000，但对于 A350 - 800 和 A350 - 1000 机型的研发后继乏力，这表明空客不会继续推进其中一个或两个机型的研发工作。

鉴于波音喜欢夸张描述自己的竞争对手，人们不得不持怀疑态度。但渐渐地，唯一重要的人（即客户）也开始充满疑虑，包括那些已经订购 A350 - 800 的人。对于 A350 - 800，很简单，其运营成本与较大的 A350 - 900 的大致相同，在机身方面却总是存在问题。至于 A350 - 1000，它的性能并不像空客对外宣传的那样优秀。

最终，《利厄姆新闻》于 2011 年 6 月 5 日爆料称，空客和罗罗将更改 A350 - 1000 的发动机和机翼设计，以获得更大的推力和更远的航程。在一周后的巴黎航展上，空客对此新闻予以证实。为了提供 9.7 万磅②的推力（发动机术语），罗罗对发动机进行了细微改动，需要一些不同的零件和备件。这降低了 A350 系列 3 个型号之间的发动机通用

---

① 多年后，空客和波音的一位供应商表示，采用壁板方式更好。再后来，2021 年空客开始向货运航空公司和租赁公司展示 A350 货机的设计概念。事实证明，壁板设计比波音的桶式设计更适合货用机型。目前尚不清楚，这两家公司在最初设计波音 787 和 A350 时是否对此进行了深思熟虑。

② 译者注：1 磅＝4.45 牛。

性，这深深激怒了克拉克，他是 A350 - 900/1000 的启动客户。

克拉克等人称，在升级 A350 - 1000 的过程中，空客没有征求甚至没有通知航空公司，这进一步惹恼了他们。尽管如此，A350 - 1000 名义上的载客量依然是 350 人，而波音 777 - 300ER 是 365 人。这使得 A350 - 1000 在收入方面处于不利地位，拉奥在 A340 - 600 和波音 777 - 300ER 之间的竞争中指出了一些问题。但在旅行成本方面，A350 - 1000 以很大优势击败了波音 777 - 300ER：空客的计算结果为 25％，波音的分析结果为 20％，《利厄姆新闻》的分析结果约为 22％。

A350 - 900 也击败了波音 777 - 200ER 和波音 777 - 200LR。在座级相同的前提下，A350 - 900 的旅行成本和每可用座英里成本让波音 777 - 200ER 瞬间黯然失色。作为一款超远程（ULR）飞机，波音 777 - 200LR 具有不同的用途和市场定位。如果不是执行超远程任务，A350 - 900 是更好的选择（空客于 2019 年制造了 A350 - 900ULR）。

虽然在项目早期，A350 - 800 获得了可观的 180 架订单，但随着人们对经济性理解的加深，该型号不再那么具有吸引力了。也许，更重要的是，A350 的研发开始面临资源压力。A350 - 900 和 A350 - 1000 在该系列中更为重要。随着一些客户，甚至一些空客内部人士对 A350 - 800 变得冷淡，加之更多工程师投身于更大的同类机型研发工作之中，这个机型就被弃置了。一旦发现 A350 - 800 已经过时，A350 的客户就会以其经济性不佳（与 A350 - 900 相比）及"降低"研制风险为由，来要求更换更大的 A350 - 900。空客表示，公司将在更大的飞机上获得更多的利润。

拉奥在 2019 年回忆说："如果我们可以从头来过，我会为 A350 系列设计 4 个型号，并配备两款不同的发动机。我们要为 A350 - 800 和 A350 - 900 配备较小的发动机，为 A350 - 1000 和 A350 - 2000 配备较大的发动机，因为如果只有一款发动机，对 A350 - 800 来说太大，而对

A350‐1000来说又太小。当将A350‐800与波音787‐9放在一起时，它是一款较小的飞机。波音787‐8也没有卖太多，相比之下波音787‐9的销量更好。"

拉奥表示，425座的A350‐2000可以直接与波音777‐9竞争。在波音推进波音777X项目后，空客考虑发布这款机型。但到那时，波音已经从阿联酋航空公司、阿提哈德航空公司和卡塔尔航空公司获得了200多架波音777‐8（350座，航程超9 000海里）和波音777‐9（425座，航程7 600海里）订单。空客无法在剩下的有限市场中打响自己的品牌①。

空客面临如何与波音787‐8/9竞争的问题。在波音787延迟三年半交付时，原应被A350取代的A330重获新生。波音787‐8超重，而空客通过性能改进包（performance improvement package，PIP）显著改进了A330的性能。A330销量超过1 500架，其中大部分是在波音787推出之后获得的。这是一个惊人的销售数据，但随着波音787终于克服超重问题并投入使用后，A330销售量开始随之减少。即使是低价出售也无法达到月产10架飞机的产销平衡。

到2013年12月，很明显，空客如果想继续生产并有机型可以与波音787竞争的话，就必须着手研发换发的A330。接下来的一个月，A380显然需要更换新发动机才能与双发的波音777‐9竞争。空客将面临一些艰难的抉择，包括是否为A320系列更换发动机，并豪赌波音会如何应对。

---

① 空客还担心A350‐2000会蚕食苦苦挣扎的A380的市场。最后，空客可能会庆幸它在425座级领域取得的成功。随后的事件证明，波音可能自身导致了波音777X飞机的销售成绩不理想。事实证明，市场分化使得波音787的市场表现优于A380飞机的，但对波音777‐9飞机造成了影响。

第 13 章
分崩离析

"这个决定在整个系统中引发很多焦虑。"

——雷·康纳,关于缩短波音787的交付时间

伴随着加油机市场竞争出现戏剧性的结局,以及持续上演的世贸组织诉讼,波音开始着手生产波音787"梦想飞机"。这个名称在一场非正式的公开征集选定。面对波音推出的787项目,空客显得有些无措,而当做出反应时,自己项目中的绊脚石一个接着一个。

数月来,分析师、客户和航空爱好者一直在猜测波音究竟是否会推出一款新飞机,波音787交了一份完美的答卷。接着,2005年波音推出了波音747-8,是传奇的747系列最新,也是最后一个型号。波音747-8配备了专为波音787设计的新型GEnx发动机,改进了飞机空气动力学性能,扩宽了上层客舱,使波音747-8载客量提升至465人,可容纳更多的乘客。波音似乎又回到了积极进取、充满竞争力的状态。

波音满怀希望地推出了波音787项目,这一消息在业界引起了轰动。运营成本的显著降低、复合材料设计和工业生产方法都是改变行业面貌的因素。波音定期举行媒体电话会议,提供最新项目进展,这在业界是前所未有的。建立合适的产业合作伙伴关系和总装采用的快速组装方法都有助于降低成本,并显著缩短飞机从项目启动到投入使用的时间。

虽然从历史上看,该产业不同地区的各家公司大约需要花费4年的时间完成飞机研发工作并投入使用,但到2000年之后,飞机项目启

动到投入使用的时间却不断增加。飞机的复杂性和自动化程度越来越高,并且运用了先进的技术。工程师为实现设计性能卖力地编写软件。

在技术方面,波音 787 超越了波音 707、727、757、767,甚至是波音 777。波音 787 和 A350 所采用的新技术比曾经具有突破性的电传操纵空客产品线更先进。复杂的健康监测系统可以快速甚至主动地识别问题,更便于机械师能在飞机到站时提前准备更换零件。这反过来又减小了航班延误的可能性。自动油门是最早发布的新技术,尽管发生过因自动油门故障导致飞机坠毁的事故,但该技术的应用使飞行员在驾驶飞机时更加轻松。此外,空客的飞行包线保护和电传飞行都是行业内技术方面的重大进步。

波音 787 是第一款"全电"飞机。发动机无须为机舱增压、加热、为机翼除冰以及为空调提供"引气",这些全由电气系统完成(空客在 A350 中保留使用引气系统,放弃了与电动化成本相比相对较小的益处)。波音 787 还安装了大量的软件。对电力依赖的增加,需要使用大功率的锂离子电池。一块电池板协调所有其他先进系统的输入和输出。

波音 787 项目执行期间,波音的工业设计、生产和总装合作伙伴数量甚至超过了麦道。从 2003 年 12 月项目启动到计划于 2008 年 5 月交付使用,波音需要完成所有工作。这是有史以来最大的产业灾难之一。

决定 2008 年 5 月交付使用

波音 787 从项目启动到交付使用仅用了 4 年 5 个月,项目进展声势浩大。过去,除了波音 747 - 100 项目,波音飞机的推迟交付是以月为单位计算的,波音 747 - 100 项目推迟交付是受发动机的影响而非飞机本身。波音 787 的问题在项目初期公司内部就已经知晓,但波音定期的项目进展媒体会几乎没有对外界给出任何提示;这些信息也没有告知华尔街航空航天板块的分析师。当波音为 2007 年 7 月 8 日(7 - 8 - 7)的预定交付时间倒计时时,外界对于项目问题的严重性几乎一无所知。波音的保密工作做得很好。

摩根大通公司的航空航天分析师乔·纳多尔(Joe Nadol)是最早披露波音 787 问题的外部人士之一。纳多尔报道了波音和许多向波音民机集团提供零部件的上市供应商,包括波音 787 零件的供应商。纳多尔是华尔街最好的分析师之一。在 2007 年 6 月的巴黎航展上,他从供应商那里得知波音 787 项目遇到了严重的麻烦。返回纽约后,他在一份研究报告中发出了警告。

纳多尔后来告诉记者,波音在芝加哥的投资者关系部门变得"开始针对他"。他说,在没有涉及细节的情况下,投资者关系部门试图诋毁他和他的研究报告,另外还阻止他参加财报电话会议和普通会议。在纳多尔的报告发出之后,其他分析师开始觉察到波音 787 项目存在问题。另外,更多记者和博主也开始关注并了解项目中的问题[①]。

为了让飞机在计划时间下线,波音需要与时间赛跑。波音策划了一场全球活动,活动将进行卫星直播和网络直播,供感兴趣的人观看。活动主持人是美国国家广播公司(NBC)新闻主播汤姆·布罗考(Tom Brokaw),波音 787 的每个客户都被邀请坐在前排座位。布罗考是一位优秀的新闻工作者,对于担任活动主持他感到无奈,他解释说,美国国家广播公司的母公司是通用电气公司,通用电气公司是波音 787 飞机

---

① 纳多尔死于一场交通事故引发的大火。2015 年 2 月通勤晚高峰时段,一列来自纽约的通勤列车撞上轨道上的一辆越野车,纳多尔和列车车头上的其他 5 名乘客在火灾中丧生。

发动机的供应商之一。当通用电气公司打来电话时，布罗考觉得他别无选择，只能主持这场波音的盛会。在外界看来，这确实是一场盛会，因为很少有公司比波音更擅长策划全球活动。

那些无法（或未被邀请）进入波音埃弗里特总装厂波音 787 总装车间的人，可以前往西雅图市中心南部的水手棒球队的体育场观看活动的实况转播。对于航空爱好者来说，整场活动最酷的环节是看到了整个波音 7 系列飞机，从波音 707 开始，每隔几分钟向波音机场俯冲而来。波音 707 当时没有开展商业运营，但一家名为欧米茄（Omega）的公司利用波音 707 执行空中加油任务。原 MD－95（后更名为波音 717）紧随其后，接着是联邦快递公司的波音 727－200A，然后是波音 737、747、757、767 和波音 777。这是一场精彩的表演。

画面转到埃弗里特总装厂，随着机库的巨门开启，波音 787 的 1 号机展现在世人眼前。观众对这款飞机的反应是波音所期盼的。波音 787 在阳光下闪闪发光。除波音之外没有人知道筹备这场盛会需要投入的成本是多少，但投资回报肯定以倍数来衡量的。

然而在几周内，有传言说 1 号机并不像它看起来的那样好。有报告显示，部分舱门是假的；有人认为是硬纸板。飞机缺少组件。一些人开始称第一架波音 787 为弄虚作假的"波将金"飞机①。

一直到波音 787 下线，麦克纳尼和波音的其他人还坚持表示距离飞机 2007 年 9 月首飞，还有两个月的时间。但人们很快就发现这是在做白日梦。事实上，1 号机在下线时确实是不完整的。有报道称，1 号机缺少零件，部件不匹配，飞机各部段是用临时紧固件连接的。后来有报道称，这些临时紧固件来自一家家装店家得宝公司（Home Depot），但这一消息从未得到证实。有些人认为这是夸大其词。然而，这却标

---

① 指在俄罗斯帝国公爵格里戈里·亚历山德罗维奇·波将金的指示下，为了愚弄女皇叶卡捷琳娜二世而建立的所谓假定居点。

志着波音 787 的问题被逐渐暴露，并且不断增多[①]。

部分复合材料机身部段不匹配；机翼与机体未能正确对接。意大利阿莱尼亚宇航公司的设计和生产问题、三菱重工的机翼问题、沃特公司和沃特-阿莱尼亚宇航合资公司在南卡罗来纳州北查尔斯顿新建的波音 787 生产厂的问题，导致了项目重大延误和成本超支。为了设计出当时最先进的商用飞机，波音 787 的软件开发工作令人头疼。

2008 年 4 月，在 1 号机下线后不到一年，距离计划的交付时间还有一个月，波音宣布项目将第 3 次延期。波音管理层预计公司将于 2009 年交付 25 架飞机。波音在 4 月 9 日的项目进展电话会议上表示，再次延期不会影响收益，但华尔街分析师已经在预测赔偿金额。

随着航空公司纷纷要求对飞机的延期交付进行赔偿，有关波音支付客户损失的预测数据也铺天盖地涌现出来：

（1）晨星公司（Morningstar）：8 亿～10 亿美元。

（2）考恩公司（Cowen & Company）：40 亿美元。

（3）高盛公司（Goldman Sachs）：30 亿美元。

（4）雷曼兄弟公司（Lehman Brothers）：30 亿～50 亿美元。

（5）摩根大通银行（JP Morgan）：35 亿～45 亿美元。

（6）美联银行（Wachovia）：20 亿～30 亿美元。

上述金额不是全部的新增成本。波音此前曾宣布，增加 15 亿美元的工程和生产成本，但这是一个过期的数字。在项目进展电话会上，波音高管表示该项目将会增加更多工程和生产成本，有关细节将在月底的收益发布会后进行讨论。很明显，由于项目延期，在 2008 年，波音 787 不会为波音带来任何有意义的收入。波音 787 项目成本持续攀升。

相比之下，预计到 2010 年，A380 项目推迟两年将使空客损失约 60

---

① 波音 787 项目的一位负责人告诉作者，临时紧固件并不来自家得宝公司。

亿欧元(约 80 亿美元),这包括罚款、生产成本以及损失或递延收益,届时 A380 的交付计划预计将回到正轨。当空客宣布 A380 推迟交付时,空客 A380 的订单不足 200 架。

然而,波音 787 飞机的财务影响不会以大规模减记的形式直接反映在公司的净利润上。波音使用"项目会计"来摊销整个生产过程中的成本。这意味着,虽然项目收支平衡点已经飙升到波音无法宣布的数字,但费用已分摊在每架飞机的制造成本中。

在这个阶段,问题的严重程度仍然不明显。在 4 月 9 日的项目进展电话会议之后,纳多尔在一份研究报告中写道,"新的项目时间表似乎很合理,但仍有很多未知数,重大风险依然存在。我们关注的问题包括关键结构设计的合理性和认证问题,如雷击和电磁干扰。"《埃弗里特先驱报》援引 JSA 研究公司的保罗·内斯比特(Paul Nesbit)的话说:"'没有令人信服的理由'说明波音能按照其新时间表按时完成项目。"内斯比特的言论通常被视为偏向波音的。

现任波音民机集团首席执行官的卡森回避了分析师在财报电话会议上提出的一个问题,即面对 900 架未完成的订单,波音如何能在既定的日期交付飞机。卡森说,关于交付时间和生产力,公司仍在评估中。纳多尔写道,他认为波音 787 项目要等到累计交付 900 架后才能赶上进度,这个时间是在 2017 年[①]。

波音 787 最终在 2009 年 12 月 15 日成功首飞,比原计划的 2008 年 5 月晚了一年半多。这是一个埃弗里特普吉特湾常见的凄冷的冬日雨天。当波音 787 降落在波音机场时,狂风大雨已经抵达西雅图市中心。波音发言人伯纳德·崔(Bernard Choi)曾是西雅图国王电视台的新闻记者,当一场大雨袭来时,他冒雨主持了首飞仪式。

---

① 到 2017 年,波音共交付 636 架波音 787 飞机,投入商业运营是在 2011 年 12 月,而不是 2009 年。波音直到 2019 年才交付第 900 架波音 787 飞机。

尽管天气阴沉，但当这架波音787停在"飞行博物馆"前时，试飞机组人员和现场所有人都面带微笑。一位文笔不怎么样的作家可能会这样形容，天气给整个活动蒙上了一层阴影。波音787的麻烦远未结束①。

在接下来的两年时间里，出现了更多的设计、生产和组装问题。2010年11月9日，一架试飞机在得克萨斯州拉雷多着陆时，电子设备舱发生火灾。据报道，机组人员没有在事故中受伤②。据《西雅图时报》报道："一位知情人士说，大火影响了驾驶舱，操控受到干扰，飞机主要的飞行显示和自动油门功能发生故障，飞行员无法正常控制飞机和发动机，而'梦想飞机'上的这些功能都是电控的。"当时机上有30~40人；他们通过应急滑梯撤离，没有人受伤。在确定起火点和原因后，波音787的交付时间被再次延后。经过调查，起火原因是一个电器盒中出现了本不应该存在的金属屑，导致短路，引发火灾。

波音787-8直到2011年12月才交付使用。波音取消了短程的波音787-3项目，推迟了该系列中最大的机型波音787-10的生产研发计划。波音787-10最终于2013年5月在获得新加坡航空的订单后启动③。回顾历史，飞机通常在交付大约400架后实现收支平衡。波音787项目直到2015年底才实现正现金流，当时飞机投入使用将近4年，共交付了363架。然而，正现金流与项目盈亏平衡不同。在该项目进行过程中，波音累积了320亿美元的递延成本和递延工装成本。到2020年底，波音已将其削减至200亿美元。

---

① 波音777X首次试飞因故推迟了一年，最终定于2020年1月24日举行。24日当天，第一次试飞因下雨取消；飞行于第二天进行，也是个阴雨天。这么说来，波音777X飞机似乎也被蒙上了一层阴影。

② https://wwwseattletimes. com/business/electrical-fire-forces-emergency-landing-of-787-test-plane/.

③ 该项目的正式启动是在2013年6月的巴黎航展上。交付使用是在2018年3月。

　　如果不是将前 3 架测试机的相关费用重新归类为研发费，这个数字会更高。这 3 架飞机为解决设计和生产问题，经过了大量改装，以至于无法出售。其中 2 架成为日本和西雅图博物馆的静态展示机，第 3 架被拆解。另外 3 架测试机作为贵宾飞机出售。

　　这群飞机被戏称为"可怕的青少年"。这些飞机很重，并且有很多返工的痕迹。销售人员花了数年时间才卖掉这些飞机。

　　到底什么地方出了错？接受本书采访的波音高管指出了其中的几个因素。波音认为最佳的波音 787 启动客户是全日空航空公司以及其他日本和少数几家中国的航空公司。一位波音前高管回忆说，当时没有一家美国航空公司有能力做任何事情，因为这些航空公司在"9·11"事件之后仍在苦苦挣扎。中国航空公司说："我们可以做启动客户，但我们想要飞机供奥运会使用。"

　　"这些因素促使波音加快 787 项目的研发。"这位高管说，"有很多事情我们确实没有预料到，这真的把事情搞砸了。很多人认为紧固件的事就是个笑话。虽然是不定性的问题，但这是一个相当大的麻烦。"康纳对此表示同意。尽管他没有参与项目规划，是后来才加入项目的。康纳说，仅仅是将飞机机身由铝材改为复合材料，就对供应链产生了影响。

　　康纳回忆说："据我所知，最初它不是全复合材料飞机，而是铝制飞机。我们所选择的许多供应商、制造方法和我们围绕着这些所建立的一切，落脚点都是传统机型。为了提高效率和飞机性能，后来我们决定沿着复合材料这条路线走下去。当然，没有人真正准备好这样做。我们必须以更低的成本制造新飞机。每个人都是在摸着石头过河。"

　　波音 787 项目的首席工程师沃尔特·吉勒特（Walt Gillette）的任务是，实现所有这些对波音来说是非传统的设想。什么是非传统的？这就是加里·斯科特在第 7 章中描述的设计制造麦道 MD - 95 采用的方法。

波音向供应商提供了有限的技术规格，然后由它们来设计以满足这些技术规格。此前，波音负责系统和结构的所有详细设计，提供了非常详细的技术规格数据，"几乎到了我们自己设计的地步。"康纳说。通过转向非传统方法，"我认为我们的方法有点天真。"

当供应商提交它们的设计时，"我们的工程团队会说，不，这不是我们想要的。"康纳说，"在设计方面有很多困惑，我认为沃尔特的观点是，我们总是在飞机上设计太多余量，所以我们可以有更多的改进空间。我认为这更像是一种符合规定要求的设计，而不是一个有改进空间和实现所有设想的设计。"

波音的工程师们一直在争论复合材料与金属材料的各自优点，这在波音或任何其他航空航天制造商中并不罕见。研究替代方案并评估它们之间的权衡取舍是正常的。接受作者采访的波音前高管说："我们查看了所有最终交易记录，并决定使用复合材料。然后我们必须让波音总部相信这是正确的做法。"

当遭遇失败时，波音的工会很快就说："我们早就告诉过您了。"他们要求将波音 787 的制造工作从外包转向公司内部。国际机械师协会 751 区（飞机组装工人的工会）和航空航天专业工程师雇员协会（SPEEA）（工程师的工会）将问题归咎于外包。从某种程度上来说，波音内部也持相同的观点；但事情并非如此简单。

由于所有的注意力都集中在工业合作伙伴（南卡罗来纳州的沃特新生产厂、意大利的阿莱尼亚宇航公司和多个日本供应商）的失误上，人们很容易忘记，最初被贴上造成项目延期标签的是供应商，而不是工业合作伙伴。起初，紧固件的严重短缺被认为是罪魁祸首。紧固件由美国铝业公司（Alcoa）提供；这属于供应链问题，而不是外包问题。同样，霍尼韦尔公司的飞行控制软件也是早期发现的问题之一，这也属于供应链问题。此外，软件系统集成也存在问题，提供服务的是另一家供应商，而不是工业合作伙伴。

霍尼韦尔公司为自己辩解说，波音迟了8个月才提供编写飞行控制软件代码所需的工程规范数据。波音的设计变更还要求线路供应商拉毕纳尔公司(Labinal)据此重新设计。果然不出所料，各种大大小小的问题以及由此产生的连锁反应导致项目越来越复杂和延期。

航空航天专业工程师雇员协会指责项目的外包工程工作，特别是使用俄罗斯和后来的印度工程师。俄罗斯人以所谓的H1B工作签证入境，参与该项目，其他相关工作也被外包到俄罗斯本土。后来发现，外包到印度的任务(主要是波音747-8)，需要航空航天专业工程师雇员协会成员返工，但一位曾负责波音787项目的关键执行官否认俄罗斯人的工作质量较差。

这位前高管说："我认为这没什么大不了的。俄罗斯人做得非常出色，仔细想想，当时我们拥有俄罗斯航空航天工程师中的精英，因为他们没有其他工作可做。虽然他们几乎完成了大型货机'梦想运输机'(Dreamlifter)——波音747-400F极限改装的所有工程工作，但最后把关的还是我们自己最好的应力分析工程师。我认为外包不是问题，问题肯定出在一些主要供应商的工程设计方法上。对此，我认为我们应该承担责任，应该对它们进行更多的监督，但那些主要供应商有的是原始设备制造商。三菱公司研制自己的飞机，芬梅卡尼卡公司(Finmeccanica)也是如此。它们对一级工程的工作并非毫无经验。"

尽管如此，波音还是必须对进入西雅图进行组装的部件进行检查。最后，波音说它没有发现很多错误，也不知道存在的问题。这位前高管表示，"这不可能。"与此同时，将波音787的生产转移到查尔斯顿工厂是个错误的决定。那里有两家企业：其中一家完全由沃特公司拥有和经营；另一家是沃特公司和阿莱尼亚宇航公司的合资公司，名为环宇航空公司(Global Aeronautica)，机身的大部段都是在这些工厂生产的。

质量控制、设计和生产问题一直困扰着查尔斯顿工厂。到 2008 年 3 月，波音无奈之下收购了沃特公司的股份，与阿莱尼亚宇航公司各自持有环宇航空公司一半的股份；波音 787 后部机身由该合资公司生产。这位前高管说，项目开始时很顺利，但进行到一半时，沃特公司被其母公司对冲基金凯雷集团(Carlyle Group)挂牌出售。波音的一位高管表示："凯雷集团剥离了很多资源以提高沃特公司的售价，而这些资源对于波音 787 项目以及波音未来的工作来说是绝对必要的。""这就是我们最终购买沃特公司的原因。"

新飞机项目从设计阶段进入生产阶段，几乎都会增加重量。波音 787 也不例外。随着项目的推进，飞机变得异常笨重①，航程、性能和经济性都因此降低。"我们制造了一款笨重的飞机，我们完全被吓到了。这真是一团糟。"康纳说。他也认为波音将过多的责任转嫁给了供应商。"我们和供应商一起'填充飞机'②。我们把大量的设计任务交给了供应商，但我们没有给它们适当的参数，用于指导它们以适当的方式进行设计。然后在一些项目中，我们最终搞得一团糟。"

康纳还表示，波音并没有像过去那样详细执行其供应商管理流程。"我们让它们自我管理，大家没有使用一致的工具和方法。在如何构建机身复合材料结构方面，每个供应商都有不同的工具和方法。这是一种全新结构，我们也是边学边做，就像我们刚开始制造铝制飞机一样。"

康纳补充说，波音试图在波音 787 上一次实现太多。"我认为首先要清楚，从一个型号到另一个型号，创新改变应该控制在 3～5 处。从

---

① 洛克希德 L - 1011 是超重飞机中一个臭名昭著的例子，该系列第一个型号 L - 1011 - 1 被称为"铅雪橇"。

② "填充飞机"是指在运输机身部段之前安装系统。以前，机身会在总装线上"填充"。

波音 777 到波音 787,我们做了阶梯式的改变。从铝到复合材料,光是结构上的改变就足够了。但是我们采用了更电气化的结构,采用了一个无引气系统结构。我们的所作所为都走在了业界的前头。"康纳说,波音承诺为北京奥运会提供的波音 787 在 2008 年 5 月交付使用是一个错误。"我认为他们在项目外花了一年左右时间来支持中国的北京奥运会。这个决定让整个项目安排都变得十分局促,所有人都倍感压力。而我认为这真的没有必要。"

波音民机集团首席执行官穆拉利离职后出任福特汽车公司首席执行官,对波音来说也是一个打击。在波音民机集团与穆拉利共事的康纳相信,穆拉利本可以帮助波音脱离困境。尽管卡森有很多优点,但工程设计不是其中一个,而且他的管理风格也非常不同。"艾伦很有能力处理这些事情。"康纳说,"如果我们意识到进度落后了这么多,我知道艾伦肯定会做点什么改善局面。那根本不是斯科特的强项。"

2003 年 12 月,斯通西弗宣布启动波音 787 项目。2 年后,他被赶下台,由麦克纳尼继任。波音 787 项目危机发生在麦克纳尼的任期内,他承担了这场灾难最大的责任,包括让穆拉利在 2006 年离开,而此时管理层已经明显察觉情况不妙。

但是康纳说,麦克纳尼的名声很差,他继续执行斯通西弗所做的决定。"哈里严格限制了西雅图员工参与项目的人数。我们不得不思考我们到底能做什么。我们只能做总装工作,而这项工作需要很多人。波音 787 项目上的很多事情都是根据下达的指令进行的。这迫使团队以不同的方式推进该项目,并最终给自己造成了损害。"

斯通西弗曾在麦道担任首席执行官,因此他推行的是麦道的商业模式。然而,波音工程师 L. J. 哈特-史密斯(L. J. Hart – Smith,道格拉斯公司长滩工厂的前雇员)博士曾于 2001 年 2 月警告波音不要采用这种商业模式,这距离波音 7E7 项目启动还有约 3 年时间,距离波音董事会成员麦克纳尼警告过度强调成本控制还有 2 年。

在一份 15 页的论文中[①]，哈特-史密斯指出，外包不一定能带来更高的利润或效率。论文"摘要"中直接写道："DC - 10 的分包商获得了所有利润；主要制造商承担了所有超额支出部分。""对于次优解决方案中的风险，哈特-史密斯给出了一个警告，即个别成本的单独最小化。事实上，考虑到所有部门间的相互交流，怎么强调总体规划的重要性都不为过。"

在"引言"中，哈特-史密斯写道："管理层通常将外包视为降低成本的方法。但没有就成本是多少给出答案。此外，还存在'对整体项目成本有什么影响？'这样的问题。最重要的问题是，如果一家公司主要依靠外包完成曾经由公司内部承担的大部分工作，它是否能够继续运营？"

哈特-史密斯表示："道格拉斯公司的经验表明，至少在航空航天产业背景下，这样的公司不能继续运营。通常，如果一家公司制造和销售的产品的市场份额少于 10%，就显然无法掌控自己的命运。"

该论文讨论了外包运用得当的好处，但也给出了明确警告。在大多数情况下，随着波音 787 项目的启动，这些警告被抛诸脑后。哈特-史密斯写道："将本可在内部完成的工作外包，不可避免会增加项目任务和完成项目所需的工时，这远远超过在一个地方进行所有装配（包括大多数子装配）所需的工时。"这一点后来被证明是有预见性的。

在阅读了哈特-史密斯的论文之后，人们一定想知道斯通西弗是否曾经这样做过。该论文批评了麦克唐纳·道格拉斯在道格拉斯公司的行事方式，但发布波音 7E7 项目计划的是斯通西弗，而不是麦克唐纳·道格拉斯。

---

① Outsourced Profits - The Cornerstone of Successful Subcontracting.

雷义和他的销售团队充分利用了波音 787 的困境。由于交付一再延期,越来越多的客户对此表示不满,空客在波音 787 项目启动后售出的 A330 比以前更多。这是雷义一有机会就会引用的销售数据。

麦克纳尼在 2003 年 4 月曾向波音董事会提及过度削减成本的弊端,当时关于波音 7E7 的争论还在继续发酵,因此康纳认为麦克纳尼因波音 787 项目危机受到了不公平的批评,这一观点很可能是正确的。但有一件事可以完全归咎于麦克纳尼,并且没有在项目失败时起到任何作用,那就是他跟工会之间的斗争,这可能使波音民机集团分崩离析。

第 14 章
劳工斗争

"劳资纠纷正在影响我们与客户的关系。"

——2008 年 10 月波音首席执行官詹姆斯·麦克纳尼给国际机械师协会 751 区成员的一封信

在波音 787 项目的问题中，波音与其强硬的工会[即国际机械师和航宇工人协会 751 区，通常我们称其为国际机械师协会 751 区（IAM 751）]发生了激烈的斗争。751 区代表的是组装飞机的员工。其工程师和专业技术人员工会（航空航天专业工程师雇员协会）同时进行了一场规模较小、应援性的斗争。相比之下，国际机械师协会 751 区是最让领导层头疼的工会，还经常组织罢工。

国际机械师协会 751 区于 1936 年与波音签订首份合同，当时大萧条（1929—1933 年经济危机）仍然困扰着整个美国。二战后，国际机械师协会 751 区在 1948 年对波音发起了第一次罢工，持续了 146 天。1965 年，波音又再次经历了国际机械师协会 751 区组织的罢工，这次罢工持续了 19 天。1977 年的罢工持续了 44 天；1989 年的罢工持续了 48 天；1999 年的罢工持续了 69 天；2005 年，波音 787 正在生产中，国际机械师协会 751 区成员投票，以压倒性的多数赞成通过决议，批准本区波音机械师罢工，此次罢工持续了 28 天。所有罢工都涉及经济因素：工资、福利、养老金等。但到 2005 年，波音 787 的外包成为首要问题。

波音将 787 系列飞机越来越多的工作外包。之所以这么做，一是与供应商补偿挂钩，以换取订单；二是需要将较小的组件生产转包给更高效的供应商;三是为了削减成本。

2005 年的罢工主要是不满公司待遇调整方案。"9·11"事件后,美国航空运输业遭受重创,波音机械师们当时接受了"次等"合同,现在情况在好转,管理层却没有为这些曾经在艰难时期做过牺牲的员工考虑。当时,波音对美国工业链的依赖程度远远高于接下来的 10 年,当时市场需求转向欧洲以及中国、印度等亚洲国家的新兴市场。本次罢工使组装和部分部件生产陷入停顿,装配任务受到严重影响。2005年,波音的日投入成本估计为 7 000 万美元。

2008 年在工会就劳资合同与波音管理层展开谈判的准备阶段,外包成为关键焦点。国际机械师协会 751 区制作了一张彩色图表,显示了其成员自波音 737 项目以来承担的所有工作量。当时,现在位于堪萨斯州威奇托的势必锐航空系统公司(Spirit AeroSystems),曾是波音威奇托公司。当年国际机械师协会 751 区成员从事的是势必锐如今所做的工作:制造机身。国际机械师协会 751 区成员还生产了大部分波音 757。但是到波音 747、767 和 777 时,国际机械师协会 751 区成员生产的部件数量急剧减少;而等到波音 787 项目时,数量就减少得更多。波音 787 在埃弗里特总装厂只有一条总装线,此处员工负责的项目工作非常少。

在全国范围内考虑波音 787 总装线选址时,波音选择了埃弗里特(北卡罗来纳州差点获胜),并表示该总装线只需要数百名员工。与埃弗里特其他宽体飞机生产线相比,波音 787 总装线上的员工数量大幅减少,而且只有一小部分国际机械师协会 751 区成员在伦顿工厂单通道波音 737 生产线工作。

2008 年,罢工几乎已成定局。工会的罢工情绪高涨。到了这时,波音 787 项目的问题已经广为人知。而工会对波音总部发出的"我早就告诉过你了"的呼声达到了白热化,国际机械师协会 751 区的合同也要于 9 月到期：结果证明这是一个多事之秋。工会于 9 月 7 日组织成员罢工。同时期，投资银行雷曼兄弟公司的股票暴跌，市值缩水 77%，雷曼兄弟公司在接下来的一周宣布破产。"大金融危机"正在上演。

可以预见的是，波音管理层指责国际机械师协会 751 区在全球经济突然下滑之际举行罢工。他们并不是唯一的批评者；然而，这样的指责有点不公平。在工会进行罢工投票时，以及在确定罢工日期时，没有人能预见全球金融崩溃。在罢工开始后，尽管波音付出了代价，但双方都不愿意妥协。

10 月 6 日，也就是罢工一个月后，麦克纳尼向员工们发送了一份措辞强硬的声明。他写道，国际机械师协会 751 区的让步对于削减波音的医疗保险和养老金成本是必要的；数十年来，工会以高昂的劳资合同损害了汽车行业的利益。他警告说，美国南部地区的生产成本降低，可能意味着太平洋西北地区由于生产成本高昂，飞机产量可能减少。他还警告，市场还会出现来自俄罗斯、中国和加拿大的新的竞争对手①。他警告说，空客正在变得更具竞争力。麦克纳尼写道：

> 劳资纠纷正在影响我们与客户的关系。
>
> 虽然近年来我们也因其他原因让客户失望，但我们相信，工会一再罢工给我们打上了一个不可靠供应商的标签，而最终正是这些客户通过购买我们的飞机来给我们的员工提供工作保障。

10 月初，波音和国际机械师协会 751 区悄然回到谈判桌前。一个

---

① 中国设计了中国商飞 C919，俄罗斯设计了伊尔库特 MC-21，它们都是 A320 和波音 737 的直接竞争对手。麦克纳尼的警告不乏讽刺意味。波音越来越多地（尽管有选择）将生产工作外包给中国，而且波音在俄罗斯境内外都聘用了俄罗斯工程师。2007 年夏天（宣布启动时间为 2008 年 7 月），加拿大的庞巴迪公司发布了 C 系列飞机项目计划，这也是 A320 和波音 737 系列最小机型的竞争对手。

月后,双方和解。工会成员重返工作岗位。然而,劳资合同几乎没有改变,包括外包也没有变化。科斯佳·佐洛图斯基(Kostya Zolotusky)是波音资本公司(Boeing Capital Corp.)的一个高层领导,他的话经常被引用,尽管他有时过于坦率。他幸灾乐祸地说:"工会没有赢得任何东西。"但波音也没有得到它想要的关键性的让步。

另一个主要工会即航空航天专业工程师雇员协会的合同也于9月到期。作为白领工会,其成员不喜欢罢工。与可以从数万当地工人或全国数十万工人那里获得罢工资金的国际机械师协会751区相比,航空航天专业工程师雇员协会的规模小,力量弱。它与波音签订的第一份合同是在1948年,同年国际机械师协会751区首次对波音罢工。直到1993年,航空航天专业工程师雇员协会才进行了第一次罢工,而此次罢工只持续了一天。

1999年10月,航空航天专业工程师雇员协会成员投票批准了第二次罢工。经过一番周旋,包括美国联邦政府的调解,该工会于2000年2月9日进行罢工。罢工持续了40天,这是工会团结协作有合力、有凝聚力的具体表现,尤其是在西雅图凄冷多雨的冬季。接下来的20年里,航空航天专业工程师雇员协会定期开展劳工斗争,虽然有时会就问题诉诸法庭,但它从未再次批准罢工。

2008年,国际机械师协会751区与波音的劳资斗争充其量打成了平局,第2年工会受到麦克纳尼和他的管理团队的猛烈反击。当时国际机械师协会751区仍在罢工,另一场戏也在同时上演,这将对正在竞选连任华盛顿州州长的克里斯蒂娜·格雷瓜尔(Christine Gregoire)产生影响。2004年在经过三次重新计票和法院审查后,民主党候选人格雷瓜尔仅以133票击败了共和党华盛顿州参议员迪诺·罗西(Dino Rossi),当选州长。而罗西和共和党人仍然相信他们得到的是欺诈性选举结果。这为2008年格雷瓜尔第一任期届满时的连任竞选留下了伏笔。

2008 年 10 月，当波音和国际机械师协会 751 区的谈判代表在西雅图—塔科马国际机场对面的一家酒店会面时，工会成员在外面举行了集会。格雷瓜尔考虑到 2004 年她仅以微弱优势获得选举胜利，因此出席了这次支持工会的集会。她需要获得劳工的支持才能赢得连任。在等待她发言时，一名国际机械师协会领导人吹嘘华盛顿是美国第四大工会州。

格雷瓜尔在 2008 年的大选中以 53％的支持率击败了罗西。她得到了工会的支持，实现了连任。但在芝加哥波音总部以及位于伦顿朗埃克斯（Longacres）园区的波音民机集团总部，高管们只能酸溜溜地看着她在罢工期间一面对劳工表示支持，另一面接受她对该州最大雇主的冷落态度。

波音的领导层也注意到了这一点，格雷瓜尔和州政府似乎把波音的存在视为理所当然。在她的第一个任期内，州长甚至没有出席在伦敦和巴黎举行的两次国际航展，更没法儿借此机会推介波音和华盛顿州的各家航空航天公司。该州在这些展会和其他展会上的"存在感"是微不足道的。

2009 年，罢工再次困扰着国际机械师协会 751 区和格雷瓜尔。尽管波音距离解决波音 787 项目的问题和向全日空航空公司交付第一架飞机还有很长的路要走，但该型号飞机的销售状况良好，波音管理层有足够的理由为该项目开设第二条总装线。工会、州政府和地方民选官员以及格雷瓜尔自然希望波音在埃弗里特设立第二条总装线。而南卡罗来纳州的官员也敦促波音将第二条总装线设置在北查尔斯顿工厂。

波音在华盛顿州和南卡罗来纳州之间启动了第二条总装线的选址评估。波音一再表示，该决定将取决于国际机械师协会 751 区是否会重新谈判 2008 年的劳资合同，并在医疗保健和养老金福利方面做出重大让步。在波音内部,一项称为"双子座计划"的研究用来权衡第二条总装线选址的利弊。这不是表面工作。该研究清楚地概述了将第二条总装线设在查尔斯顿所面临的风险,在 2009 年,关于第二条总装线的选址问题仍在争论(将会持续 10 年)。事实上,在向董事会提交的演示文稿中,某些方面是反对者多于赞成者。该演示文稿是工会就查尔斯顿提案的裁决向美国国家劳资关系委员会(NLRB)提出申诉后整理的。

波音成立了两个团队来对选址提案进行评估。"红队"负责查尔斯顿提案,"蓝队"负责埃弗里特提案。媒体获得的副本资料中的财务数据被隐去了,但在 2009 年 8 月 24 日发布的文件中,公众可以看到其他信息。

8 月 26 日,即演示文稿提交后两天,波音向南卡罗来纳州政府提交将首次许可申请、保留法律和工程公司以及与州政府进行积极谈判等事项列为下一步工作的计划。华盛顿州的民选官员和工会领导人将在同一天得到消息。波音计划第二天与国际机械师协会 751 区领导层会面,谈判将于 9 月开始。

在谈判桌上,管理层清楚地表述了将总装线设在埃弗里特的弊端:从管理和工程到支持制造的技能缺失,由于创建"绿地"设施而对生产力产生的短期不利影响,显著增加的启动成本以及对生产进度及客户带来的风险,对项目利润的负面影响,华盛顿州政府层面的强烈抵制。

10 月,波音对外宣布了一条毫无悬念的消息:第二条总装线将设在查尔斯顿。国际机械师协会 751 区抨击了这一决定。鉴于波音 787 项目的状态,在新闻声明及其 2009 年 11 月出版的内部刊物《航空机械师》(*Aero Mechanic*)中,工会谴责此举是一个错误的决定。国际机械师协会 751 区成员加班加点解决由外包带来的设计、生产和工业问题(航空航天专业工程师雇员协会成员也是如此)。也正是国际机械师协会 751 区成员帮助波音提高了其他波音 7 系产品的产量，尤其是波音 737 和波音 777，从而为公司提供急需的现金流。

《埃弗里特先驱报》10 月 30 日报道称，美国华盛顿州参议员帕蒂·默里（Patty Murray）是波音坚定的支持者，她为埃弗里特打抱不平。《埃弗里特先驱报》报道称："波音管理层并没有认真对待在埃弗里特建生产线这件事，这打消了默里在埃弗里特举行集会的念头；管理层对罢工和州长克里斯蒂娜·格雷瓜尔的'骑墙派'做法抱有不好的印象，在与州议员的争斗中精疲力竭，（最终）波音收购了一家南卡罗来纳州的航空航天企业。2009 年 2 月 9 日，默里从波音高管蒂姆·基廷（Tim Keating）和菲尔·拉特（Phil Ruter）那里得到一手消息，了解到波音更倾向于选择南卡罗来纳州。查尔斯顿是首选，埃弗里特则沦为陪衬，即便有机会，也很渺茫。他们建议默里不要浪费她巨大的政治资本，以试图改变波音大老板詹姆斯·麦克纳尼所主导的项目。"

该报道继续写道："考虑到 2008 年国际机械师协会 751 区罢工带来的影响，埃弗里特获胜的机会几乎为零。麦克纳尼对工会已经束手无策。股东们迫切希望获得利润，客户要求交付，（这让）他对热衷于罢工的工人们缺乏耐心。"就其本身而言，波音发言人蒂姆·希利（Tim Healy）对《利厄姆新闻》说："我们非常想达成协议。我们非常明确地告诉国际机械师协会 751 区我们需要什么以及什么时候需要。"

时任供应链管理和运营副总裁的康纳和波音民机集团人力资源副总裁道格·凯特（Doug Kight），在一封给波音民机集团经理和人力资源雇员的题为《为什么我们与国际机械师协会 751 区的谈判没有成功？》[①]的信中进行了详细说明。

---

① https://blog.seattlepi.com/aerospace/2009/10/29/boeing-to-workers-talks-were-in-good-faith-unions-offer-fell-short/.

我们想强调的是,波音在这个决定中考虑了许多的复杂因素。与工会合作,以实现生产稳定和具备长期成本竞争力,是其中一个因素。

遗憾的是,该提议未能满足波音管理层向董事会建议将波音787第二条总装线设在埃弗里特所需的条件。

我们希望将当前合同至少延长 10 年,并提出每年工资增长2%(略高于工会代表雇员在过去 30 年中的平均增幅),养老金也增长 2%的要求。我们还提出引入一项可以提高雇员年收入的年度激励计划。

最后,我们反复明确地告诉国际机械师协会 751 区的成员,他们的提议不符合我们提交给董事会提案所设定的目标。我们跟他们确认,这是否是他们在一系列问题上可以做得最好的选择,他们说是的。

在某些方面,波音管理层只是误导了州长格雷瓜尔。她曾询问,华盛顿州需要提供什么样的激励措施,才能赢得第二条总装线的竞争。波音管理层表示激励措施不是问题所在,唯一重要的是工会。格雷瓜尔相信了管理层的话。在一本 32 页宣传华盛顿州优势的精美小册子中(波音对其优势已经了如指掌),激励措施只在某个段落中当作历史资料有所提及,并未承诺未来会为雇员提供。当南卡罗来纳州的激励措施公布后,波音热情地赞扬了州政府和地方官员的慷慨。

南卡罗来纳州司法管辖区从州到地方一级都提供了激励措施,虽然其价值从未被公开确认,但普遍报道认为接近 10 亿美元。当这件事被揭露时,格雷瓜尔、其他民选官员和观察员都无比愤懑。工会也是如此。

尽管工会和波音管理层曾结盟共同应对与空客的斗争,以赢得 KC

－X 美国空军空中加油机合同，但双方的关系并不融洽。2010 年 3 月 26 日，在波音选择查尔斯顿而不是埃弗里特作为第二条波音 787 总装线的 5 个月后，国际机械师协会 751 区向美国国家劳资关系委员会提出了不平等劳工行为诉讼。工会指控，波音选择查尔斯顿是为了报复 2008 年的罢工。

国际机械师协会 751 区工会主席汤姆·弗罗布莱夫斯基（Tom Wroblewski）表示："波音管理层一再表示，之所以将制造转移到南卡罗来纳州，是因为我们的工会成员行使了罢工的合法权利，以获得更好的工资待遇和工作条件。像这样的报复和威胁言论是非法的，因为这向工人传达了一个信息，即他们不应该在谈判桌上捍卫自己的权利。在我们为 2012 年合同谈判做准备时，我们不会允许这种非法的恐吓行为继续存在。"

波音发言人希利认为这一投诉"毫无根据"。但与波音或工会无关的观察员引用了波音高管（从麦克纳尼到希利）的多次声明，这些声明都指出，2008 年的罢工以及长期无罢工合同的必要性是第二条总装线选址的驱动因素。这些是无法解释的。向美国国家劳资关系委员会提出的诉讼将影响未来几年波音的劳资关系。麦克纳尼与工会的斗争将持续升级，甚至比关于将第二条波音 787 总装线放在哪里的争论更加激烈。

波音 787 的问题也给波音 747－8 的研发带来不利影响，波音未来的整体产品战略也成为牺牲品。与此同时，波音在 2008 年还面临着另一个威胁，而波音管理层最初认为这一威胁无关紧要。该威胁不来自图卢兹，至少一开始不是。相反，它来自边境以北，来自支线飞机制造商——规模很小的庞巴迪公司。

第 15 章
后起之秀和颠覆者

"如果你有任何成功的机会，那你一定是游戏规则的改变者。"

——加里·斯科特在被任命为庞巴迪商用航空公司首席执行官后，对庞巴迪董事会说

在空客和波音为销售自家飞机争得你死我活，争辩谁家飞机最好的同时，在世贸组织无休止的争端中，一家毫不起眼的公司正在对它们构成威胁。庞巴迪公司制造了火车、公务机和支线客机，也策划在空客A318、A319、波音737－600和737－700所占领的100～150座飞机领域研发一款新飞机。

2004年，110座的C110和130座的C130（两舱布局）的计划浮出水面。飞机采用的是一排5座的单通道设计。C110/130是一款平平无奇的飞机。机身采用标准的铝制，在当时很常见，机翼也是金属的；发动机采用的是现有技术。

这种设计无人问津。业界的冷遇让庞巴迪商用航空公司新任首席执行官加里·斯科特建议暂停该系列飞机的研发工作，但保留其研发团队。因此该项目的600名雇员中有550名被重新分配，剩下的50人继续手头的工作。C110和C130是CS100和CS300的前身。2005年，该项目被称为C系列，并于2008年正式采用此名称。

尽管C系列设计预期能够降低10%的运营成本，这对某些航空公司来说"还可以"，但斯科特认为市场真正需要的是降低15%。从1973年开始，他在波音民机集团工作了28年。斯科特是在财务部门成长起

来的,后在不同分部之间轮岗,包括客户服务部门、德·哈维兰澳大利亚分公司(波音在 1986—1992 年期间控股德·哈维兰澳大利亚分公司)、埃弗里特和伦顿总装厂,1995 年他作为副总裁和总经理接管波音 737/757 项目,进入总部的管理层。这段经历对他后来在庞巴迪公司的经营思路至关重要。

2002 年,斯科特被任命为加拿大航空电子设备公司(CAE)民用模拟和培训集团的总裁。该公司除其他业务外,还提供飞行模拟器。斯科特团队的办公地点设在蒙特利尔。两年后,庞巴迪公司聘请他领导 C 系列项目的研发。斯科特于 2011 年退休。斯科特在 2019 年时回忆说:"当庞巴迪公司聘用我时,我告诉他们一件事,双方事先就此达成一致,即我们需要一款改变游戏规则的飞机。客户需要一款运营成本比任何现役机型的运营成本低 15% 的飞机。"一款新飞机必须具有价格优势并满足其他设计标准,还要满足更加严格的环保标准。

最初的 C 系列没有达成这些目标。"我们的飞机性能提高了 10%,但我们基本上使用的是现有的发动机、材料和系统。"斯科特说,"我告诉董事会,我们不应该继续前进。在与发动机制造商展开讨论的那段时间里,我们了解到普惠公司的齿轮传动涡扇发动机技术真的很成熟。我们计划在 2010 年启动 C 系列,但如果我们等到 2013 年,普惠公司可能会为我们提供新发动机。"

与 2005 年相比,等到 2008 年重新启动 C 系列研发工作,庞巴迪公司还能够使用更多的机身新技术和复合材料。新设计在前机身段上使用铝锂合金材料。尾段和尾翼面采用复合材料,机翼也是复合材料。最重要的是,庞巴迪公司选择了普惠公司的齿轮传动涡扇发动机。

庞巴迪公司的最初预算约为 30 亿美元,其中三分之一为启动基金和其他补贴。补贴中包括英国政府为北爱尔兰贝尔法斯特工厂提供的补助,魁北克省和加拿大联邦政府提供的资助,此外还享受蒙特利尔米拉贝尔机场的税收减免政策。这种资金构成与波音和美国贸易代表办公室针对的空客的资金结构类似。

与庞巴迪 CRJ 飞机和巴航工业的新型 E‑Jet 飞机配备的 CF34 发动机相比，齿轮传动涡扇发动机保守预估可降低 15％的飞机运营成本，且还可大幅降低噪声，显著降低排放。E‑Jet 系列于 2004 年投入使用。

斯科特说："我们能够升级机上所有的系统。到 2008 年，我们的飞机实际上将至少减少 20％的燃油消耗，降低 15％的运营成本，此外还在乘客希望的其他改进、环境影响等方面实现了我们的目标。我们获得了董事会的批准，并在 2008 年开始认真与各大航空公司接洽。"

启动客户和失望

2009 年，改进后的庞巴迪 C 系列飞机获得了广泛认可。汉莎集团在 2009 年范堡罗航展上宣布成为 C 系列飞机的启动客户。汉莎集团的机队规划师尼科·巴克霍尔兹想向空客传达一个信息，即在当前干线飞机的双头垄断之外，航空公司还有另一种选择。

空客和波音在很大程度上忽略了巴克霍尔兹的信息。庞巴迪公司与汉莎集团达成的订单是 CS100 飞机，旨在取代集团下属航空公司（而非汉莎航空公司）老旧的 Avro 100 飞机和 CRJ 飞机。CS100 飞机不是空客或波音飞机的竞争对手，只是巴航工业飞机的竞争对手。随后，美国共和航空控股公司于 2010 年 2 月宣布，与庞巴迪公司达成 40 架 CS300 飞机的确认订单和 43 架选择权订单。

空客否定了 C 系列飞机。在雷义的领导和执行副总裁威廉姆斯的支持下，空客高管们言辞激烈地公开抨击庞巴迪公司及其 C 系列飞机。

但到了 2010 年底,空客宣布推出 A320neo 飞机。空客在这个时间点推出 A320neo,似乎是受到了共和航空控股公司订单的影响,而雷义却坚称,事实并非如此。

共和航空控股公司旗下的边疆航空公司只运营 A319 和 A320 两个型号的飞机。CS300 飞机是 A319 的理想替代机型和直接竞争对手。业内还传言,庞巴迪公司在着手研发 CS500,作为 A320 的直接竞争机型。

空客已经在 A340 试验平台上测试了齿轮传动涡扇发动机,业内许多人认为这是对 A320 系列换发是否可行进行的试验。在 2009 年剩下的时间里,雷义公开表示不会在 A320 上使用齿轮传动涡扇发动机。配备 CFM56 发动机和 V2500 发动机的 A320 卖得很好,所以雷义表示,没有必要画蛇添足。他对空客内部取得的研究进展表示赞赏,但鉴于他还有大量待售的 A320 飞机,他不希望客户在等待可能的新飞机时推迟下单。

然而到 2010 年 5 月,空客显然已准备好推出换发的 A320 飞机。在范堡罗航展前的新闻发布会上,雷义和威廉姆斯向庞巴迪公司发出了警告。雷义宣称,空客不会让庞巴迪公司成为自己的威胁,就像空客对波音所做的那样:悄悄潜入并成为真正的竞争对手。雷义说,空客将在价格上与庞巴迪公司展开竞争,很明显空客将发布全新的、换发的 A320 系列飞机。

威廉姆斯是苏格兰人,为人坦率,幽默风趣。威廉姆斯在同一场新闻发布会上宣布:"我们将用地毯式轰炸的方式把他们炸得无影无踪。[1]"

空客言出必行。在正面竞争中,空客降低了 A320 的售价,以接近

---

[1] 无论是否有意在玩文字游戏,地毯式轰炸都需要投弹手。

CS300 的价格为航空公司提供更大的飞机。这并不像一些观察家认为的那么困难,因为新设计的 C 系列飞机的成本远高于摊销后的 A320 的。一家公司计算出 C 系列飞机的生产成本约为每架 3 300 万美元,包括管理费用。这意味着庞巴迪公司必须以至少 3 630 万美元的价格出售才能获得 10% 的利润。如果空客真的愿意,它可以在 2010 年以这个价格推销其摊销后的 A320 飞机。

如果波音愿意的话,它也能做到。雷义强调庞巴迪公司缺乏一个真正的全球支持网络。尽管庞巴迪公司为 CRJ 支线喷气式飞机和 Q400 涡桨飞机争得了一席之地,但两款飞机都无法与空客和波音的飞机相媲美。空客阻止了庞巴迪公司的几笔交易。雷义告诉 C 系列的潜在客户:"这些飞机根本无法与空客或波音的飞机相提并论。"事实的确如此。

但空客的言论也有烟幕弹的成分。雷义在 2019 年时否认了外界的推测言论,他说:"共和航空控股公司的订单并没有倒逼 A320neo 飞机的研制,我们没有认真对待共和航空控股公司与庞巴迪公司达成的销售订单。我们正在规划自己的商业版图。我们终于结束了与发动机公司的谈判,这并不容易。对于新机型,我们已经有了启动客户,包括印度靛蓝航空公司,主要租赁商对我们的飞机也大有兴趣。"

威廉姆斯说:"与其说是共和航空控股公司,倒不如说是一个普遍的问题,我们可以看到 C 系列的竞争力,这是基兰·拉奥极力提出的论点。C 系列在某种程度上肯定推动了 A320neo 的研发,但不一定是因为共和航空控股公司的订单。"

空客于 2010 年 12 月推出 A320neo 系列,波音将在 2011 年 7 月推出换发的波音 737。最初,波音对 C 系列采取了一种听之任之的态度。直到 2012 年,担任波音民机集团首席执行官的阿尔博表示,他将使用波音 737 - 700 与 CS300 展开竞争。波音 737 - 700 的成本已完全摊销，波音可以大幅降价，以抵消小型且技术老旧的子机型的经济劣势。

波音一直对庞巴迪公司不以为意，直到庞巴迪公司在 2016 年初差点从美国联合航空公司获得一笔大订单。波音以每架低于 2 400 万美元的报价将波音 737－700 出售给了美国联合航空公司①。庞巴迪公司在次年 4 月赢得了达美航空公司的订单。这导致波音在一年后对庞巴迪公司提出贸易诉讼。

当时担任波音民机集团负责人的阿尔博解释了波音在 2019 年的做法。他回忆说："拥有一个维修基地是一件大事，我们在运营波音 737 的所有主要航空公司都设有维修基地。各航空公司真的想要引进一种不像波音 737 这样配备维修保障的新机型吗？顺便说一句，我们正不断让波音 737 做加法，使其性能和其他方面都变得更好。我们认为，经过我们多年来的改进，波音 737NG 与 A320neo 相比，仍将具有很强的竞争力，波音 737－700 与庞巴迪 C 系列相比将完全具有竞争力。另外还要指出的是，除了西南航空公司，波音 737－7 并没有太大的市场。我们真的认为西南航空公司会愿意使用混合机队吗？我认为庞巴迪 C 系列对 A319 的威胁要大于对波音 737－700 的威胁。"

这种观点将在 2016 年再次打击波音。尽管阿尔博发誓要通过降低波音 737－700 的售价来对抗庞巴迪 C 系列，但波音基本上对庞巴迪公司没有采取任何措施。面对空客的大锤，这家小公司的销售人员忙得不可开交，但这并不是庞巴迪公司面临的唯一问题。

庞巴迪公司在赢得汉莎集团和共和航空控股公司的订单后，几乎没有其他值得注意的订单。大韩航空公司是一家知名的航空公司，订购了 10 架 CS300，但这似乎是产业补偿的一部分。其他订单来自几家几乎没有行业认同感的航空公司。

———————————

① 美国联合航空公司的交易不仅仅关乎价格，详见后文。

奥德赛航空公司下了订购 10 架 CS100 的小订单。奥德赛航空公司是一家位于伦敦的初创公司，计划购买采用商务舱布局的飞机，运营伦敦城市机场到纽约之间的航线。该航空公司资金匮乏，希望通过互联网众筹来筹集资金。但这没有奏效，众筹计划遭到观察家和权威人士的嘲笑。

隶属于瑞士旅游公司的瑞士私人航空公司（PrivatAir）订购了 5 架 CS300，但该公司最终倒闭了。伊拉克航空公司下了一个小订单，这对这个国家所需承担的风险不言自明。俄罗斯租赁公司伊留申飞机融资公司（Ilyushin Aircraft Finance）下了 30 架飞机的大订单。但随着受到克里米亚公投和 2016 年美国总统大选的影响，以及随之而来的国际制裁，伊留申飞机融资公司无法筹集购买飞机所需的资金。庞巴迪 C 系列的订单急剧减少。

庞巴迪公司曾预测，2013 年 C 系列投入使用时，将获得 300 架飞机订单。尽管作为波音 787 的供应商，庞巴迪公司声称在 C 系列研发阶段已经吸取了其他项目的经验，但就像空客和波音的新飞机项目一样，研发进度很快就落后了。驾驶舱软件出现了问题，中国负责的机身也未按计划生产出来。其他挑战陆续出现，研发成本也越来越高，30亿美元的预算很快激增至 50 亿美元。

由于庞巴迪公司在专注研发 C 系列飞机的同时还研发了另外两款公务机，从而忽视了 CRJ 和 Q400 项目的销售，因此公司迫切需要可支配的流动资金。庞巴迪公司的资金无法覆盖所有的订单合约。资产负债表的情况有目共睹，显示庞巴迪公司面临的问题很大。该公司的股票交易价格为 1.50～2.50 加元（1.19～1.99 美元），信用评级机构将庞巴迪公司评为 CCC，因此购买庞巴迪公司的股票是一种高风险债券投资，一些银行无法购买。

糟糕的资产负债表和外界对庞巴迪公司存续时间的揣测就像"达

摩克利斯之剑"悬在C系列的头顶。斯科特说："客户想知道，庞巴迪能否在10年、20年、30年后仍存在于商用飞机领域，就像波音或空客一样。"全球经济下行也成为阻碍公司发展的因素。

庞巴迪公司在2008年7月举行的范堡罗航展上宣布推出C系列飞机。9—10月，由纽约雷曼兄弟公司的倒闭而引发的金融危机开始了，并很快席卷全球。各金融机构正以自大萧条以来从未见过的速度崩溃。

斯科特在2019年表示："金融危机席卷全球，庞巴迪公司也随之陷入危机。在那之前，庞巴迪公司看起来很不错，资产负债表也很好，公务机、CRJ系列和火车都做得很好，但实际上，一切都开始变得糟糕。"

还有另一个原因。"如果看看达美航空公司最终购买这款飞机的时间（2016年）。"斯科特说，"很多航空公司还有时间。它们仍在持续观望，看看飞机在设计上的表现和试飞情况如何。各大航空公司可以继续观望，看看我们造出来的飞机是否能达成项目最初设定的所有目标。"

事实证明，这也是空客在2015年接洽C系列项目时放弃收购该项目的部分原因。恩德斯希望看到这款飞机获得认证并投入使用，以确保它不是一款没用的飞机。雷义对这款飞机和潜在的市场份额很感兴趣，但认为它不值得要价。尽管如此，他告诉恩德斯："我们可以让这款飞机取得商业成功。"

由于里尔、环球和C系列飞机的研发成本拖累了庞巴迪公司，里尔85项目于2015年被中止。CRJ系列和Q400飞机的销售不足也给庞巴迪公司造成了损失，使其失去了急需的流动资金，陷入难以避免的衰退之中。

第 16 章
制造 neo 飞机

"发动机技术基本就是如此。"

——基兰·拉奥，关于换发的 A320 与新设计的对比

　　空客一边暗地里在 A340 测试飞机上测试普惠公司齿轮传动涡扇发动机的性能，另一边却又公开表示公司对畅销的 A320 进行换发基本上没有兴趣。很少有人相信空客的这个声明。到 2008 年，空客对外的说法大多含糊其词。

　　决定如何改进 A320 系列飞机并非易事。尽管空客公开否定了庞巴迪 C 系列飞机，但该机型对 A319 还是构成了威胁。空客不得不下决心最终确定是启动新的飞机项目还是简单地为 A320 更换发动机。A320 的设计和技术可以追溯到 20 世纪 80 年代，所以从绝对意义上讲，它不是一款过时的产品。

　　在 21 世纪的最初十年中，空客也陷入了研发问题。由于臭名昭著的布线问题，A380 最终的推出时间比原计划晚了 2 年。A400M 仍然面临财务问题和技术灾难。A350 项目也经历了几次失败。当时空客凭借 A330 和 A320 才得以艰难维持运营。精打细算的账房先生最不希望看到的是公司此刻又要花费 100 亿美元去研发新的飞机。

　　尽管如此，与换发相比，工程师们对研制新机型更感兴趣。雷义对此表示了怀疑。"根据战略规划，人们正在推进一个新的单通道飞机项目，"雷义说。工程师们总是想要一款新飞机。"但这能得到什么？如果有 100 亿或 120 亿欧元，你会得到一款什么样的飞机？发动机将是

新的,机身上能有什么改变吗？机体的研制成本不能超过总成本的5%。工程师们会设计出所有东西,一款全电飞机①、电动刹车、层流复材机翼等,但他们得到的研制费用只有大约5%。在竞争对手刚刚装配上新发动机时,你手握120亿欧元,而仅给机体划拨5%的费用,却妄图出售这样的飞机?"

罗罗前发动机工程师巴里·埃克尔斯通也提出了同样的论点。波音也会有同样的问题,这就是为什么空客不知道波音正在研究完全不同的东西。更换发动机并不是一个新想法。在整个商用航空领域,更换飞机发动机的历史可以追溯到活塞发动机时代。在喷气式飞机时代,道格拉斯 DC‑8‑60 系列在换成 CFM56 发动机后,成为 DC‑8‑70 系列,这是该发动机在客机上的首次应用。当然,波音也给波音 737 换装了 CFM56 发动机。

拉奥说:"如果采用更换发动机的升级方式,那么我们将不得不与庞巴迪 C 系列飞机展开竞争,但波音很难为波音 737 系列更换发动机。我们都知道其中的原因 ②。当前,波音没有可用的技术来支撑制造全新型号的飞机。如果将复合材料机身、复合材料机翼和其他一切新技术都转移到 A320 或波音 737 这样的小型飞机上,并不会给空客和波音带来那么大的优势。发动机技术基本上就是如此。"

拉奥解释道:"如果我们允许波音用新飞机做出回应,空客选择换发,那么波音的新飞机将会很晚才能推向市场,研发成本高昂,波音所获得的优势也不会那么大,这是一个经过深思熟虑后得到的结论。对换发的决定就是基于此,即波音无法推出一款全新的飞机。"

"必须要为市场带来一些变革性的东西。"时任空客战略主管谢勒

---

① 这意味着系统由电池和发电机供电,而不是指动力装置是电动的。

② 拉奥指的是波音所面临的技术困难,因为两起致命的波音 737 MAX 坠机事故而暴露在公众面前。他指的不是事故或单纯的停飞。

表示，"如果你打算在一个新项目上投资 200 亿，或 150 亿欧元，抑或其他任何金额，最好经过长时间的技术试验。而你投资的技术，最好能为客户创造至少两位数的价值。"

谢勒表示空客无法用新飞机实现这种飞跃。他说："我对开式转子发动机充满信心，因为在将来的某一时刻，我们必须脱碳，以摆脱该产业对化石燃料的依赖。任何节省燃料的东西都是好的。与当时的涡扇发动机相比，如果将开式转子发动机与机身完美集成，则可以节省 30%～40% 的燃料，因此我们必须对此进行研究。"但技术攻关在 2008—2010 年甚至 10 年后仍未完成。

早在波音 727 和麦道 MD-80 的时代，波音和麦道就开始研究开式转子发动机。现在这项工作仍在继续。噪声是个问题。由于开式转子发动机没有短舱或防护罩，因此无法降低转子旋转产生的噪声。飞机巡航速度较慢，在 90 分钟的短途飞行中没有什么问题，但 A320 和波音 737 在适当条件下飞行时长可达 8 小时。如果采用开式转子发动机，航班飞行时间、机组人员成本和维护成本都会增加，这会抵消部分燃料节省带来的成本优势。

叶片分离存在风险。喷气发动机短舱应该能控制风扇叶片的故障和分离，但并不总是能如此。如果没有短舱或防护罩，叶片分离时可能会穿过飞机机身，存在安全隐患。正是出于这些原因，波音的传奇工程师乔·萨特 (Joe Sutter) 曾表示，波音永远不会在飞机上安装开式转子发动机。

当 A320 飞机于 1988 年投入使用时，它比波音 737-300/400/500 系列具有优势。A320 飞机的乘客体验、航程和经济性都更好，技术也更加先进。波音 737NG 飞机略好于 A320 基准型飞机。A319 飞机略好于波音 737-700，A321 飞机明显优于波音 737-900 和 737-900ER。总体而言，这两个系列飞机的性能都差不多，而且商业条款往往是影响销售情况的决定性因素。

谢勒说："通过为 A320 更换发动机，A320 可以重获最初拥有的优势，因为 A320 的几何曲率更适合配备高涵道比发动机。就这样开始了。每个人都认为我们会为 A320 配备普惠发动机。事实并非如此。我们要确保，如果我们更换 A320 的发动机，主要竞争对手（波音）也会为其波音 737 机型更换发动机，这对我们来说非常重要。那么你要如何确保这种情况会发生？"

CFM 公司是波音 737 的独家发动机供应商。"如果全新一代飞机面世，CFM 公司将失去一切。"谢勒继续说道："如果 CFM 公司可以确保波音会为波音 737 更换新的 CFM 发动机，并且 CFM 公司也与空客达成一项协议，为 A320 提供发动机，那么这将是通用电气公司保持其在这一领域占据 75％市场份额的唯一途径。"

2010 年初，恩德斯和雷义在华盛顿与通用电气公司的戴维·乔伊斯（David Joyce）和两位主要高管私下会面，吃了一顿简易早餐。要知道，通用电气公司拥有 CFM 公司 50％的股份，因此乔伊斯也代表了这个合资企业的利益。很明显，通用电气公司不想看到全新的波音 737 替代机型，公司更倾向于为波音 737 更换发动机。所有人都同意为 A320 更换发动机（即 A320neo 项目）是实现这一目标的关键。

谢勒说："整体思路是最大限度维持现状，因为这符合该领域两家最强参与者的利益，即 CFM 公司和空客。一旦我与 CFM 公司达成协议，我知道他们绝对会确保波音也有同样的协议。那时我意识到，这或许是我们的机会。第一笔交易实际上发生在 CFM 公司和空客之间。"

雷义坚持认为，换发的 A320 系列可以选择两款发动机。埃克尔斯通说："那时的主要问题在于，我们是应该研发一款新的单通道飞机，还是应该考虑推出换发的 A320。根据我对发动机的了解，每当我去图卢兹时，我都会强调在大多数情况下，飞机效率的提升通常来自新的发动机，现在我们有新发动机可用。"航空公司需要的是一款可靠的飞机，能够日复一日每天执飞 6～8 个航班。

埃克尔斯通说："我们最不想看到的就是全新技术可能带来的故障和存在的不可靠性。所以，我在图卢兹的论点是'让我们保留机体，更换新的发动机，已达到改进的目的。'而其他人认为更为重要的是，研发新技术、研发新飞机以及更胜波音一筹。"

2009 年，空客内部仍在争论 A320 的发展方向。与此同时，埃克尔斯通会见了美国航空领域相关人士，主要是让他们了解空客在未来单通道飞机上的想法。2010 年，空客管理层不得不要么全力以赴，要么放弃。真正的威胁是波音及其"新型小型飞机"。雷义说："到 2009/2010 年，我们找到了一种相对经济的方法来大幅改进我们的产品（与波音 737 相比），也迫使波音推出 MAX 系列飞机而不是研发新型小型飞机。"

"A320 和波音 737NG 在性能和价格上都非常相似。"威廉姆斯说，"从竞争对手的角度来看，可以反驳一下这个观点。波音 737 - 800 的机身稍长，但并没有真正的巨大竞争优势。我们不必担心较小的庞巴迪 C 系列。当然，波音 737 - 800 肯定会是一个问题，其座英里①经济性非常好，采用了一种全新的结构设计，每个座位的重量和舒适度指标将远远优于 A319 座位的。这个机型将会占领 A319 的市场份额，并最终会像空客在 A320 与波音 737 之争上对波音所做的那样，以其人之道，还治其人之身。这才是整个事情背后的真正驱动力。"

波音在向美国商务部提出的针对达美航空公司以不正当价格购入庞巴迪 C 系列飞机的投诉中，使用的论据与威廉姆斯的观点一致，只不过波音暗示，如果不加以控制，小小的庞巴迪公司最终会搞垮整个美国

---

① 译者注：全称为可用座英里，是衡量客运航空公司规模的主要指标之一。

航空航天产业,这就显得有些矫枉过正了。

"庞巴迪C系列永远不会成为空客主要的商业威胁。"雷义说,"如果我们以C系列飞机为竞争对手,推进整个neo系列飞机的研发,董事会是永远不会同意的。这是一款与A319对标的小型边缘飞机,没有产品支持网络,它的销路不会很好。当大众看到neo系列飞机时,就知道空客有一款更好的飞机。我们的飞机拥有产品支持网络,并能融入公司整个飞机谱系。美国航空公司、美国联合航空公司和英国航空公司以及其他公司表示,'我们想要共通性,不想要机队中有几种单打独斗的飞机。我们想要的是一款具有共通性的飞机。'"

波音知道波音737NG即将退役,波音737NG是波音737 Classic的改进机型。该机型的发动机得到了升级,但仍然采用可靠的CFM-56发动机。波音把波音737-400的机身加长了6英尺(约1.83米),命名为波音737-800,在标准客舱布局中能够比A320多容纳12名乘客。这12个座位使波音737-800在每座英里成本上比A320的更具有优势。到2019年最后一架飞机交付时,波音已售出约5 000架波音737-800。波音737-700也卖得不错,交付了1 128架飞机,比替代机型波音737-300多15架。波音737-600是一款机身缩短型飞机,销量惨淡。经典型波音737-500飞机的交付量为389架,改进后的波音737-500飞机的销量只有69架。最后4架在1999年交付。

波音还推出了波音737-800的加长型波音737-900。该机型由于机身加长了,增加了载客量,但增加的重量损失了部分航程,对于横跨美国的航线,这款飞机只能飞三分之二的航程。最初的波音737-900仅售出了54架。后来,在波音737-900的基础上通过增加飞机重量和油箱数量,推出了波音737-900ER。该机型的航程能够满足横跨美国大陆的航线的需求,但这两款飞机的起飞、着陆性能都很差,与波音737-800相比,它们需要更长的起飞跑道,与A321相比更没有优势。最后，波音737－900ER仅售出505架，仅占波音737NG系列客运订单总数的7.3%。

业界都知道空客正在考虑为A320更换发动机。与此同时，波音正在设计一款全新的机型，用于替代原有的波音737机型，但波音也有一个团队致力于更换发动机的设计。此举是波音的一种备选方案，以防被空客逼得走投无路。阿尔博和当时的波音737项目负责人迈克·贝尔（Mike Bair）拒绝了为波音737更换发动机的想法，尽管该方案正在推进过程中。他们想要一款全新的飞机来取代原来的波音737。

2011年1月14日，阿尔博举行了员工"卓越时光"网络直播活动。在活动期间，他谈到了为波音737更换发动机的前景。根据一份文字记录，很明显，他对这个想法并没有倾注太多热情。"我认为空客会发现，为A320更换发动机比他们想象的更具挑战性。当他们完成后，他们将拥有一款可能与下一代波音737（即波音737NG）相媲美的飞机。我们认为可以继续对波音737开展渐进式改进，以确保它是一款比换发的A320性能更强大的飞机。"

"与此同时，虽然我们还没有做出明确的决定，但我认为我们不会为波音737更换发动机。要提出一个令人信服的商业提案确实很难。我们认为，正确的答案是可能在21世纪第二个十年推出一款新型小型飞机。我们可能会在2011年中的某个时候做出这个决定。"阿尔博继续说道，"与我交谈过的每个客户都表示很难理解更换发动机的意义。空客表示，更换发动机将花费他们10亿欧元。而我认为费用会更高。发动机更大，他们将不得不重新设计机翼和起落架。这将是一个设计变更，涉及整个机体。"

阿尔博表示，换发的波音737可为客户带来2%~3%的经济利益。"目前，在我们看来，波音737给客户带来的经济价值比A320的高出大约5%或6%。空客用更换发动机的A320缩小了大约一半的差距，我们将继续逐步改进波音737的设计。"雷义公开表示想知道他们在西雅图做什么。

尽管如此,波音还是投入了大量的工程资源来研究波音737RE(该项目非正式地被称为更换发动机),以及其全新设计方案。几年后,一位参与项目的工程师回忆说:"当时,我们持续推进波音737RE项目,为同时进行的另一个新型小型飞机项目'打辅助'。""我们这样做也很好,因为我们能够非常迅速地从全美各大航空公司的失败案例中汲取一些东西,并以最快速度启动波音737 MAX项目。按照当时的定义,新飞机正在努力从性能上击败换发的波音737飞机,同时,如果新飞机采用大量的复合材料,我们不知道如何以类似波音737的生产速度来制造它,更不用说在何处制造它。"

波音希望换发是只进行最小的改动,但想要通过此举显著提升飞机性能,显然有点困难。至于首选的解决方案,一位项目工程师说:"当时我们无法决定是推出单通道飞机还是双通道飞机,有一次,大家设想过重新设计一架新飞机。波音737在结构上采用的是老技术,在同样大小的机身上只有一个和波音707一样的机头。我们永远无法拿出比波音737更好的东西,并将其变为现实。"所以,这名工程师表示,波音737RE项目被搁浅。

仅仅两个月后,在接受现已停刊的《飞机技术》杂志采访时,贝尔也谈到了此事,并同样表现得不屑一顾。他说工程师们已经想出了给飞机更换发动机的方法,要么使用普惠公司的齿轮传动涡扇发动机,要么使用CFM公司的LEAP-X发动机。"我们做了大量工作,研究在波音737上安装新发动机的可能性。"他说,"如果我们决定这样做,我们也知道如何着手。"此时,波音已经通过了"概念可行性门禁",验证了更换发动机是可以实现的。贝尔说:"我们想出了一种在机翼下安装一台足够大的发动机的方法,但即便我们有更多的空间,我们也不会放置更大的发动机。"

他还说，前起落架必须加长约 8 英寸（20.32 厘米），事实上，最终设计就是这样。据贝尔说，经济性预计提高 10% 左右。事实证明，实际收益被低估了，在完成空气动力学净形后，新设计的实际经济性比波音 737NG 的高出 15%～16%。

贝尔还表示，波音研究了普惠公司、CFM 公司和罗罗的发动机。波音内部人士表示，更换发动机的成本预计为 10 亿～20 亿美元[①]。波音首席财务官詹姆斯·贝尔（James Bell）公开表示，该成本约为新飞机研发成本的 10%，外界普遍认为波音 737 系列飞机的研发成本为 100 亿～120 亿美元。贝尔说，除了少数例外，当波音向客户展示波音 737RE 时，他们都会问："我们还能做些什么吗？"

波音认为新飞机可能在 2019 年或 2020 年推出。贝尔说："我尽量避免说'取代波音 737'，因为我们正在做的是略微不同的事情。我们正试图弄清楚市场在 2030 年、2035 年时需要什么样的飞机？ 这时，这款飞机将处于某种程度上的黄金期。从表面上看，很难想象 2000 年运作良好的飞机在 2030 年还能保持同样的好状态。"

当波音倾向于推出一款新飞机但总是迟疑不决时，空客即将决定发布 A320RE。雷义说："如果对比一下 A320ceo 和波音 737NG，我们处在怎样的态势呢？ 实际上我们正在慢慢失去市场份额。"这不是 50∶50 的双头垄断。波音以 48∶52、47∶53 的优势领先，直到 A320neo 飞机推出为止。"波音 737 - 800 是一款非常好的飞机，"雷义在空客内部说，"我们需要做出回应。"

尽管空客公开发表了言论，但公司管理层清楚一点，即波音 737 的维护成本可能比 A320 的要低一些。波音 737 - 800 在燃油消耗方面的

---

① 多年后，即 2019 年，一位了解波音内部消息的退休人士表示，最终预算为 35 亿美元。削减预算的压力一直存在，他说最终削减了 9 亿美元。这两个数字都没有得到证实。

表现也可能比 A320 的好几个百分点。此外,波音 737 的座位数更多。

雷义说:"对此我们该怎么办?"空客需要为 A320 飞机实现 15％的性能提升。工程师们明白他们可以实现这一点,但不明白波音如何能够与之较量。"我们的大多数工程师都向我保证,他们想不出波音有什么办法能推出一款与 A320neo 的性能相媲美的飞机。因为波音飞机的发动机更小,起落架更短,波音不可能解决这些问题。诚然波音会想方设法改进飞机性能,但无法达到像我们从 A320ceo 到 A320neo 所做出的成绩。"

这确实是一场真正的竞争,但最终波音还是通过波音 737RE 获得与波音 737NG 相同的销售利润。波音 737－800 的后继机型仍然比 A320RE 更有一点市场优势。A319RE 和波音 737－700RE 的情况也差不多,因为后者是最初设计的。但是,A321RE 与换发的波音 737－900ER 相比,具有绝对优势(2011 年没有更大的机型)。

到 2010 年第四季度,空客决定将赌注压在换发上。12 月,维珍美国航空公司(Virgin America)成为第一家承诺使用新飞机的航空公司,新飞机被称为"新发动机选项"(new engine option,A320neo)。传统系列更名为"现有发动机选项"(current engine option,A320ceo)。12 月,印度靛蓝航空公司签订了购买 100 架 A320neo 飞机的合同。

在 A320neo 推出和获得后续订单之后,亚航和许多其他客户在 2011 年巴黎航展上大张旗鼓地宣布它们与空客达成的订单,空客 A320neo 飞机的销售数量超过 1 000 架。但波音仍然举棋不定。在当时,波音之所以犹豫不决,很大程度上是因为当时尚未投入使用的波音 787 连续出现安全故障。

2011 年 3 月,贝尔在接受《飞机技术》采访时表示:"我们所做的就是采用波音 737RE 这个选项,它确实是一个选项,我们已经把它束之高阁。如果我们认为这是一条正确的道路,或者行业内发生了什么事情使这个选项更具吸引力，我们可以随时改变主意并执行这一选项。但目前很难想象那会是什么。"

2011 年 7 月，也就是巴黎航展后的一个月，"某事"发生了。空客和美国航空公司向位于朗埃克斯的波音民机集团总部和位于芝加哥的波音总部各投下了一枚"炸弹"。

第 17 章
推出 MAX 飞机

"我们将此视为空客的胜利。"

——罗伯特·斯托拉德(Robert Stallard)，加拿大皇家银行资本市场部

当美国航空公司的阿佩致电波音，提醒销售人员美国航空公司即将与空客达成交易时，一颗"炸弹"在朗埃克斯爆炸了。波音仍未在推出一款全新的机型来替代波音737和给波音737更换发动机两者中做出决定。如果推出一款新机型，是采用双通道还是单通道设计呢？贝尔和阿尔博想要一款新飞机。波音内部诸多研究结果更倾向于双通道设计，而不是单通道设计。

业界和媒体普遍认为（尤其是空客内部），美国航空公司与空客的交易迫使波音选择给波音737换发，而不是制造新机型。因为有些问题尚未解决，例如新机型的初始尺寸是多少。波音确实在研究这样的设计，但重点是放在座级最少为180座的双通道飞机，还是略大于波音737-800（典型两舱布局下为162座）的飞机。

波音的目标是以单通道飞机的成本、销售价格和经济性为标准来设计一款椭圆桶身的采用复合材料的飞机。如果这听起来像是后来波音考虑的新中型市场飞机(NMA)，那并非巧合。"想象一下"，一位波音前高管在2019年被问及相似之处时说。

飞机当时的代号是未来小型飞机(future small airplane，FSA)，后来演变成新型小型飞机(NSA)。大多数人认为这是新型单通道飞机

(new single aisle airplane)的缩写,但它其实代表的是新型小型飞机(new small airplane)。一位波音前高管表示,新的单通道设计从未超过基准的起始尺寸,或者略大于波音737-800。

但是最大的问题是,波音无法掌控生产过程。阿尔博说,波音无法确定如何与波音737相匹配的生产速度来制造采用复合材料的新型小型飞机。接受本书采访但未透漏身份的波音高管详细阐述了阿尔博的言论。他说:"这不是达到与波音737相同生产速度的问题,波音737在2011年7月时月产量为31.5架,远低于2019年的52架。问题是波音多久才能让新机型达到波音737的生产速度。我们可能会在3年后推出更好的飞机,但要将产量提高到与波音737相同的水平,还需要很长时间。航空公司无法接受这一点。"

阿尔博和康纳同意将新型小型飞机的成本、价格和运营经济性指标降至单通道飞机的水平(与波音对新中型市场飞机的讨论重点相同)是2010—2011年波音需要考量的关键因素,在2018年研究新中型市场飞机时也有相同的考虑因素。阿尔博在2019年回忆说:"也许工程师们想做这款新飞机,我认为它会是一款非常好的飞机。当分析完成后,这款新飞机能提高20%的性能。我们在宣传换发飞机时,表示可实现提升10%~12%的性能,但很多人认为我们可以做到更好。"

阿尔博说:"我们与西南航空公司、美国联合航空公司和美国航空公司等多家航空公司进行过讨论。它们都说想要新飞机,但也表示,'我们真的很担心飞机不能按时推出,担心航空公司需要承担延迟交付的风险,特别是考虑到波音787的表现。'很有可能这款飞机的成本比我们想象的要高,因为以往记录表明,一切新的东西都花费得更多。航空公司真的不想等那么久,所以它们一直催促我们。很多人说,是美国航空公司与空客之间的交易推动了波音737的换发决定,但其实是它们三家航空公司。"

波音还面临技术问题。阿尔博回忆说："新机型的设计还存在很多风险项。波音787的技术成熟度并不高，与波音787相比，新飞机的技术成熟度也不是很高，可以说是很低。"他说，真正促使波音做出决定的原因是，波音737RE的性能能够提升10%～12%，交付日期（2017年）明确以及成本可确定。外界有很多猜测，认为由于波音787和747项目的问题、订单延迟交付和成本超支，波音董事会永远不会批准研发另一款新飞机。阿尔博无法证实这一点。

阿尔博说："显然，我向董事会简要介绍了这一情况。我不记得他们对此的具体回应。似乎所有人都在说，'这一次会有所不同。'我不是那些人中的一员。我在研发项目上遇到太多的重大挫折，以至于我无法想象董事会期待的会奇迹般地如期而至。对我来说，关键在于我们能否按时、按计划、按预算交付新飞机。根据波音787和747的过往项目经验，我有充分的理由认为这种可能性并不高。"

康纳也认为航空公司迟早会需要飞机。"客户促使我们给波音737更换发动机。我们有两个解决方案：一是研发一款新飞机，二是推出波音737 MAX。毕竟客户想要飞机，越早越好。"

为了避免有人认为这是管理层对历史的修正，国际机械师协会751区的内部刊物《航空机械师》当时进行了报道："虽然波音管理层在公开场合持续谈论波音可能会研发全新的机型，但在幕后，客户却对波音的交付能力表示强烈怀疑。鉴于波音787项目存在的问题、公司对全球外包供应链的依赖，以及制造工人缺乏经验，他们认为波音无法如期将其提出的新飞机推向市场。"

国际机械师协会751区业务代表汤米·威尔逊（Tommy Wilson）说："客户想要一架值得信赖的飞机，所以他们推动波音走这条路线。"提高产量将是一个大问题。康纳说："由于当时我们仍有很多架波音737NG正在生产中，我们将不得不建造一个全新的生产系统。这意味着你不得不推迟一款全新飞机的上市时间。你可以暂时搁置飞机项目,但要很长时间才能给市场带来好处,而市场想要的就是好处。"

康纳说他有不同的计划。"我提出了计划,但在我离开后,我们项目的发展方向与新中型市场飞机的原计划相比出现了偏离。"这款飞机的设计变化远远多过所呈现的内容。贝尔团队研制的双通道飞机包括3款型号,最少180座,航程更适中①。康纳表示,他提出的概念"将带来其他东西。想想巴航工业。我在2015年就想到了这一点。"这一概念于2017年公之于世,当时波音和巴航工业宣布它们正在组建一家合资公司。

波音的飞机系列将从180座开始,而巴航工业的飞机座级则比这个小,降至100座。每个系列都将配备相同的驾驶舱,这是A320及后续飞机上的一个特征。阿尔博证实,最受欢迎的新设计是双通道飞机,但康纳表示,后来的新中型市场飞机已经超出最初的设计需求。

2011年7月20日,美国航空公司对外宣布其破纪录的购买订单,空客获得了260架A319ceo/neo和A321ceo/neo的确认订单。此外,空客在年中表示A320neo已有1 000多架的确认订单。波音则获得各100架波音737 - 800和波音737 MAX 8的订单。第一批A320ceo计划在两年后(即2013年)交付。

波音总部所在地的当地报纸《西雅图时报》对此事的报道毫不掩饰。标题说明了一切:"波音737的大订单仍然让波音颜面尽失。②"新闻发布会上的一张照片恰如其分地表达了阿尔博的感受,他看起来像

---

① 华尔街伯恩斯坦研究(Bernstein Research)公司的航空航天分析师道格·哈内德(Doug Harned)提出了一个研发航程4 000海里(7 408千米)双发飞机的想法。该双发飞机与A321飞机和波音737 - 900ER飞机重叠度更高。这听起来很像贝尔团队所研究的概念和康纳所暗示的飞机。

② https://www. seattletimes. com/business/big-737-order-still-leaves-boeing-with-egg-on-face/.

是吞下了一整颗柠檬。《西雅图时报》航空航天板块的记者多米尼克·盖茨在其报道中写道："周三，波音获得了价值约100亿美元的200架波音737订单。按理说那将是美好的一天。然而，波音民机集团负责人詹姆斯·阿尔博不得不直面分析师的推测，即该公司的产品战略已经支离破碎。"

《西雅图时报》的报道中还引用了加拿大皇家银行资本市场部的罗伯特·斯托拉德的话，他说："我们认为这是空客的胜利。"斯托拉德对波音将在与空客一起举行的客户新闻发布会上公布其新战略感到惊讶，他对此的评论标题是"奇怪的飞机发布方式"。

盖茨写道："摩根士丹利的海迪·伍德（Heidi Wood）称波音的战略'极端保守'。波音仓促决定为波音737更换发动机，这清楚表明A320neo的成功和在市场上的强大竞争力。"2011年初，伍德曾预测空客将在2011年航展前获得1 000架A320neo订单，为此她受到媒体和华尔街同行的嘲笑。实际上，伍德略微低估了这个数字。

布赖特曾是波音的顶级销售员，他于2004年离开波音，以局外人的身份追踪2011年事件的进展。2019年，他回忆说，他认为是空客在暗中操控波音生产737 MAX飞机。"波音在一周前表示'我们正在制造一款全新的飞机'，但到下一周又表示'我们只是要做一次更新'，我认为空客这次做得很成功。"

"我旁观着事情的进展。我有好朋友在波音工作，我会和他们就此事展开谈论。身在波音管理高层的朋友们表示，'我们正在制造一款新飞机，我们真的正在制造一款新飞机。'然后在大约两周的时间内，他们从制造新飞机改口为制造波音737 MAX飞机。"布赖特补充道。那时布赖特是旁观者而非局中人，他不知道波音倾向于什么新设计，尽管他认为新设计"看起来非常像新中型市场飞机"。

除了在竞争美国航空公司订单上失败之外，2011年算是波音经营

状态开始好转的一年。2月24日,五角大楼授予波音为美国空军提供
KC-X空中加油机的合同。在本次竞争的第二回合输给诺斯罗普·
格鲁曼公司-空客后,这是波音取得的巨大胜利,也是空客的惨痛失败。
波音747-8I的首飞是在3月20日(投入使用时间为2012年6月),波
音747-8F于10月12日投入使用。波音787最终于10月26日交付
启动客户全日空航空公司投入使用。

　　所有这些好消息都被另一场劳资纠纷蒙上了阴影。波音可能在与
美国航空公司的交易中蒙羞,被迫推出波音737RE,但这却给波音机
会,证明国际机械师协会751区"有罪",并对2008年的罢工进行一定
程度的报复。

　　如果将波音787的第二条总装线放在查尔斯顿是麦克纳尼对工会
斗争的第一场反击战,那么决定推出波音737RE就是第二场——很多
人都这么认为——因为他们从外部一直关注着事态的发展。阿尔博很
快告诉国际机械师协会751区和媒体,当然,波音737RE将会在伦顿
现有的波音737总装线上进行组装。麦克纳尼又很快补充说,没这么
快,这个决定尚未做出。这个消息令外界一片哗然,似乎是对阿尔博的
公开责难,而且毫无意义。现在伦顿工厂有两条装配线,还有可以再建
第三条装配线的空间,这款飞机还能在哪里完工呢?

　　国际机械师协会751区在2010年向美国国家劳资关系委员会提
出投诉这件事在2011年夏季的几个月里逐渐升温。这对波音和工会
来说都至关重要。2008年的劳资合同将在2012年到期,而谈判原定于
2012年初开始。

　　面对波音737 MAX飞机可能在其他地方组装的威胁,国际机械师
协会751区于2011年12月将一份新的劳资合同付诸表决。投票赞成
合同的人占74%,该协议及其投票是在2008年劳资合同到期前几个月
进行的。谈判和投票通常都要到最后一刻才进行。新劳资合同有效期

延长至 2016 年 9 月，这保证了波音 737 MAX 飞机的生产将在伦顿工厂进行，产能将从每月 35 架提升到 50 架。波音与工会达成的协议内容包括国际机械师协会 751 区撤销向美国国家劳资关系委员会的投诉。

工会赢得了 2% 的工资增长比例和生活成本调整、基于激励的奖金、修改养老金计算方式、改进的保险福利和批准奖金。双方同意提高保险费的共付额。"波音在谈判中的筹码是在伦顿总装波音 737 MAX，这确保了工会成员的高薪工作。"《西雅图时报》写道："对工会而言，波音对其向美国国家劳资关系委员会的投诉的不满是其筹码。"

对工会而言将波音 737 MAX 的组装工作放在其他地方的威胁有多严重？麦克纳尼和阿尔博之间的公开决裂又是怎么回事？对此，阿尔博在 2019 年说："嗯，这是一个唱白脸一个唱红脸的经典桥段，我不确定我们是否配合得这么好。这真的是一举多得：我们有想要解决的国家劳资关系委员会的案子，我们必须决定将波音 737 MAX 飞机放在哪里，我们不想普吉特湾发生任何罢工事件。我想我们找到了一个两全其美的办法。国家劳资关系委员会的诉讼被撤销了，我们升级波音 737NG，推出了波音 737 MAX 飞机，工会承诺 4 年不罢工。这对双方都有利。"

尽管阿尔博不愿讨论在别处组装波音 737 MAX 的威胁是否确有其事，但波音的一位高管后来承认，将其转移到别处在经济上并不划算。"我当时在北卡罗来纳州查看那里的通用电气公司的设施。我接到了法律总顾问的电话。"康纳回忆说，"他说：'糟糕的事情要发生了'，指的是相互矛盾的装配线信息。当时尚无定论。詹姆斯·麦克纳尼只是不想那么快打成平局。"

"我认为阿尔博的假设是，我们就是这样做的。没过多久，工会就明白了，'我们可能会面临另一个南卡罗来纳州的局面。'"康纳继续说道："麦克纳尼所说的只是，'看，我们还没有做出那个决定。'他就是这么说的。詹姆斯·阿尔博假设我们会这样做。事情的出现就像一场大争议，但这并不是什么争议。"

这是软硬兼施的案例吗？康纳笑着说："我认为阿尔博可能有点操之过急，然后麦克纳尼认为这种处理方式过于强势。归根结底，我认为他们的出发点是一致的，这可能只是詹姆斯·阿尔博犯的一个小错误。听着，我欣赏詹姆斯。我认为他很出色。我认为他当时并没有完全考虑清楚，但好在效果很好。"

鉴于波音清楚地知道在查尔斯顿设立波音 787 总装线所获得的经验和面临的风险，那为什么要冒险为波音 737 MAX 建立一个新的总装线？当时，该工厂在高产量状态下运转着。国际机械师协会 751 区拥有的技能是长期有效的。

康纳说："不会的。我完全同意这毫无意义，但麦克纳尼表达了自己的一点怀疑。工会说：'天啊，这些家伙要么是疯了，要么就是傻了，才会去做一些不同的事情。'这是他们唯一说过的话，然后工会就联系了我们，希望达成协议，想要延长当前的劳资合同。我说：'好吧，但我们必须在这次协议中解决一些医疗费用问题。'这就是我们所做的。我们达成了协议，没有问题。对这事我的感觉就是'哇，这真是双赢啊。'"

空客的赌注得到了回报。通过迫使波音为波音 737 换发而不是推出新飞机，空客现在成了领导者，而波音成了追随者。空客不必为新的飞机项目投入数十亿美元。这是雷义获得的最令人称道的胜利之一。这是阿尔博最令人失望的失败之一。

第 18 章
停　飞

"美国联邦航空管理局宣布对波音787的关键系统进行全面审查。"

　　——美国联邦航空管理局2013年1月16日新闻稿

　　截至2013年1月，波音已向全球多家航空公司交付了50架波音787-8"梦想飞机"。这款飞机自2011年10月26日投入使用以来，基本上没有出现任何问题。然而在2013年1月7日，日本航空公司一架空载的波音787-8客机在美国波士顿洛根机场的停机坪上失火了。后来确定，是锂离子电池过热，引发了这次火灾。电池单元之间的热击穿导致火势蔓延。20分钟后火才被扑灭，一场灾难得以避免。

　　该航班于美国东部时间上午10点15分从东京直飞抵达波士顿，184名乘客和机组人员全部下机。一名机械师在驾驶舱发现电子设备舱冒出烟雾，机舱内烟雾弥漫。机场消防部门人员不得不使用红外线设备寻找烟雾和火焰来源。事件发生期间，电池爆炸，引起爆燃。如果火灾发生在15小时的飞行过程中，飞机很可能会不复存在，机上的每个人都会遇难。

　　2012年3月，空客发布的一项安全研究表明，飞行中的火灾可能会在8分钟内失控，而飞机需要在15分钟内降落。这项研究是空客赞助的年度安全会议的成果之一。该报告指出，空客飞机上发生了几起轻微的货舱火灾，所有这些火灾均已得到控制。

　　最初，日本航空公司的火灾发生后，出于谨慎考虑的想法，日本航空公司和其他航空公司迅速进行了检查。拥有 6 架在役波音 787 的美国联合航空公司第二天报告说，一切正常。鉴于波音 787 的设计和生产问题、试飞起火和其他一些琐碎问题，人们不得不提高警惕。但在这一点上，监管机构没有理由过度担心。

一周后，当一架全日空航空公司的波音 787 在起飞后不久紧急降落时，一切都发生了变化。机上监控仪器提醒机组人员注意电池异常。机组宣布发生紧急情况，掉头降落，并疏散机上 137 名乘客。后来证实烟雾来自锂离子电池，但没有起火。

美国联邦航空管理局（FAA）迅速采取行动，立即停飞了波音 787。该指令只适用于在美国注册的飞机（只有 6 架，全部在美国联合航空公司），但其他地方的监管机构也很快效仿。当时运行中的所有 50 架波音 787 都停飞了。联邦航空管理局在新闻稿中说："由于今天早些时候波音 787 在日本发生了一起飞行中的电池事故，美国联邦航空管理局将发布一项紧急适航指令，以应对波音 787 潜在的电池起火风险，并要求运营商暂时停飞该机型。在美国注册的波音 787 飞机的运营商必须向美国联邦航空管理局证明电池是安全的之后，飞机才能复飞。上周五，美国联邦航空管理局宣布对波音 787 的关键系统进行全面审查，并可能在等待新数据和信息的情况下采取进一步行动。"美国联邦航空管理局的迅速行动与 6 年后对波音 737 MAX 停飞的犹豫不定形成了鲜明对比。

当波音 787 停飞时，A350 XWB 还剩下几个月的时间就要开始飞行试验，该机型也采用了锂离子电池。然而，波音 787 只有一个电池，由一个大功率发电机充电，有时过度充电会导致电池过热。空客为 A350 设计了 2 个电池和 2 个充电系统。这样，至少在理论上可以避免过度充电和电池过热的情况发生。

针对波音 787 的电池问题，空客表示在调查完成并确保安全之前，将不限期使用镍镉电池。波音 787 的电池是由一家日本企业设计和生产的。在波音努力解决这个问题时，导致起火的根本原因仍然是个谜。

一些人认为，事故的原因是电池过度充电和过热。另一些人认为，这些电池彼此间距太近，没有足够的保护措施来防止发生故障时产生的热击穿。不管根本原因是什么，波音的解决方法是设计一个盒子来控制火势，并通过飞机腹部的一个出口将烟雾排到机外。换句话说，解决方案是控制火势而不是预防火灾。

时任波音民机集团首席执行官康纳于 2013 年 2 月前往日本，就这些事故向全日空航空公司和日本航空公司道歉。此举尽管不同寻常，但并非没有先例。道歉在日本文化中很重要。1985 年，波音在波音 747 坠机事故后向日本航空公司和日本遇难者家属进行了正式道歉。在此次事故中，飞机尾部气密隔框破裂。飞行员试图控制并降落这架没有尾翼的飞机，在揪心的 32 分钟后，由于飞行高度不足，这架载有 520 人的飞机坠毁在距离东京 62 英里（约 99.7 千米）的高天原山，只有 4 人幸免于难。波音早在几年前就修复了由于硬着陆而破裂的隔框。事故调查得出的结论是修理有问题。

由于是两家日本航空公司的两架波音 787 飞机经历了电池事件，康纳和波音团队在日本举行了新闻发布会，以表示歉意。他们声称全日空航空公司的事件中没有发生火灾，一切都按计划进行。但这些说法似乎与已知事实不符，美国国家运输安全委员会和日本方面仍在调查中。毫无疑问，波音的新闻发布会违反了调查各方不得在正式听证会前发表声明的原则。美国国家运输安全委员会批评波音的行为，而且差一点儿不再允许波音参与事故调查①。

美国国家运输安全委员会直到 2014 年 12 月才发布事故调查报

---

① https://wwwseattletimes.com/business/boeing-faulted-by-ntsb-for-comments-on-787-fix/.

告。即便如此，也无法确定电池事件的根本原因①。委员会批评了联邦航空管理局对波音的监督力度不足。电视新闻频道 CNN 报道称："联邦航空管理局允许波音和其他经授权的制造商使用自己的雇员来确认新飞机部件是否符合安全规定。他们遵循联邦航空管理局的特定指导方针，并接受联邦航空管理局官员的定期检查。专家表示，越来越多的自我检查监督正在进一步向供应链下游转移到分包商。国家运输安全委员会调查人员建议联邦航空管理局和波音'制定或修改流程，从而更有效地监督供应商'"，在此次事件中是电池制造商。这个主题将随着波音737 MAX 的停飞，在 2019 年重新出现。

波音 787 停飞了 123 天。此前停飞的商用飞机是 DC－10：1979年美国航空公司的一架 DC－10 在芝加哥坠毁，该机型停飞了 5 周。波音 787 的麻烦还没有结束。2013 年 7 月 12 日，在波音 787 重新投入使用后仅两个月，埃塞俄比亚航空公司一架停在伦敦希思罗机场的波音 787 起火②。这一次，火灾发生在机尾的机舱顶部。经调查确定，事故发生时发送信号的紧急定位发射器的线路被夹住，导致电气短路并起火。这一问题与电池无关，但在波音 787 再次投入使用后不久又出现事故，是一件丢脸的事。

6 个月后，也就是波士顿火灾发生一年零一周后，日本航空公司在另一架波音 787－8 上发现了白烟和漏电的电池，飞机当时在东京成田机场。日本航空公司主动停飞了其下所有波音 787 飞机，以接受进一步检查。当时这架飞机正在进行维修，机上没有乘客和机组人员。

空客对波音 787 的问题基本上保持沉默。业界有一条不成文的规

---

① https://www.cnn.com/travel/article/boeing-787-dreamliner-investigation-report/index.html.

② https://www.forbes.com/sites/grantmartin/2013/07/12/more-trouble-for-the-boeing-787-as-another-dreamliner-catches-fire-in-london/#e36a85d287fa.

定，即制造商不评论竞争对手飞机的安全性。虽然销售人员在打销售电话时也会悄悄地谈及这个话题，但大多数情况下大家都会遵循这一原则。

然而，空客业绩却出现下滑。时任空客商用业务首席执行官的布利叶在 2014 年 1 月告诉记者，在波音 787 停飞后不久，空客的备用计划是在必要时使用镍镉电池。"我可不想给波音任何前车之鉴，"布利叶告诉路透社，"同时，我也不必采取措施，因为我认为我们做得很好并且有备用方案，飞机可以使用不会起火的电池飞行。①"这是一个罕见的违反行业礼仪的行为。

当波音正在经历这些磨难时，空客正计划发动新的攻击来对抗波音 787。放弃研发 A350 - 800 后，空客出现了产品缺口。波音 787 - 8 后来被称为中间市场（即后来的 MOM）中的"独孤求败"。自波音 787 推出以来，A330 的销售成绩出人意料的亮眼。即便如此，A330 也已是一款老旧机型。尽管外界的独立分析认为 A330 在经济性上比波音 787 更具竞争力——对 A330 的假设非常宽容，而对波音 787 的假设过于消极——但其结论是，这充其量是一场洗白。在内部，空客高管更加清楚，正是 A330 售价便宜得多才使该飞机保持市场竞争力。

鉴于 A320neo 的成功，空客自然而然地考虑为 A330 更换发动机。拉奥多年后承认："A330ceo 不会长久，因为 A330ceo 在经济性方面远远落后于波音 787 和 A350。与波音 787 和 A350 相比，A330ceo 望尘莫及。如果我们没有做 neo 飞机，A330 生产线在 4 年前就停产了。"他在 2019 年又对此进行了详细说明，表示"研发 neo 飞机是空客最后一次尝试通过研发手段来增加 A330 飞机的销售额。这不是一个成本非常高的研发项目，而且我们具备足够的资金。"

---

① https://www. reuters. com/article/us-airbus-a350-batteries/airbus-says-it-has-a-plan-b-for-a350-jet-batterys-idUSBRE91006F20130201.

空客的公开立场是售出超 1 000 架 A330neo 飞机。当时一位罗罗前销售员对此嗤之以鼻，并预测 A330neo 的订单不会超过 400 架。（罗罗为 A330neo 飞机提供发动机。）退休后，拉奥对这一说法基本同意。他在 2019 年接受采访时说：“我认为最初的销售计划是 500 架飞机，但卖不出去那么多架。只要将 A330neo 飞机改成一排 9 座，如果多数任务对航程要求不高，那么这架飞机远远胜过波音 787 - 9 飞机。”但 A330 经济舱的初始设计为一排 8 座，增加 1 个座位将挤压乘客空间，导致乘客体验感不佳。

拉奥目前是航空公司的机队规划顾问。作为买家，他有了新的看法。现在，他接到了波音的营销推介。A330neo 在最初几年销量低迷，拉奥承认空客在销售这款飞机时遭遇了失败。“我认为营销部门不会为此承担责任，但推出 A330neo 时我们还不够努力。即便在空客内部，大家也觉得 A330neo 不如其他产品。但它本来可以做得更好，也许仍然会做得更好。”

2020 年，波音的一位高管认为 A330neo 飞机不值一提。他说，根据分析，空客必须以 5 000 万美元的单价出售，才能使 A330neo 在经济性上与波音 787 竞争。但众所周知，波音爱夸大其词，一位独立分析人士的结论是，这个数字接近 6 500 万美元，这个价格远低于空客当时的售价——8 500 万美元。

拉奥和雷义在退休后表示，空客推出 A330neo 的主要动机是对波音 787 的定价施加压力。“我们知道这会对 A350 的销量造成一点冲击，但这也影响了波音 787 的销量。”雷义评论道：“我们可以从两方面追赶波音 787。如果想要拥有 6 000 英尺（1 828.8 米）座舱高度和 0.85 马赫巡航速度的全新飞机，并且具有良好的经济性，你会选择拥有更宽机身的 A350 飞机。如果想获得相似的经济性，巡航速度为 0.82 马赫或 0.81 马赫，更高的座舱高度和旧机身（但经济性很好），你可以选择

A330neo 飞机。理论上的经济性指标看起来非常好。为什么要花掉所有多余的钱？这就是我们的论据。"

空客和订购 A330 的租赁商认为,庞大的客户群和老旧的机队让 A330neo 非常有前景。该机型的潜在客户有 100 多家,它们有 1 000 多架在役飞机。但其中许多客户已经订购波音 787,从而降低或消除了订购 A330neo 执行相同任务的可能性。除了更低廉的价格和较好的共通性之外,即使配备了与波音 787 一样的老式发动机和较新的机翼,A330neo 依然没有什么好的营销卖点。A330 的基本系统和技术可以追溯到 20 世纪 80 年代后期。在某些方面,A330neo 之于波音 787 就像波音 747 - 8 之于 A380。航空公司更喜欢新产品而不是老产品。

截至 2019 年底,空客获得了 337 架 A330neo 订单。鉴于客户质量较差,且受 2020 年以来全球新冠疫情暴发的影响,这些飞机并没有都交付。

第 19 章
X 因子

"A350 - 1000 的出现推动了波音 777X 的研发。"

——詹姆斯·阿尔博，波音民机集团首席执行官，当时正在进行波音 777X 的研发

2006 年空客推出 A350 XWB 时，终于拥有了可与波音 777 - 300ER 竞争的机型 A350 - 1000。根据当时在空客和波音官网上所宣传的机型构型，A350 - 1000 可以载客 350 人，波音 777 - 300ER 可以载客 369 人。

2012 年，波音 777 Classic 销售表现突出，共获得 196 架订单，其中 44 架来自阿联酋航空公司，但波音意识到了 A350 - 1000 对波音 777 - 300ER 的市场威胁。空客大力吹捧 A350 - 1000 的新发动机、复合材料和气动构型，并指出该机型比波音 777 - 300ER 轻 40 吨。空客高管声称，在执行类似飞行任务时，A350 - 1000 的燃油效率比波音 777 - 300ER 的高 25％。波音对确切的数字含糊其词，但承认超过了 20％。很明显，波音必须做点什么。

波音 777 和 737 多年来一直是波音民机集团的主要销售利润来源。波音 747 市场需求的下降促使波音转而研发波音 747 - 8，但该机型的销售数据惨淡。波音对 747 - 8 项目计提了预计损失。阿尔博、卡森和其他人承认，波音 777 - 300ER 逐渐取代了波音 747 的市场。

波音不得不对 A350 - 1000 强劲的市场表现做出回应。但是，就像空客因为其他研发项目陷入困境而用 A350 仓促应对波音 787 一样，波

音此时也束手无策。波音787和747-8项目被推迟,预算超出数十亿美元。现在,波音也在研发737 MAX机型,美国空军KC-46A加油机的研制也进行了两年。波音最不缺的就是新的飞机项目。因此,波音管理层决定研发一款衍生机型,取名为波音777X。"X"表示该飞机是一个概念。它有助于将新衍生机型与最初的波音777设计区分开来,后者被媒体和分析人士称为"Classic"(这让波音很烦恼)。

"A350-1000的出现推动了波音777X的研发。"阿尔博这样说,"A350是一款长航程、全复合材料的大型飞机。我们研究了波音777的经济性,一致觉得必须提高它的效率。使其更高效的方法是采用更大的复合材料机翼,我们本可以继续制造全铝的波音777,但为了赢得市场,我们不得不大幅降低售价。"

波音很快排除了复合材料机身或全新设计的可能性。"我认为我们在这些方面没考虑太多,但研发衍生机型显然对公司更有帮助。我认为,在完成波音787及其相关技术问题之后,更保守的做法是在波音777的基础上推出衍生机型,因为波音777是比A350-1000更好的飞机,而且专注衍生机型的市场风险要小得多。"阿尔博补充道。

2013年,波音刚刚经历了波音787的停飞。在埃弗里特附近仍有一批积压的波音787飞机等待返修,或者像"可怕的青少年"的案例里,虽然在销售方面付出了长期的努力,但折价出售,最终造成了亏损。将波音777X提上研发日程,其结果要么是获得一款高风险的新飞机,要么是获得一款低风险(或至少更低风险)的衍生飞机。衍生机型的研发成本也比设计新飞机低数十亿美元。

波音777X的设计和研发过程可谓直截了当,没有像波音737 MAX一样,充满争论、选择和犹豫不决。不过,生产新飞机的复合材料机翼的工厂建在哪里,以及波音777X的总装线将设置在哪里等问题引发了不小的争议。

波音 777 Classic 机型是在埃弗里特组装的，在那里组装波音 777X 也合情合理。但对新复合材料机翼工厂的需求为麦克纳尼提供了再次打败国际机械师协会 751 区的机会，并让华盛顿州给予更多税收减免。这是麦克纳尼在劳工斗争中的最后一次欢呼，这场斗争始于 2009 年波音将第二条波音 787 总装线设在南卡罗来纳州。波音宣布将在全美公开竞选总装厂和机翼工厂的厂址。工会大发雷霆，州政府官员对此畏缩不前。

美国国会很快通过了一项法案，在未来 20 年内为航空产业提供约 87 亿美元的税收减免额度。这让波音可以继续享受税收减免政策（2003 年政府为波音 787 提供了税收减免政策），世贸组织后来发现这违背了其规则。美国方面向世贸组织申诉，但败诉了。波音在 2020 年初要求立法机构撤销对波音 787 的税收减免优惠，但针对波音 777X 的减税措施仍然有效。

国际机械师协会 751 区成员就没那么顺从了。首先，国际机械师协会 751 区成员怀疑波音是否认真考虑过将波音 777 总装线迁移到其他地方。在波音 737 MAX 总装线威胁事件发生两年后，他们也没有心情考虑波音提出的又一轮削减医疗和养老金福利的要求。但波音是认真的。

这一次，麦克纳尼坚持要求国际机械师协会 751 区必须在医疗计划和养老基金降低上向波音妥协。2012 年接替阿尔博担任波音民机集团首席执行官的康纳回忆说："当时我们面临着巨大的养老金问题，我们每年的养老金支出高达 800 亿美元。当时这笔钱都已经超过公司的市值了。这是必须解决的问题。"

康纳希望复材机翼中心（Composite Wing Center，CWC）和总装线能建在埃弗里特。"我们正在与'国际'和'地方'的工会领导层合作。我和他们讨论了工会谈判事宜。虽然我们没有成功在这里建设第二条波音 787 总装线，但我认为我们对彼此都很尊重。"

在国际机械师协会的架构下，"国际"是指总部运营处，"地方"是地区分工会。国际机械师协会 751 区是普吉特湾（和其他一些地区）的"地方"分工会。837 区是代表波音圣路易斯工人的"地方"工会，以此类推。根据国际机械师协会的规章，在过去的数十年中，"国际"可以（且已经）在劳工谈判中否决"地方"意见。随着波音 777X 谈判的进行，这成为 751 区和"国际"之间的一场大战。

康纳称管理层"特别"尊重国际机械师协会的"国际"代表，因为他们意识到"波音真的在努力达成一个可以帮助公司和雇员以及所有相关人员的立场，我们只是想弄清楚怎么做最好。遗憾的是，我们不得不决定去哪里，因为我们无法在波音 787 上达成协议。"

当波音 737 MAX 推出时，"地方"工会和波音达成了让每个人都满意的解决方案，该方案很轻松就得到通过。"波音 777X 推出后，我们主要与'国际'工会合作，因为他们认为这是需要完成的事情。"康纳说，"不幸的是，问题出现在'地方'工会的身上，回想起来，我认为'国际'工会的人没有足够的力量让'地方'工会的人第一次就完成这件事。他们没有给自己足够的时间去做这件事。"康纳说，波音绕过了"地方"工会，因为无论如何，"国际"工会在推动这些事情。

国际机械师协会 751 区和"国际"之间爆发了公开论战。"地方"工会委员会以 18 票比 10 票反对"国际"工会与波音谈判达成的协议。"地方"工会领导层及其媒体团队被"国际"工会排除在外。尽管如此，汤姆·弗罗布莱夫斯基的愤怒还是在一次会议上引起了公众的关注。他称关于劳资合同的提案是"废话"，撕毁了它，并发誓要看看他是否可以取消投票，重新谈判。"国际"工会在所有方面都否决了他[①]。

波音管理层与过去一样，完全误解了工会的态度，认为对工会来说

---

① 国际机械师协会 751 区中的一些人称弗罗布莱夫斯基此举完全是噱头。他们说，实际上，"地方"工会领导人正默默地支持"国际"工会。

就业会胜过对让步产生的失望情绪。相反,工会成员们对波音感到愤怒,因为他们认为波音向国际机械师协会"国际"和"地方"工会领导层(他们理所当然地认为"地方"工会领导层是同谋)就劳资合同谈判的时间期限、条款和条件以及意外因素等发出了"要么接受,要么放弃"的最后通牒。

2013 年 11 月 13 日,工会成员以 67% 比 33% 的比例,投票否决了波音提出的新劳资合同。这是工会成员对其他所有相关人员的强烈谴责。康纳发布波音的回应:"我们对工会的投票结果感到非常失望。我们的目标有两个,即让波音 777X 及其新型复合材料机翼能够在普吉特湾生产,并创建一个有竞争力的福利体系,以确保我们在薪酬、医疗保健和退休福利方面保持市场领先地位,同时保留我们在该地区的就业优势和工业基础。但如果这份合同不能续约,我们别无选择,只能公开竞标选址,并为波音 777X 寻求所有可能的其他选择。"

在接受本书作者采访时,康纳说,在第一次投票之后,他亲自参与了相关工作。康纳表示:"我花了很多时间与地方工会的业务代表沟通,并向他解释这种情况,尤其是养老金部分。"波音愿意提供财务顾问,对养老金相关条款的修订进行评估和解释。他说工会领导层没有解释 401(k) 计划和养老金福利如何共同发挥作用。电子邮件如潮水般涌向康纳。他一一回复了。

康纳说:"我试图向所有人解释,我不会这样做,如果我认为这对波音和工会成员来说不是件正确的事情,我甚至不会要求工会这样做。我们的立场是,一要保持竞争力,二要继续发展普吉特湾。"

康纳承认,工会领导层和工会成员将这些要求视为收获。"是的,这一点毋庸置疑。但养老金的计算方式,对我们重新投资新产品的可能性有着巨大影响。"波音希望将养老金从固定收益计划改为固定缴款计划。康纳说,这是一种不同形式的养老金。

波音在全国范围内针对机翼工厂和总装线发出了招标文件（RFP）。各州竞相投标。波音概述了三种场景。

选　址

场景 1：

- 机翼制造和装配、机体组装、总装和交付。
- 不迟于 2014 年 11 月开始设施建设。
- 2016 年 7 月开始生产。

场景 2A：

- 机翼制造和装配。
- 不迟于 2014 年 11 月开始设施建设。
- 2016 年 7 月开始生产。

场景 2B：

- 机体组装、总装和交付。
- 不迟于 2015 年 6 月开始设施建设。
- 2018 年 1 月开始生产。

波音规划的波音 777X 项目的投入使用时间为 2020 年。

生　产

根据招标文件，生产将于 2016 年 7 月或 2018 年 1 月开始，具体取决于所选择的选址方案。招标文件提出了一些有意思的观点：

- 如果于 2016 年 7 月开始生产，这意味着距离 2020 年投入使用有 4 年的时间。

- 如果于 2018 年 1 月开始生产，这意味着距离投入使用有两年半的时间。

招标文件未对"生产"进行定义，但通常这意味着部件生产，而不仅仅是总装。鉴于波音计划在 2020 年投入使用该机型，场景 1 和场景 2A 似乎比场景 2B 更有可能性，但这一切都取决于波音最终如何定义

"生产"。根据招标文件,这些设施需要具备月产 10.4 架飞机的生产能力。波音 777 Classic 的生产速度为每月 8.3 架,但据悉波音曾研究过至少月产 9 架的可能性。波音基本上希望中标者免费为波音建造复材机翼中心和总装线。

考虑到波音 777 Classic 的历史生产速度,月产 10.4 架波音 777 飞机是一个奇怪的要求。波音要么对 777X 的前景极度乐观,要么还考虑让其他飞机也在此处生产。波音和通用电气航空公司公开声称波音 777X 的市场需求为 1 200 架。然而,内部人士预测需求为 700～900 架(到 2020 年,这一数字似乎都过于乐观了)。

尽管招标文件包含了复材机翼中心,但波音已经在清理复材机翼中心大楼所在的场地。这一行动以及与复材机翼中心相关的其他行动让国际机械师协会 751 区内部的一些人相信,波音的威胁和招标文件只不过是影响成员投票的一种恐吓策略。

在波音选择新地点时,国际机械师协会国际工会和波音决定强迫 751 区进行第二次投票。《西雅图时报》于 12 月 21 日披露了这一消息。751 区的领导层和成员对此感到愤慨;不仅国际机械师协会国际工会再次插手,而且大量成员已经在过圣诞节假期和新年假期。投票定于次年 1 月 3 日举行,这是许多人休假回来的第一天。国际机械师协会 751 区的成员和领导层抱怨说,他们的缺席意味着大多数人没有时间评估修改后的合同条款。

国际机械师协会 751 区的领导层表示,由于修改后的合同要求工会对此做出大量让步,工会强烈建议成员拒绝这一提案,成员们需要看到,他们在未来 11 年将遭受经济损失的事实,而且没有任何机会变更这些经济方面的政策或合同的其他条款。而这一切都发生在波音获得创纪录的利润和储备订单之际,更不用说波音董事会上周刚刚批准了 100 亿美元股票回购。后一项举动及其时机,是波音对自身企业形象不敏感或漠视的又一例证。

1月3日到来时，国际机械师协会751区成员以51%比49%的投票结果接受了合同。整个普吉特湾和华盛顿州州政府都松了一口气。波音承诺在埃弗里特建造复材机翼中心和总装线。12天后，弗罗布莱夫斯基以身体健康为由辞去地方工会主席一职，从1月31日起生效。

麦克纳尼与工会的长期斗争始于2008年，当时国际机械师协会751区发起了为期57天的罢工，这场斗争已经结束。他没有解散工会，但工会已经失去了作用。固定收益养老金被取消，工会成员必须支付部分健康保险费。工资进行了调整，合同延长至2024年。下个10年内工会不会再提出罢工。

在劳工斗争上演的同时，雷义、他的销售团队和管理层也开始与波音展开竞争。像往常一样，雷义带头冲锋。雷义断言，波音能够充分提高座英里经济性的唯一方法就是为波音777-9增加40个座位。他声称，A350-1000的机身重量要比波音777-9的轻得多，所以波音777-9只有靠增加更多座位才能达到相同的经济性。

至于波音777-8，尽管波音说这种机型比尺寸相近的A350-1000更高效，但雷义认为这是胡说八道。他声称，A350-1000的经济性指数比两架波音777X的还高。

独立分析证实了雷义的说法。而且，当时航空公司自己的调查分析结果也基本符合雷义的观点。

波音777X于2013年11月在迪拜航展上正式推出。中东"三巨头"航空公司：阿联酋航空公司、阿提哈德航空公司和卡塔尔航空公司宣布订购超过200架波音777X（汉莎航空公司是2013年初订购波音777X-9的第一家航空公司，但该项目直到"三巨头"订单在迪拜宣布后才启动）。

波音吹嘘说，波音777-9的座英里成本比A350-1000的要低得多。这是一个完全不公平的比较，波音 777 - 9 比 A350 - 1000 多出 40～60 个座位，所以座英里成本当然更低。但是机身重量较轻的 A350 - 1000 在行程成本上击败了波音 777 - 9，这种比较也是不公平的。A350 - 1000 没有与更大的波音 777 - 9 竞争。空客没有能与 425 座的波音飞机直接竞争的机型，这就是空客研究 A350 - 2000 的原因。雷义最近说："总有一天，他们会造这样的飞机。"

波音还宣称波音 777 - 8 比 A350 - 1000 更高效。这是一个比较公平的比较，因为两款飞机的尺寸大致相同（波音 777 - 8 的载客量为 350 人，而 A350 - 1000 为 369 人）。但波音 777 - 8 也是一款截然不同的飞机。

波音 777 - 8 是 301 座的波音 777 - 200LR 超远程飞机的升级替代机型，波音宣传称该机型的航程为 8 730 海里。当时 A350 - 1000 的航程小于 8 000 海里（数年后空客宣传称航程提高到 8 700 海里）。波音 777 - 8 的机体比 A350 - 1000 的更重，尽管波音声称波音 777 - 8 比 A350 - 1000 更经济，但独立分析得出的结论并非如此。

波音 777 - 8 是一款针对细分市场的飞机，服务于超远程航线，仅占 5％的市场份额。在商用航空史上，从道格拉斯的 DC - 8 - 62 到波音 777 - 200LR，这些类似飞机的销量不超过 100 架。在刨去取消的订单后，2020 年波音 777 - 8 的订单只有约 35 架。

到 2020 年，即波音 777X 最初设定的目标投入使用日期 7 年后，全球市场已经发生改变。波音 787 和 A350 的交付工作进展顺利，每个机型都有数百架在役飞机。波音 737 MAX 8 于 2017 年投入使用，该机型可以执飞 8 小时的航线。A321LR 和 A321XLR 能够执飞 10 小时的航线。这些可选机型进一步分散了旅客前往波音 777 - 9 可连接枢纽的服务需求。航线碎片化是波音 787 商业案例的基础，它侵占了 A380 和波音 747 - 8 的市场份额。现在，这个主角变成了波音 777X。

在新冠疫情导致全球机队停飞之前，有 70 多家航空公司运营着波音 777 Classic。波音在项目生命周期内售出了 1 500 多架波音 777 Classic。在宽体飞机方面，A330ceo、波音 787 和 747 的销量非常接近，分别售出了 1 486 架、1 510 架和 1 571 架——波音 747 机型已经问世超过 50 年。但到 2020 年，只有 8 家航空公司订购了波音 777X[①]。在高峰期，波音获得了 344 架飞机订单。到 2020 年，由于订单取消以及其中一些订单是不确定的，这一数字下降到 304 架。

最初，中东"三巨头"航空公司给出的订单占波音 777X 订单总数的 70％以上。这些航空公司(阿联酋航空公司、阿提哈德航空公司和卡塔尔航空公司)分别签署了 150 架、60 架和 25 架飞机的订单。汉莎航空公司是第一家下订单的航空公司，签署了 20 架飞机的确认订单，外加选择权订单。国泰航空公司订购了 21 架，但这是波音回购波音 747 交易的一部分。阿联酋航空公司最终将订单数额减少到 115 架。阿联酋航空公司总裁克拉克表示，公司可能取消部分现有订单，转而购买波音 787。阿提哈德航空公司遇到了财务问题，表示只会接收订购的 25 架飞机中的 6 架。随着财务状况恶化，与该航空公司关系密切的人士表示，阿提哈德航空公司甚至不想要这些飞机。

在新冠疫情暴发之后，国泰航空公司将订单交付时间推迟到 2025 年及以后。但由于中国香港地区的"修例风波"扰乱了当地的航空出行需求，国泰航空公司的订单在疫情之前就变得不可靠了。更重要的是，汉莎航空公司在疫情之前就对其订单是否最终确认变得犹豫不决，但估计不会取消。

毫无疑问，波音 777X 是对波音 747－8 和 A380 的最后一击，这两个机型都已经不具备竞争力。波音 777X 的未来可能与波音 747 或

---

① 还有一家未披露身份的客户，据说是一家中东的航空公司。

A380 类似，换句话说，飞机太大，无法适应不断变化的市场。

由于销售停滞、订单取消和市场不断变化，波音 777X 的未来开始依赖于波音 777 - 8F 的市场表现力，这是该系列的第三款机型。与客运飞机的市场需求相比，新造货机市场是一个微不足道但重要的细分市场。这是自波音 707 以来波音"拥有"的一个同细分市场的新机型。

除了波音 787 之外，波音为每个 7 系列飞机推出了一款新型货机机型。空客为报废的 A300 - 600R 和 A330 - 200 提供了一款新型货机机型。A330F 的市场销售成绩令人失望，仅仅获得了 41 架订单（A330MRTT 加油机以 A330 - 200 为基础研发，但有额外的销售量）。空客在新冠疫情暴发后的降本行动中终止了 A330 - 900F 的研发。2021 年，空客开始向航空公司和租赁公司展示 A350F 概念飞机，该概念机型得到了普遍好评。

在波音 747 - 8F 项目于 2022 年终止后，波音 777 成为波音货机系列的明星产品。从 2005 年的第一架到 2020 年 8 月，波音 777 - 200LRF 共获得 254 架订单。相比之下，从 1993 年到 2020 年 8 月，波音 767F 的订单数量为 233 架，而波音 747 从 1966 年获得第一批订单开始，在整个项目生命周期获得了 390 架订单，波音 747 - 8F 获得了 138 架订单。波音 777 - 200LRF 的研发淘汰了波音 747 - 8F。

一位波音内部人士承认，波音 747 - 8F 的容积空间很大，但不再具有经济性。他说："接下来的博弈将围绕双发飞机展开。如果是使用金属机翼的波音 777 货机，载重必须达到波音 747 - 8F 的 80%，其经济性才会显现。现在的飞机多久以 80% 的载重飞一次？这就是为什么今天使用波音 747 - 8F 的人比使用波音 777F 的少。从数据上看，这样做更加合理。"

波音 777 - 8F 如果推出，也面临着自己的挑战。该货机机身比波音 777 - 8 的略长，但比波音 777 - 9 的短。该系列飞机的机身长度如下：

波音 777 - 300ER 飞机：239.75 英尺（73.1 米）①

波音 777 - 8P 飞机：224 英尺（68.3 米）②

波音 777 - 8F 飞机：227.5 英尺（69.3 米）③

波音 777 - 9 飞机：246.75 英尺（75.2 米）④

从表面上看，波音 777X 装配线似乎没有必要具备装配 3 种机身长度的能力。为什么不简单地制造波音 777 - 8P 的货机型号呢？一位被分配到波音 777X 项目的波音前销售人员表示，最终的选择归结为是选择有效载荷还是航程。如果货机以波音 777 - 8P 为基础，则能最大限度地提高有效载荷；如果稍稍加长机身，则能最大限度地增加航程。

如果波音想保持自身在货机领域的领先地位，它别无选择，只能推出波音 777 - 8F。国际民用航空组织（International Civil Aviation Organization，ICAO）于 2017 年发布的限制排放标准意味着波音 777 - 200LRF 和 767 - 300ERF 将不再符合要求，必须从 2028 年起停产。

在电子商务时代，货机优先考虑的是最大化容积（而非重量），看重航程，但波音一直无法为波音 777 - 8F 找到启动客户。如果没有一个成功的货机项目，波音 777X 系列的未来将一片黯淡。

---

① 译者注：波音官方数据为 242 英尺 4 英寸（73.9 米）。
② 译者注：波音官方数据为 229 英尺（69.8 米）。
③ 译者注：波音官方数据为 232 英尺 6 英寸（70.9 米）。
④ 译者注：波音官方数据为 251 英尺 9 英寸（76.7 米）。

第 20 章
杀鸡用牛刀

"CS100 可能会击垮波音和整个美国航空航天业。"

——波音，在其 2017 年向美国商务部提交的贸易诉讼中的话

2016 年 1 月，第一架 A320neo 飞机交付首家运营商汉莎航空公司。同月，波音 737 MAX 首飞。2 月，加拿大航空公司从庞巴迪公司订购了 45 架 CS300 飞机。4 月，达美航空公司订购了 75 架 CS100 飞机，波罗的海航空公司将 7 架 CS300 飞机的意向订单转换为确认订单。对这家加拿大制造商来说，这是当年的一个良好开局。这三笔交易必须以低价完成，才能起到提振销量的作用。庞巴迪公司对这些交易收取了 5 亿美元的"有偿契约"费用，据信这笔费用主要与达美航空公司的交易有关。

C 系列飞机的这些订单让波音大发雷霆。尽管阿尔博最初对 C 系列的市场表现不屑一顾，并发誓要通过降低波音 737 - 700 的售价来与之一较高下，但事实证明，庞巴迪公司不是昙花一现。

到 2016 年，在 C 系列推出整整 8 年后，庞巴迪公司仍在努力争取订单。该系列飞机的研发成本已经超出预算 20 亿美元，而且比计划时间晚了 2 年才投入使用。成本超支带来的压力；里尔和环球公务机新型号同时研发；Q400 和 CRJ 支线客机的销量下降，以及轨交业务的问题，所有这些都让庞巴迪公司陷入了严重的财务困境。

加拿大魁北克省政府和半官方的魁北克养老基金向庞巴迪公司提供了超过 20 亿美元的救助资金。加拿大航空公司的 45 架 CS300 订单

是一剂强心针,该航空公司此前倾向于购买巴航工业的 E190(E1)飞机。加拿大航空公司下订单帮助加拿大联邦政府拯救庞巴迪公司和 C 系列飞机,作为交换,该航空公司无须再承担为加拿大西部地区提供工作机会的责任。这项责任可追溯到其接管破产的加拿大国际航空公司。

达美航空公司为庞巴迪公司提供了继续推进 C 系列飞机项目所需的助力。加拿大航空公司虽然是一家重要的蓝筹航空公司,但其交易被许多人视为政府促成的"内部"交易。而达美航空公司则是基于商业考虑的直接交易。

早些时候,由于波音在最后一刻从美国联合航空公司那里拿下了 25 架波音 737 - 700 订单,庞巴迪公司错失了向美国联合航空公司出售 C 系列飞机的机会。巴航工业拿出 E195 - E2 飞机与庞巴迪公司竞争。当时,庞巴迪公司和巴航工业推测波音以每架飞机 2 400 万美元的价格将波音 737 - 700 卖给了美国联合航空公司。美国联合航空公司表示这个数字是错误的,波音对此不予置评,这是可以理解的。多年后,另一位庞巴迪高管暗示当年的售价为 2 300 万美元。

无论是 2 300 万美元、2 400 万美元还是这个范围内的其他数字,波音都通过将售价降至最低,以阻止庞巴迪公司接触位于全球最大航空公司之列的美国联合航空公司,阻止庞巴迪公司进一步进入利润丰厚的美国市场。但这笔交易不仅适用于波音 737 - 700,也适用于波音 787,美国联合航空公司是波音 787 的大客户。2015 年,美国联合航空公司首次订购波音 777 - 300ER,当时波音正努力将 777 Classic 的生产线改造成 777X 的生产线。在接下来的数年里,波音再次聚焦美国联合航空公司,达成了更多的波音 777 - 300ER 订单。

在波音 737 - 700 的交易中还包含其他的交易,但从未对外透露过。据悉,波音降低了波音 787 的价格,并为波音 777 提供了更多的价格优惠政策；所有飞机均装配通用电气公司或 CFM 公司的发动机。波音在价格和维护合同方面也有可能做出一些让步。合同中可能还有可以将波音 737 - 700 换成波音 737 MAX 的条款。机型变更在合同中并不少见，不久之后美国联合航空公司就将飞机换成了波音 737 MAX 8；再后来又换成了波音 737 MAX 9。

无论与波音达成的交易是什么，巴航工业商用航空公司（Embraer Commercial Aviation，ECA）首席执行官约翰·斯莱特里（John Slattery）对此都大喊犯规。他抱怨说巴航工业的飞机无法与享有政府"补贴"的庞巴迪 C 系列飞机竞争。尽管巴航工业没有与其他销售商竞争达美航空公司的订单（达美航空公司在其招标书中表示只寻求购买二手 E190 飞机），但斯莱特里得到的市场情报是庞巴迪公司向达美航空公司提出了"非常低的价格"，就像其在争取加拿大航空公司订单时所做的那样。他指出庞巴迪公司 5 亿美元的巨额合同费用就是证明。

针对达美航空公司的招标文件，波音给出了 E190 和波音 717 的产品组合，E190 是波音从加拿大航空公司以旧换新获得的。波音没有提供新的波音 737 - 700 或波音 737 - 7 飞机。当达美航空公司订购了 75 架 CS100，并手握 50 架可转换为 CS300 的选择权订单时，波音对庞巴迪公司感到忍无可忍。波音终于认识到庞巴迪 C 系列飞机对其最小的喷气式客机构成了威胁。这并不是说波音此前没有得到警告。在 2005 年 3 月发表的一篇观点专栏文章中，一位分析师写道，"庞巴迪飞机将对波音单通道市场的小机型构成威胁①。"

2019 年，康纳表示，分析得出的结论是，庞巴迪公司与达美航空公

---

① 这个预测为时过早。这篇文章指出庞巴迪商用航空公司首席执行官加里·斯科特认为，2005 年的 C 系列飞机的原始概念不够好，公司将其搁置了。最后经过多番重新设计，直到 2008 年 C 系列飞机才最终定型。https://www.seattletimes.com/opinion/look-out-boeing-here-comes-bombardier/。

司签订的 CS100 合同,包括信贷在内的每架飞机的售价仅为 1 960 万美元(根据向美国商务部提交的文件,若除去信贷,每架飞机的价格约为 2 300 万美元)。在唐纳德·特朗普宣誓就任美国总统后不久,波音于 2017 年 4 月向美国商务部提出了倾销贸易诉讼。

特朗普将不公平贸易作为其标志性竞选议题之一,他此前曾批评加拿大在牛奶和软木等领域与美国进行的是不公平贸易。特朗普就任美国总统后不久,对加拿大进口到美国的木材征收 20% 的关税,这对依靠加拿大不列颠哥伦比亚省进口木材的美国西北部太平洋沿岸地区造成了巨大影响。特朗普还宣布终止加拿大、美国和墨西哥签署的《北美自由贸易协定》。

康纳表示,波音自 1992 年以来一直在与空客就非法补贴进行斗争,且自 2004 年以来外界一直争论不断,现在波音却发现又一家享受补贴的制造商将获得政府补贴的飞机"倾销"到其核心的美国市场。无论波音的诉讼是非曲直如何,许多人都对此争论不休,但波音的引证是言过其实。在"杀鸡用牛刀"的经典案例中,这场诉讼都表达出一种观点——如果任由庞巴迪公司发展,将大祸临头。

波音声称,CS100 的售价是 1 960 万美元(庞巴迪公司和达美航空公司都表示与实际售价相比,这个数字低了"数百万"),这个价格将延续到 CS300(该机型是波音 737 - 700 和波音 737 MAX 7 的直接竞争机型)上。波音的律师在诉讼书中写道,庞巴迪公司的行为将给制造商带来定价压力,进而压低波音 737 - 800 和波音 737 MAX 8 的售价。波音 737 是波音最赚钱的飞机,占公司销售利润的 40% 左右。波音的律师声称,如果波音 737 的利润率被大幅削减,波音很可能会面临倒闭并拖累整个美国航空航天产业。这是一个荒谬的场景。批评人士对此说法"大翻白眼"并迅速开始抨击这些论点。

到 2017 年,波音 737 - 700 不再是波音 737NG 产品组合中的畅销款。航空公司变得青睐更大的波音 737 - 800 和波音 737 - 900ER。就连波音 737 - 700 的最大运营商美国西南航空公司也将剩余订单更换成了波音 737 - 800,波音的储备订单中只剩下少量波音 737 - 700 订单。波音 737 - 800 和波音 737 - 900ER 被波音 737 MAX 8/9 所取代。波音 737 MAX 已经累计获得 3 000 多架订单,这是波音历史上销售速度最快的客机。

此外,在加拿大政府提供救助之前,庞巴迪公司一直处在破产边缘,甚至现在其信用评级也只是 CCC,而波音的信用评级是 AAA。波音公布的年销售收入接近 1 000 亿美元,而庞巴迪公司的收入还不到波音的 20%。波音在股票分红和回购中支付的现金可以买下好几个庞巴迪公司了;庞巴迪公司的股价幸运地涨到了 2 加元(约 1.59 美元),其市值微不足道。

原则上,针对获得补贴的竞争对手,波音可能有充分的理由向世贸组织提起诉讼。但波音与空客的世贸组织诉讼案已经耗时 13 年。到 2021 年,世贸组织已对上诉中的大部分内容进行了裁决,而这距离波音提起诉讼已经过去 17 年。如果波音和美国贸易代表办公室向世贸组织提出诉讼,短期内世贸组织不会对此做出任何决议。巴西向世贸组织提起诉讼,4 年之后,依旧没有任何动静。

波音向美国商务部提起的诉讼则可能会在数个月内得到解决。庞巴迪公司管理层对波音的诉讼感到震惊,因为波音没有用一款新飞机来与他们竞争达美航空公司的订单。业内观察人士对此表示同意。此外,波音正在与达美航空公司进行接触,试图出售波音 737 MAX 10,以此与提供 A321neo 的空客竞争。当时,达美航空公司还没有订购过波音 737 MAX 或 A321neo,但曾订购过 A321ceo 和波音 737 - 900ER,因此空客和波音都被认为没有优势。许多人问,为什么波音要在这场竞争中冒险惹恼达美航空公司呢?

有几种观点。一种观点认为波音考虑得很长远，想直截了当地扼杀C系列飞机。两位业内知情人士分别以几乎相同的话语告诉《利厄姆新闻》，如果波音拒绝让庞巴迪公司进入潜力最大的美国市场，庞巴迪公司将不得不终止C系列项目。

在波音向美国商务部提交诉讼时，曾担任过庞巴迪商用航空公司首席执行官、波音前雇员加里·斯科特早已离开这两家公司。但以他对波音的了解，他暗示，波音是在向中国传递一个信息，一位退休的波音高管也在外部关注着波音的一举一动。

另一种观点认为，波音是在为巴航工业打掩护，巴航工业是一家巴西公司，没有资格在美国提出诉讼。2017年10月，当波音和巴航工业正在讨论合并的消息传出时，这一观点一时间受到外界热议。

康纳驳斥了这些观点。波音当时认为它正在与享有补贴的空客和庞巴迪公司竞争，中国和俄罗斯也得到了政府的支持。"我们没有对空客采取任何措施，直到它发展壮大并能与我们匹敌，"康纳说，"庞巴迪公司只是政府扶持企业的又一实例，这些企业本身并不一定具有生存能力，它们利用定价优势和补贴来降低售价以赢得市场，并以非竞争方式来确立自己的地位。"

波音内部担心针对庞巴迪公司的诉讼会涉及达美航空公司。然而，这种担忧并不仅限于位于朗埃克斯的波音民机集团，其他波音高管也有同样的担忧。康纳说："我认为，首席执行官丹尼斯·米伦伯格和其团队都认为，给后续借助补贴的新进入者建立这种'规则'非常重要。"

波音错失达美航空公司的订单

达美航空公司最终选择了A321neo，而不是波音737 MAX 10。有很多人猜测，在达美航空公司决定购买哪款干线飞机时，波音与空客的贸易争端仍在进行中，且天平正向空客倾斜。但达美航空公司和康纳都表示，情况并非如此。

达美航空公司的一位高管表示，局势略微有利于波音 737 MAX。但是，达美航空公司认为持有维护、维修和大修（MRO）许可证十分重要，这能让其为自有机队以及第三方提供相关服务。达美航空公司表示，普惠公司愿意将其 C 系列齿轮传动涡扇发动机的 MRO 协议扩展到 A321neo。而波音 737 MAX 发动机的唯一供应商 CFM 公司不愿意向达美航空公司提供其想要的服务。所以达美航空公司最终选择了 A321neo。

康纳考虑得更全面。"诉讼与达美航空公司无关。我认为达美航空公司的人知道这一点。有传言称，达美航空公司首席执行官埃德·巴斯蒂安支持公司与波音进行交易。我想他是觉得如果购买空客的飞机，则达美航空公司的机队构成会变得不合理。"

康纳说，他在美国商务部听证会上告诉达美航空公司的人，诉讼是关于不公平的补贴竞争。达美航空公司本应理解的。当时，达美航空公司牵头起诉阿联酋航空公司、阿提哈德航空公司和卡塔尔航空公司获得不公平补贴。达美航空公司还带头阻止美国进出口银行为这三家航空公司提供购买波音飞机的融资。就像波音在达美航空公司阻止进出口银行提供融资时遭到误伤的情况一样，当波音开车经过向庞巴迪公司"开枪"时，达美航空公司正无辜地站在街角。

康纳推测："我认为这是在向每个人传递信息。无论何时何事，都要考虑更大、更广阔的图景，例如国际环境。我想这也许是当时的一个考虑因素。"这就引出了一个问题，为什么波音没有就中国补贴 ARJ21 和 C919 向世贸组织提起贸易诉讼？康纳表示，在定价透明的情况下，并不存在竞争性销售。他说，C919 的销售都是"定向"销售。康纳认为美国联合航空公司的交易与波音向美国商务部提起诉讼的决定没有关联，尽管波音在其诉讼文件中提到了该笔交易。康纳说，"正是其他飞机制造商向达美航空公司的倾销行为"促使波音决定提出诉讼①。

2019年9月，在波音与美国联合航空公司达成交易很久之后，一位美国联合航空公司前高管告诉《利厄姆新闻》，C系列只不过是"烟雾弹"，目的是让波音提供更低报价。他表示，美国联合航空公司从未打算购买C系列飞机。当时，波音737-700一直是其理想的机型。但另一位直接参与交易的美国联合航空公司高管表示，C系列不是"烟雾弹"。波音的全球交易只是提出了更好的整体交易计划。美国联合航空公司后来将波音737-700订单换成了波音737 MAX 8，再后来随着公司优先事项变更，又将订单换成了波音737 MAX 9/10。

波音错失良机

在波音向美国商务部提出诉讼期间，有消息称庞巴迪公司在波音提起倾销诉讼之前，曾就收购C系列项目与波音进行了接触；康纳在多年后证实了这一消息。波音认为这款飞机是一个很好的、稳定的产品。但它与波音737-7构成竞争关系，而且各系统和驾驶舱设计不适合波音的产品线。相比之下，它与空客的兼容性比与波音的更高。

"我们对此事非常认真。"康纳说，"我认为庞巴迪公司很厉害。他们生产了一台非常棒的机器，但这不是一台价值1 900万美元或2 000万美元的机器。我知道他们是靠什么来站稳脚跟的，加拿大政府在整

---

① 2021年，欧盟和美国同意暂且搁置长达17年的空客和波音补贴问题争端，时间为5年。双方同意携手开始研究中国政府给予其航空航天产业的补贴政策，包括给中国商飞的。该公司正在研发与空客和波音直接竞争的机型。

个过程中给予了支持,使其可以维持运营。庞巴迪公司接受了补贴,以不合理的价格加入订单竞争。"

在美国商务部对诉讼进行调查时,空客和庞巴迪公司宣布空客将以1美元收购C系列项目50.1%的股份,整个行业都为之震惊。庞巴迪公司将承担在美国莫比尔建造总装线的费用和高达7亿美元的损失。这是21世纪最划算的交易。庞巴迪公司正在出售C系列飞机;康纳和波音对此了如指掌。但是,康纳在2019年回忆道:"我做梦也没有想到他们会这样做。一点都没想到。"

根据美国的程序,案件首先提交给美国国际贸易委员会(International Trade Commission,ITC),以确定诉讼理由是否成立。美国国际贸易委员会认为,需对该诉讼开展进一步调查。庞巴迪公司不甘心,认为公司会在美国商务部裁决中败诉,特别是在特朗普政府的反加拿大、反贸易政策下。事实也确实如此。

但拟议的高额关税令所有相关人员感到震惊。在波音的敦促下,美国商务部宣布对庞巴迪C系列飞机征收292%的关税,观察人士认为这是典型的波音过度行为。当然,这将使C系列无法出口到美国,从而达到波音想要的结果,让C系列飞机无法进入美国市场。

此后,该案件由美国国际贸易法院(Court of International Trade,CIT)受理,以确定波音是否遭受"损害",这是允许征收关税的必要条件。观察人士得出的结论是,美国国际贸易法院几乎肯定会做出有利于波音的裁决。

因此,当美国国际贸易法院裁定波音未遭受损害时,业界再次感到震惊。不仅如此,法院以4∶0的投票结果一致通过决议。庞巴迪公司摆脱了困境。2019年,康纳承认,国际贸易法院关于达美航空公司的交易对波音无损害的裁决是符合事实的。"但这更多是关于未来。如果当时国际贸易法院允许我们提供提案,也许情况会有所不同。但我们遵守了招标文件中的相关规定。"

庞巴迪公司将 C 系列项目出售给空客重塑了竞争格局。到 2016 年,市场对空客和波音制造的最小型喷气式飞机 A319neo 和波音 737 MAX 7 几乎没有需求。波音交付了 1 128 架波音 737 - 700,空客交付了 1 486 架 A319ceo,而波音 737 MAX 7 和 A319neo 仅获得了数十架订单。"市场的核心"显然已经移至 A320 和波音 737 - 800/MAX 8。

自然界中没有真空,航空业也是如此。空客和波音认为,100～150 座级的飞机市场并不大。巴航工业的 E - Jet 就属于这一市场,而庞巴迪公司期望凭借 C 系列替代老旧的 CRJ 设计,实现飞跃。尽管庞巴迪公司预测该细分市场未来 20 年的飞机需求量为 7 200 架(有些人认为这一预测过于乐观),但 C 系列仍然是这一赛道唯一的新设计。

对于为拯救庞巴迪公司而受聘的联合技术公司前高管阿兰·贝勒马尔(Alain Bellemare)来说,将 C 系列的控制权出售给空客可能是苦乐参半。当在莫比尔举行的 A220 装配线建设破土动工仪式上被问及该笔交易时,贝勒马尔表示:"苦乐参半? 我认为这是一个真正值得骄傲的时刻。仔细想想看。"

"2015 年,人们都在问我该项目的未来。4 年后的今天,没有人再提出这个问题。飞机的储备订单充足,我们拥有达美航空公司、捷蓝航空公司、波罗的海航空公司、加拿大航空公司、瑞士航空公司以及大韩航空公司的订单。"贝勒马尔说,"现在,我们正在美国这个巨大的市场建立或扩大我们的全球足迹。我们与客户的关系更加紧密,因为现在我们有能力做到这一点。这表明 C 系列是一款很棒的飞机,最好的飞机。我已经连续 4 年这么说了。在 100～150 座级飞机中,没有飞机能与其媲美,真的没有。"

庞巴迪公司是否必须与空客合作才能真正为其提供所需的助力?"我们不得不这样做。这显而易见。"贝勒马尔承认,"我们的资产负债表不足以支持这种增长。时间会证明，这将为每个人创造巨大的价值。"

但是，不是每个人都这么认为。庞巴迪公司的情况非常糟糕，以至于无法承担未来几年的项目成本，也无法为莫比尔总装线的建设提供资金。空客最终收购了庞巴迪公司在合资企业中的剩余股权，并在2020年收购了剩余的C系列部件和供应业务。庞巴迪公司将贝尔法斯特机翼制造厂出售给势必锐航空系统公司，势必锐航空系统公司希望分散其对波音的业务依赖风险①。

恩德斯曾在2015年拒绝过C系列的报价，但这次抓住了机会。这是一个180°的转变。庞巴迪公司向空客提出的该项目的多数股权的交易条件太诱人，让人无法拒绝。恩德斯回忆说："2015年这件事并没有发生，因为我觉得那时更多的是感觉，而不是数据。我觉得当时时机还不够成熟。C系列项目仍然存在太多风险。飞机还没有取证，没有客户反馈。显然，飞机研发成本也很高。"

"项目可能还会产生额外的成本，我认为庞巴迪公司严重低估了这一点。当我们双方之间的谈话内容被泄露时，我以此为契机说：'不，让我们停止吧。'这太冒险了。我们自己的风险已经够多了。当时，我们正处于A350提产和A400M飞机研发的早期阶段。"恩德斯说。空客也刚刚决定推出A330neo。他指出："我们忙得不可开交，没必要陷入另一场财务困境。"

2017年夏天，恩德斯接到了埃克尔斯通的电话。他说："汤姆，我接到了加拿大驻华盛顿大使的电话。"加拿大官员希望空客与庞巴迪公司就购买C系列进行谈判。"嗯，这很奇怪。"恩德斯想，"我认为这不会有任何结果，但如果加拿大政府要求我们再考虑一下，我们不能粗鲁地

---

① 与空客无关，庞巴迪公司分别将其Q400项目出售给加拿大的Longview Partners公司，将CRJ项目出售给日本的三菱重工业股份有限公司，还出售了轨交业务，缩减至仅保留公务机业务。

说'不行',所以我们会和他们谈谈。但我认为这没有任何意义。"

恩德斯和他的战略专家帕特里克·德卡斯特巴贾克(Patrick de Castlebajac)在巴黎会见了庞巴迪公司首席执行官贝勒马尔和他的顾问亨利·库普伦(空客前高管)。恩德斯给出了一个提议：以1美元的价格收购C系列项目50.01%的股份,庞巴迪公司还需承担未来数年项目的运营成本以及在莫比尔建立总装线的资金。庞巴迪公司的反应是,别开玩笑了。但他们没有拒绝,而是跟进了这个项目。这对空客而言,风险为零。

到2017年9月,空客董事会批准了这笔交易。加拿大政客同时明确表示他们全力支持。"愚蠢的波音也为我们打开了'谷仓'的大门,"恩德斯说,"他们非常傲慢地对待庞巴迪公司。庞巴迪公司去找过波音,但波音把它拒之门外。我想可能就是在那之后,加拿大政府才给我们打了电话。"

至于在莫比尔建造总装线的协议,恩德斯表示,这是由波音向美国商务部提起的贸易诉讼引发的。他在2019年详细阐述道："如果波音没有提起诉讼,我认为在莫比尔设立C系列的总装线在政治层面上是行不通的。""我认为庞巴迪公司不会建议这么做。有了这个诉讼,这就很有意义。尽管如此,与加拿大方面的讨论仍然很艰难。很明显,这可能是一个解决方案①。"

2017年10月,当波音正在就收购巴航工业进行谈判的消息传出时,许多人认为这是波音对空客收购C系列的应对措施。一些人认为,E2喷气式飞机并不能完全解决波音在小型窄体机市场占有率不足的问题。

---

① 在贸易诉讼中,波音指出在空客莫比尔工厂组装的A320实际上是美国制造的,与汉堡和图卢兹组装的飞机完全不同。当特朗普政府对欧洲进口的空客飞机征收关税时,尽管机身、机翼和其他主要部件来自欧洲,在莫比尔进行组装,但在阿拉巴马州组装的飞机最初是免税的。

第 21 章
波音-巴航工业
合资企业

　　"但这无疑在确定与谁合作方面扫清了障碍。"

　　　　　　　　　　　　——波音民机集团前首席执行官雷·康纳

　　空客是否促成了波音与巴航工业的交易？康纳说，当然不是。但对于巴航工业来说，空客方面显然是一个促进因素。他说，波音与巴航工业"就不同的合作方式讨论了很长时间。与巴航工业的关系可以追溯到多年前。"

　　事实上，2011 年，波音推出波音 737 MAX 飞机时，巴航工业就准备与波音合作研发曾被称为新型小型飞机的机型。最初，波音想收购巴航工业的商用和防务部门。由于巴西人的反对，波音最后改变计划，与巴航工业成立了一家研发商用飞机的合资企业，之后还为 KC－390 多用途加油运输机设立了第 2 家合资企业。

　　这家研发商用飞机的合资企业名为波音巴西商用飞机公司（Boeing Brasil－Commercial，BBC），波音占股 80％，巴航工业占股 20％。波音有权任命该合资公司的董事会和管理层人员。巴航工业商用航空公司首席执行官斯莱特里被选为波音巴西商用飞机公司的首席执行官。

　　巴航工业 60％的服务业务（主要是 E－Jet 服务业务）也一起被并入合资公司。在专为 KC－390 项目设立的合资企业中，巴航工业占股 51％，波音占股 49％，虽然巴航工业占股比例略高，但波音将负责该飞机的全球营销。波音同意以现金形式向巴航工业支付 42 亿美元。巴航工业将从这些收益中向其股东支付超过 10 亿美元的特别股息。

波音和巴航工业宣称,这笔交易将与 A220 战略抗衡。巴航工业为波音带来了一个新的商用飞机系列:E2 喷气式飞机。按照设计规格,E2 系列的座级恰好在波音 737 系列之下。那时,波音对波音 737 MAX 7 设计方案进行了微调,将两舱布局下的座位数从 126 个增加到 138 个,以刺激销售。这样一来,波音 737 MAX 7 变成了缩小版的波音 737 MAX 8,而不是老旧波音 737 - 700 的换发机型。从生产角度来看,波音 737 - 700 与波音 737 - 800 有很大不同(因此,波音 737 MAX 7 与波音 737 MAX 8 也大不相同),这增加了总装的复杂程度和成本。通过缩小波音 737 MAX 7 的机体尺寸,可以提高产品通用性,但设计优化方面受到了影响①。

E2 系列包括 76 座的 E175 - E2、105 座的 E190 - E2 和 122 座的 E195 - E2(两舱布局下)。最初的波音 737 MAX 7 几乎没有销量。重新设计的稍大版本的波音 737 MAX 7(一些人戏称为波音 737 MAX 7.5)也没有更好的市场表现②。这在 122 座 E195 - E2 和 175 座波音 737 - 8 之间留下了很大的市场空白。相比之下,A220 - 100 可容纳 110 名乘客,A220 - 300 可容纳 135～149 名乘客(A319neo 的载客量类似),A320neo 可容纳 160 名乘客(两舱布局)。

波音和巴航工业合作是因为 E2 恰好弥补波音 737 - 7 之下市场空白的说法是营销炒作,而且 E2 甚至不是达成交易的首要原因。2018 年 9 月,时任波音营销副总裁的兰迪·廷塞斯(Randy Tinseth)在西雅

---

① 波音在波音 787 - 8 和 787 - 9/10 之间也面临类似的生产不匹配问题,最终公司在 2018 年开始着手解决这一问题。

② 直到 2021 年,波音 737 MAX 飞机复飞后,美国西南航空公司订购了 100 架波音 737 MAX 7 飞机。该机型销售数量迎来增长,未来还会收获更多订单。阿尔博说得对,波音 737 - 700(波音 737 MAX 7 的上一代机型)基本上没有其他客户;到目前为止,只有西南航空公司、西捷航空公司和一家初创的加拿大航空公司是该型飞机的确定客户。

图举行的一次闭门会议上说,波音想要巴航工业的原因依次是服务业务、工程人才、KC－390,最后才是 E－Jet。其中一位与会者立即向《利厄姆新闻》透露了这一消息。

康纳在 2019 年得知此事后,稍微改变了上述因素的排序。工程人才第一,服务业务第二。"我会说 E－Jet 排在最后。"康纳证实,"我们考虑的是未来的发展。"在当时,未来是新中型市场飞机的。康纳对巴航工业的技术和工程能力印象深刻。

"巴航工业拥有良好的工程资源,能够以较低的成本从事生产工作。"他说,"我很喜欢他们能够以比波音成本更低的方式设计和生产飞机,而且效率更高。他们做得很好。他们非常有能力。"康纳补充说,多年来,两家公司一直在讨论如何开展合作。

2017 年,由于美国飞行员合同中"范围条款"的限制,E175－E2 飞机胎死腹中。"范围条款"限制了美国干线航空公司旗下的支线航空公司可以运营的飞机的座位数、数量以及重量。正是飞机重量给 E175－E2 飞机带来了问题：其重量比 8.6 万磅的限制额超出约 2 000 磅。而美国飞行员工会不愿意改变条款。

E195－E2 飞机和 E190－E2 飞机都是 E2 系列飞机设计中切实可行的机型,但美国以外的市场更加青睐前者。这使波音在收购 E－Jet 后具有"1.5 个系列"存在可能性[①]。康纳淡化了波音因空客 C 系列交易而寻求合作伙伴建立合资企业的传统观点。"我不确定 C 系列交易是否真的是促成波音和巴航工业合作的因素。但这无疑在确定与谁合作方面扫清了障碍。"

巴航工业内部人士有不同的看法。斯莱特里认识到,巴航工业很难独自与作为空客系列飞机之一的 C 系列竞争。在巴航工业与波音的

① 约翰·斯莱特里极力捍卫 E175－E2 飞机,声称它在合资企业中未来可期。

合作宣布之后，在获得欧盟监管部门批准之前，斯莱特里就在争取E190启动客户捷蓝航空公司的订单。捷蓝航空公司想要更换机型，主要是因为通用电气公司的CF-34发动机的维护费用高昂，这点令人失望。捷蓝航空公司无限期推迟了接收最后一批订单的时间。

在争夺捷蓝航空公司订单的时候，斯莱特里提供了E195-E2飞机，当时拥有C系列项目的庞巴迪公司提供了CS300飞机。业内消息人士认为，随着最终决定时间的临近，巴航工业领先于庞巴迪公司。斯莱特里当然也是这么想的。

2018年7月1日，空客收购C系列的交易正式生效。没过几天，空客突然介入并提出，如果捷蓝航空公司订购新命名的A220-300（CS300）飞机，可以以优惠的条件将未完成的A320neo订单变更为A321neo。捷蓝航空公司接受了空客的提议，订购了60架A220-300，以及达成了相同数量的选择权订单。空客也获得了A321neo订单。沮丧的斯莱特里对此无能为力。一旦巴航工业商用航空公司成为波音的一部分，波音将能够利用7系列飞机达成类似的"全球"规模交易。

康纳将巴航工业的工程人才排在服务业务之前，这一点尤为重要，因为航空航天专业工程师雇员协会（波音工程技术人员工会）的2017年数据表明，在未来5～10年内，波音将有5 000多名工程技术人员达到退休年龄。

然而，相比之下，巴航工业更加需要波音。从工程角度来看，E2项目的研发工作已接近尾声。斯莱特里希望在2019年初推出一个有2款机型的全新涡桨飞机项目，座级为70～90。然而，到2019年底，他仍然没有达成目标——这与波音努力完成新中型市场飞机商业案例的过程如出一辙。

斯莱特里说他需要涡桨飞机项目来让工程师们忙碌起来。原本的期望是，波音需要这些工程师来协助完成新中型市场飞机的研发工作，填补航空航天专业工程师雇员协会退休人员的空缺。2019 年 3 月 13 日,波音 737 MAX 停飞,这款新飞机在 5 个月内发生了两起事故,造成 346 人死亡。这打乱了波音推出新中型市场飞机的时间安排。波音在 2019 年初表示将推出新中型市场飞机,并在年底前启动该项目,现在这个项目被无限期推迟。

根据波音和巴航工业在 2018 年初宣布成立合资企业时签署的谅解备忘录,波音巴西商用飞机公司负责未来 100~150 座级飞机的研发工作。这意味着波音将负责 180 座及以上飞机的所有工作,尽管巴航工业可以并将参与研发和供应新中型市场飞机。

2018 年 6 月,在巴航工业总部举行的范堡罗航展前简报会上,斯莱特里对聚集在此处的国际记者表示他对巴航工业的未来持乐观态度。"交易已进入反垄断豁免程序。我们在这方面取得了实质性进展,但不同司法管辖区的进度由各自规范决定,我们正在按照他们的时间表开展工作。我想说的是,我们正积极参与其中。我们的团队非常坦诚地向全球各个当局提供所需的所有信息。这一过程仍在继续,并将持续数月之久。"

斯莱特里解释道,巴航工业正在经历将巴航工业商用航空公司从整体公司(全球各地的人员和基础设施)中剥离的过程,并确定哪些业务转移到波音巴西商用飞机公司,哪些业务留在巴航工业。"根据我们得到的市场指导信息和内部计划,这笔交易预计在年底前完成。"斯莱特里说。

空客和庞巴迪公司的合作迅速获得了国际监管部门的批准。毕竟,庞巴迪公司几近破产。事实上,审批程序比原计划提前一个月完成。巴航工业几乎没有理由相信,与波音成立的合资企业将面临漫长的审批过程。

斯莱特里在同一场简报会上概述了合作给巴航工业带来的好处。"如今,50 个国家/地区的 75 家运营商正在运营 E-Jet 飞机。波音 737

的运营商有 400 多家,再加上宽体飞机,波音飞机的运营商甚至更多。"他说,"我们需要接触其中一些客户。如果这些航空公司目前没有运营我们的飞机,那么很难与它们直接接触。要实现协同增效,首先要做的显然是在销售团队向航空公司提供报价后,以最佳方式开展工作,坦率地说,现在的报价比以往更具灵活性。"

斯莱特里还表示,波音在供应链方面的影响力将能够降低 E2 的生产成本。此外,他告诉记者,波音巴西商用飞机公司将在波音新中型市场飞机的研发中发挥作用。"巴航工业的工程能力是波音巴西商用飞机公司的关键组成,也是波音在把握机遇时对外界的关键吸引力。我希望,无论是在新中型市场飞机研发还是其他项目上,波音巴西商用飞机公司都将根据波音的要求在工程方面为波音添砖加瓦。当波音希望我们进行各种业务打包和其他垂直整合时,我们可以为波音增加真正的价值,例如我们的起落架车间。"

斯莱特里对成立合资企业并顺利获得全球监管部门批准所持的态度过于乐观。波音和巴航工业必须获得 10 个司法管辖区的反垄断审批,除了欧盟,其他管辖区都进行了及时审批。人们怀疑欧盟是在拖延时间,是为了报复特朗普政府与欧盟之间的贸易战,特别是对空客飞机征收进口关税。欧盟官员否认了这一说法,但私下里,巴航工业高管得到了暗示,情况确实如此。

欧盟要求巴航工业提供过去 20 年的交易文件,数量达到数十万页,远远超过其他 9 个政府的要求。欧盟的一些相关人士认为,巴航工业的小型 E-Jet 飞机与波音和空客飞机的市场竞争并不激烈,仅为这两个巨头提供了定价准则。而如果巴航工业商用航空公司成为波音的一部分,这种定价准则就会消失[①]。

[①] 一位波音民机集团前首席执行官告诉作者,他曾告知巴航工业,如果巴航工业设计 E2 来与波音直接竞争,他会通过让新机价格大涨来终结它们。

这是一个荒谬的建议，只会让欧盟是在拖延时间以报复特朗普政府的说法更加可信。即使巴航工业为欧盟提供了越来越多的文件，官员们的要求也只会越来越多。不难得出结论，造成审批延迟的真正原因是政治问题而非反垄断。然而，随着庞巴迪公司退出小型喷气式飞机市场以及巴航工业商用航空公司可能被并入波音，四家主制造商将变为更大的两家主制造商。

庞巴迪公司推出的 C 系列飞机在当时是一款"颠覆性的"飞机。空客随后推出了 A320neo 飞机。波音用波音 737 MAX 进行反击，巴航工业紧随其后推出了 E2 系列飞机①。斯莱特里的得意之作——涡桨飞机——没有取得任何进展。巴航工业至少从 2015 年起就开始研究一款新的涡桨飞机。随着 E2 在 2013 年推出，巴航工业的产品研发实际上受到市场条件的限制，无法推出更大的新飞机。

这意味着在 E2 系列之后的 E3 涡桨飞机是替代方案。然而在2015 年，巴航工业管理层对这个想法反应冷淡。涡桨飞机的研发成本与喷气式飞机的差不多，但 20 多年来，涡桨飞机的市场规模只有2 100～2 500 架飞机。当时，庞巴迪公司还在生产 Q400 涡桨飞机。尽管已消化了其储备订单，但市场份额仅为 15%～20%。法国空中支线飞机公司（ATR）拥有剩余的市场份额②。空客拥有 ATR 50% 的股份，如果愿意，它可以为新飞机的设计和研发提供资金及其他支持。意大利芬梅卡尼卡集团（现在的莱昂纳多公司）拥有另外 50% 的股份，它们想研发一款新飞机来取代老旧的 ATR 42/72 飞机。但时任 ATR 董事长的拉奥和空客商用飞机公司总裁的布利叶对此持反对态度。

---

① 俄罗斯的伊尔库特科学生产集团推出的 MC - 21，是 A320neo 和波音 737 MAX的竞争对手，但它的研发确实不是由 C 系列引发的。

② 出于讨论的目的，中国和俄罗斯的涡桨飞机，严格来说是面向各自国内市场的飞机，在此不予考虑。

拉奥说,新涡桨飞机的预期销量不会很多。虽然涡桨飞机在发动机技术和卓越的经济性方面存在优势,但其市场表现无法覆盖研发成本,同时为航空公司提供可观的经济收益。这样一来,航空公司将不得不花费比摊销后的 ATR 价格高得多的价格购买新飞机。其利用率也无法显著提高。因此拉奥表示,ATR 或航空公司根本无法获得投资回报。布利叶的观点更加现实。他表示,ATR 已经占据 80％～85％ 的市场份额,没有必要推出一款比 ATR 42 和 ATR 72 更好的飞机。

在接下来的数年里,早期的涡桨飞机研究毫无进展。到 2017 年底,斯莱特里对该项目的进展情况感到焦虑,但这个领域不再由巴航工业一家说了算。尽管在法律层面上波音无法对巴航工业的所作所为发号施令,但斯莱特里知道,在与波音合作成立合资企业悬而未决之时,巴航工业无法启动一项财务负担高达 20 亿美元的新飞机项目。

在接下来的 18 个月中,斯莱特里曾对媒体表示,如果没有波音的资金,巴航工业将无法承担和推进该项目,但这是给媒体的噱头,也是向欧盟施加压力。随着欧盟审批的久悬不决,斯莱特里的耐心已经耗尽。他接受了几家国际媒体的采访,抱怨欧盟审批进度缓慢和一直要求巴航工业提供文件。

2018 年 4 月 24 日,第一架 E190－E2 飞机在斯堪的纳维亚地区最大的支线航空公司——挪威维德罗航空公司(Widerøe)投入运营。2019 年,第一架 E195－E2 飞机在蔚蓝航空公司(Azul)投入运营。E2 系列的销售情况令人失望。E190－E2 是一款"中间型"飞机,有 108 座。尽管 E195 的现金运营成本比 E190 的高出约 8％,但增加 14 个座位的收入潜力要大得多(为 13％)。E175－E2 飞机在美国境外根本没有销售,美国天西航空公司(SkyWest)的 100 架订单是以放宽"范围条款"为条件的。会计规则要求巴航工业将这些订单从其储备订单中剔除。

斯莱特里一再承诺 E175-E2 将在美国以外的地区销售，但巴航工业在 2018 年、2019 年都没有获得任何订单。E190-E2 的销售疲软，E195-E2 的销售停滞不前。这位首席执行官声称，各大航空公司正在等待波音与巴航工业的合资企业成立后，才会订购飞机。这可能有些道理。此前，航空公司就是等待空客完成 C 系列的交易，交易一完成，订单纷至沓来。然而，这种比较并不是完全严谨的。航空公司确实对庞巴迪公司未来是否有能力生存并为 C 系列提供服务存疑，但几乎没有人怀疑巴航工业在没有波音的情况下的生存能力。

对于欧盟要求巴航工业提供更多资料的做法，斯莱特里无能为力，只能遵从，并对审批工作一再拖延感到愤怒。

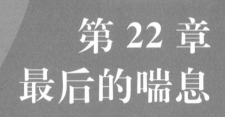

第 22 章
最后的喘息

"我们对此很不高兴。"

　　——欧洲宇航防务集团联合首席执行官汤姆·恩德斯在2017年迪拜航空展上谈阿联酋航空公司 A380 的失败

　　在 2016 年和 2017 年，空客和波音各自都面临着挑战。首架配备普惠 GTF 发动机的 A320neo 飞机于 2016 年 12 月交付。当时几乎没有迹象表明，GTF 发动机的使用将带来灾难性的后果。CFM 发动机交付延迟也影响了 A320neo 项目的进程。A350 飞机的生产也滞后了。2016 年中，图卢兹 A350 飞机总装线上有 40 架处于不同交付状态的飞机，但交付的飞机寥寥无几。在交付给客户的 50 架 A350 中，只有 9 架是在前 5 个月交付的。

　　2017 年 5 月，波音 737 MAX 距离首次交付狮航集团旗下马印航空公司还有 5 个月的时间。波音称，在波音 787 飞机推迟三年半和波音 747－8 飞机推迟 2 年交付之后，波音终于可以如期交付，这是人们期待已久的。诚然，波音 737 MAX 的预算超支，但与 2 款双通道喷气式飞机相比，超出的 20 亿美元只是九牛一毛。

　　尽管如此，CFM 发动机的交付延迟和供应链零部件交付问题仍让波音头疼不已。在 2018—2019 年，毫无迹象表明波音 737 MAX 会面临灾难。与早期波音 787 不同，波音 737 MAX 的运营状况总体良好，经济性也达到预期。

　　空客继续受到贿赂调查和内部干扰的影响。A320neo 飞机的发动机问题给空客及其客户带来巨大的麻烦。空客一度有大约 100 架制造好的 A320neo 飞机停放在图卢兹和汉堡机场,但这些飞机没有安装发动机。

"我们制造滑翔机已经有一段时间了。"威廉姆斯在 2016 年 5 月的范堡罗航展前的简报会上坦言。发动机交付要想赶上机体生产还需要很长一段时间,但这些问题会随着时间的推移得到很好的解决。航展上两家主制造商主要展示 A380 和波音 747-8。

空客管理层不愿放弃 A380,该飞机在公司内部被许多人视为商业产品线中最负盛名的机型。A380 没有波音 747 那样光滑优雅的线条,事实上,它相当笨重和迟钝。但从技术上来讲,A380 是一款非常优秀的飞机,尽管在 2008 年投入使用时其发动机已经落后了半代。从研发之日起,A380 的大小就充满争议。

恩德斯偶尔会承认,如果 A380 载客量达到 80%,那将是一个很好的赚钱工具。否则,这对航空公司来说是很难具有良好的经济效益。以标准的 550 座计算(一些航空公司的布局低于 500 座),80% 的载客量等于搭载 440 名乘客。对于波音 777-300ER,典型布局为 365 座,80% 的载客量意味着航空公司必须卖出 292 个座位。这对航空公司在淡季或稀薄航线的风险承受能力影响很大。此外,虽然 A380 的座英里成本较低,但其行程成本(trip costs)远高于波音 777-300ER 的。

阿联酋航空公司在一些非常规航线上使用 A380(比如迪拜—英国曼彻斯特),但为了提高客座率,机票价格必须提供大幅折扣。这与长期以来为特定航线配备合适大小飞机的做法背道而驰。然而,一位空客高管曾表示,阿联酋航空公司针对 A380 制订了专门的商业计划。

空客还将期望放在了中国市场,但中国政府只批准了总共 5 架 A380 的采购订单(所有飞机订单需由中国政府签订或批准)。这些订单来自中国南方航空公司。正如空客中国公司总裁劳伦斯·巴伦所说，与大多数西方同行一样，中国航空公司害怕无法填满这些庞然大物。

当波音推出777X项目时，系列中较大的机型波音777-9被设计为425座（此后这个数字增加到450左右）。波音777-9的经济性预测表明，其座英里成本比更大的A380的要低，或者在最坏的情况下，与A380的相同，但其行程成本至少要低10%。尽管许多航空公司仍然认为波音777-9太大了，但与A380相比，较低的载客量意味着波音777-9的运营风险较小。

正是在这种背景下，空客开始提出降低座英里成本和提高经济性的想法。想要A380具备能与波音777-9竞争的经济性，就得安装新的发动机。鉴于A380的销量不佳，罗罗和发动机联盟公司都对研发新发动机不太感兴趣，甚至都不愿意升级现有的发动机（比遄达900或GP7200更先进）。

这是克拉克的首选方案。除非空客承诺更换新发动机，他不想订购更多的空客A380。除非在阿联酋航空公司之外还有其他客户，否则空客和发动机制造商不想承诺研发新发动机，而实际上并没有其他客户。因此，空客制订了一系列权宜之计来提高飞机经济性。空客在2017年巴黎航展上公布了A380 plus的概念。

空客在A320系列飞机上加装了鲨鳍小翼（以平滑曲线融入机翼的垂直机翼延伸部分），并取得了成功，因此空客提出在A380上也加装鲨鳍小翼，并表示这将减少4%的燃料消耗，增加300海里的航程，达到宣传的8500海里航程。维护成本的减少将有助于进一步降低飞机运营成本。

为了降低座英里成本，空客将经济舱布局从每排10座改为每排11座，以更多迎合低票价需求人群，而不是高端商务人群。加上对厨房和盥洗室的重新布局，以及客舱的其他改进，A380的座位可增加80个。

总而言之,空客预测升级后机型的座英里成本将比现有的 A380 降低 13%。座位宽度不会比同类的波音 777 差多少,但在汉堡举行的年度飞机内饰会议上,记者公开的一张照片嘲笑了 11 座布局的设计方案。样机里的机舱壁呈曲线,使得靠窗座位上乘客的脚部空间很狭窄。

然而,发动机问题仍然无法解决。罗罗和发动机联盟公司不想投资名义上的性能改进包。后来也均未发现两家公司有重大性能改进包投资的商业案例。A380 plus 遭到了市场的冷遇,没有人订购。

尽管如此,雷义和他的销售团队不愿认输,他们一直努力从阿联酋航空公司那里获得订单以维持该项目的运转。这是一个难以完成的任务,也是最后一搏。2019 年,恩德斯在退休数个月后接受采访时坦言,空客依赖阿联酋航空公司的订单来维持 A380 系列项目。"很明显,阿联酋航空公司的支持本质上关乎生存问题。有一段时间,我希望我们能在中国获得一份大订单,因为那是我们一直未能挖掘的潜在市场。想象一下,5 架飞机卖给中国。"

巴伦说:"航空公司不愿购买 A380。我认为它们感到害怕。"飞机太大了。"这款飞机在中国卖不动。后来,阿联酋航空公司也取消了订单。当初谁会想到阿联酋航空公司会订购 100 多架 A380 飞机呢?如果没有阿联酋航空公司,这个项目早在数年前就已经终止了。"

2017 年,雷义和恩德斯认为他们已说服克拉克订购 36 架 A380,并将在 11 月的迪拜航展上宣布。新闻稿已经准备好了,航展上用于宣布这一消息的房间也已经布置好了。实际上波音和阿联酋航空公司却打算在空客之后在同个房间宣布它们的订单。

到了约定时间,空客公关团队已经准备就绪,但没有空客高管进入房间,只有波音和阿联酋航空公司的高管出现。一位在场的空客公关人员认为,一定是波音先签了订单。果然,阿联酋航空公司和波音宣布双方已经签署购买 40 架波音 787-10 的谅解备忘录。然后他们离开了。

　　正如彭博新闻社发表的文章中所写的，这对空客和雷义来说非常尴尬，是一种公开的羞辱，而这笔交易为什么会告吹，一直是个谜。路透社在 2017 年 11 月 19 日的事件报道中写道："空客与阿联酋航空公司签约仪式的终止来得如此迅速，以至于已经就位准备参加双方签字仪式的空客公关主管发现自己在竞争对手的签约现场很尴尬，因为波音获得了阿联酋航空公司唯一的订单，价值 150 亿美元。"

　　两年后，这次事件仍然敏感和让人感到尴尬。在 2019 年 10 月的一次采访中，恩德斯声称他不记得为什么这笔交易会告吹。雷义不予置评，克拉克拒绝了多次采访请求。但两名知情人士表示，克拉克在阿联酋航空公司的上司，包括谢赫·艾哈迈德·本·赛义德·阿勒·马克图姆（Sheikh Ahmed bin Saeed Al Maktoum），都希望空客和罗罗在已经给出的价格基础上再优惠一些，并保证该项目能够持续 10 年，以及承诺投资研发 A380neo。双方都不愿意对此提供担保，故而最终交易失败了。

　　尽管空客在航展结束时获得了 500 架确认订单和承诺订单，主要得益于雷义与 4 家航空公司达成的交易（其中靛蓝伙伴公司是一家私募股权公司），但所有人的目光都集中在阿联酋航空公司的 A380 交易上。对雷义来说，靛蓝伙伴公司的交易本可以让他获得一笔不错的退休金，但航展上的头条新闻往往关于对项目的预期。外界对 A380 达成交易的期望是巨大的，期望越大，失望越大，负面新闻也是如此。这次交易失败后，随之而来的，是外界对于该项目未来的大量质疑。

　　然而，一直坚持不懈的雷义并没有就此罢休。2018 年 1 月 18 日，谢赫·艾哈迈德·本·赛义德·阿勒·马克图姆和雷义签署了购买 36 架 A380 的谅解备忘录。空客同意将该项目维持 10 年，但没有承诺研发 A380neo、A380 plus 和发动机性能改进包。事实上，空客根本没有任何发动机改进。这是雷义为空客达成的最后一笔交易。在接下来的一年中,克拉克未能与罗罗或发动机联盟公司就改进发动机达成协议。空客无法为 A380 找到更多客户。到 2019 年 2 月,空客决定放弃该项目。

恩德斯在 2019 年 4 月 1 日退休,他宣布最后一架 A380 将于 2021 年交付。新上任的首席执行官傅里将面对的是一个全新的局面。阿联酋航空公司取消了 36 架飞机订单中的大部分,转而签订了购买 A330neo 和 A350 - 900 飞机的谅解备忘录(当阿联酋航空公司在 2019 年迪拜航展上确认 A350 合同,并订购更多 A350 时,A330neo 的订单随即被取消)。

失败的案例

A380 为什么惨败?

- 波音的观点是:空客就是做了一个极其错误的产品决策。
- 雷义的观点是:发动机制造商为 A380 研发的发动机比其为波音 787 秘密设计的发动机落后了半代,这蒙骗了空客。
- 生产延迟严重影响了飞机投入使用的时间,也严重影响了市场需求。
- 非典疫情抑制了市场需求,随后 2008 年的金融危机又扼杀了市场对大型飞机的需求。
- A380 的问世早了 10 年。
- 事实证明,波音推崇的市场分割理论是正确的。从波音 767 开始,然后是 A330、波音 777 和波音 787,双发宽体飞机将瓜分市场。即便如此,空客低估了市场分割理论的影响。

从失败中宣告胜利

2019 年 5 月，也就是恩德斯退休后不到两个月，空客举行了年度航展前的新闻发布会。空客通过 A380 项目已减记了数十亿欧元。A380 一直被挂在世贸组织的黑名单上，仍然是"眼中钉"，直到后来美国总统特朗普对空客飞机征收关税，部分原因是世贸组织认定空客和欧盟没有解决 A380 的补贴问题。

德国政府向这个庞然大物提供的 6 亿美元的启动基金仍未收回。空客表示无意偿还贷款，还表示，终止该项目意味着美国/波音对 A380 财务援助的诉讼将没有实际意义。

在空客"创新日"晚宴上，傅里宣称，尽管 A380 的销售和财务状况都不佳，德国提供的巨额启动基金也将付之东流，但该项目还是取得了成功。屋子里的记者面面相觑，喃喃道："他疯了吗？"傅里是这样解释的：A380 虽然没有在销售上取得成功，但在工业上取得了成功。因为在 2006 年，A380 在总装过程中出现的问题暴露了法国和德国工厂之间在文化和工业上的不匹配，A380 正是在这些工厂生产和组装的。

A350 当时正处于项目起步阶段，从 A380 项目中获得的经验被应用到 A350 的生产实践中，项目进展得很顺利。A350 项目采用的流程已在更多的空客飞机上得到了应用。A350 的订单量接近 900 架。这种转变正是傅里所说的 A380 是空客成功的意义所在。

仔细推敲傅里的这番话，他没有说错。他后来说，没有 A380 就不会有 A350[①]。一位空客高管说得更简洁。他表示，如果没有 A380，空

[①] 恩德斯有不同的看法。在接受本书作者采访时，他认为空客选择推进 A380 项目是一个错误。

客就会"搞砸"A350。但这是一个"巧妇难为无米之炊"的典型案例。

努力让波音 747–8 保持活力

就在空客努力挽救 A380 项目时,波音最终还是放弃了客运机型波音 747–8I。卡森表示,在 2008—2009 年,波音在内部就是否推出波音 747–8 进行了讨论。早在波音 777–300ER 项目启动时(于 2004 年投入使用),波音内部就知道波音 747 的时代要结束了。当时一些人主张终止研制这款飞机。但也有人认为,这款享有盛誉的飞机太有价值了,不能放弃。

波音 747–8F 具有独特的前鼻货舱门。该型号只占货机市场 5% 的份额,其价值主张正在下降。双发波音 777–200LR 的购买成本更低,运行成本也更低,而且在大多数情况下,飞机大小更符合市场需求。通常情况下,负载是定向的。由于波音 777–300ER、A330–300 和即将推出的 A330neo,波音 787 和 A350 具有巨大的腹舱载货能力,波音 747–8F 很难卖出去,但也并非不可能。只要波音要制造波音 747–8F,那么研发和制造波音 747–8I 客运机型的成本就不会增加太多。

尽管如此,正如康纳所说的"声速巡航者",波音 747–8I 是一款"四不像"飞机。它的市场定位介于波音 777 和 A380 之间。如果波音 747–8 没有经历 2 年交付的项目延期,那么在 A380 延迟 2 年交付的这个当口,该机型可能会取得更好的销售成绩。然而,波音浪费了这一时机,波音 787 的失败对波音 747–8 的研发和投入使用造成了影响。

2009 年 2 月,《埃弗里特先驱报》《环球飞行》和《利厄姆新闻》均报道波音正在评估该项目。"波音正在重新评估波音 747–8I 项目的可行性,"《利厄姆新闻》写道,"据称这次重新评估是一项完整的项目分析,包括是否继续研发货机机型，降低生产速度（慢于最初的预期）；是否取消研发客运机型或取消整个项目。"一旦项目开始，取消的可能性不大，波音最终决定继续推进该项目。

在 2016 年第二季度向美国证券交易委员会提交的 10－Q 季报文件中，波音承认将会终止该项目。波音写道："大型商用客机和货机的市场需求低于预期，全球货运量增长慢于预期，这些因素继续导致市场不确定性、定价压力增加，订单少于预期。因此，在 2016 年第二季度，我们取消了之前的计划，即从 2019 年开始恢复月产 1 架飞机的生产速度。"

波音在本季度减记了 11.9 亿美元，2015 年下半年和 2016 年第一季度分别减记 8.85 亿美元和 7 000 万美元。波音公开表示："如果我们无法获得足够的订单和市场，生产和其他风险无法减少，我们可能会面临巨大的额外损失，我们有理由决定停止生产波音 747。"波音放弃了波音 747－8I，但以每月半架的速度生产波音 747 货机，直到 2020 年 7 月宣布最后一架波音 747 货机于 2022 年交付。

第 23 章
字母飞机

"这是一个吸引我的市场。"

——波音销售主管约翰·沃吉克，2014年7月

空客和雷义为了迫使波音为波音737更换新的发动机，而不是推出一款全新的飞机来取代它，进行了一场数十亿美元的高风险博弈，最终，空客在这场博弈中获得了回报。雷义赢得了美国航空公司的订单，波音决定推出最终命名为波音737 MAX的产品——至少确立了未来15年的单通道市场格局。这巩固了空客飞机对波音737的领先优势。

最初，波音737 MAX这一名字在业界反响平平。据内部人士透露，首席执行官麦克纳尼向波音民机集团管理层询问了对换发的飞机有什么备选代号可供选择，但没有一个建议让人眼前一亮。业内人士表示，MAX最终源于最大效率（maximum efficiency）、最大航程（maximum range）和最大的经济性（maximum economy）。

2012年，波音开始研究可能取代波音757的产品。波音757是在20世纪70年代设计的，用于替代波音727。波音757于1978年8月获得首批订单，并在1983年1月1日由美国东方航空公司首次投入运营。

波音757最初仅提供一种型号，即波音757-200，在标准两舱布局下可载客180～200人；在高密度单舱布局下，可载客239人。较小的波音757-100没有继续研发。更大的波音757-300可载客243～280

人,于 1999 年由专营包机业务的神鹰航空公司投入使用。波音 757 系列共生产了 1 049 架,其中波音 757 - 300 仅为 55 架。

波音 757 - 200 最初的宣传航程约为 3 200 英里,主要服务于美国国内航线。该机型还未获得双发延程飞行认证。

波音 757 - 200 炙手可热。它的大机翼让飞机能在满载状态下在高原高温机场和短跑道起降。当时其经济性令人印象深刻,远远好于波音 727 - 200A。然而,到 20 世纪 90 年代末,波音 757 逐渐衰落。随着燃油成本不断攀升,波音 757 的运营成本也越来越高。罗罗和普惠发动机的大修费用也很高昂。更重要的是,波音在波音 737 - 800 的基础上加长机身推出 737 - 900,这是一款两舱布局下座位数为 189 个的飞机。虽然波音 737 - 900 比波音 757 - 200 略小且航程更短,但它能以更低的运营成本执飞原本由波音 757 执飞的大部分美国国内航线。当波音将波音 737 - 900 改进为航程更长的波音 737 - 900ER 时,由于该机型灵活性更高,进一步蚕食了波音 757 的市场份额。对于航空公司而言,波音 737 - 900ER 不仅运营成本更低,而且售价也比波音 757 的低约 2 000 万美元。

从波音的角度来看,波音 757 的生产成本变得很高。伦顿的波音 737 生产线已经进行了现代化改造,自动化程度更高,效率更高,同一栋大楼里的波音 757 生产线却没有进行现代化改造。一位波音高管表示,波音 757 的装配成本上升到公司每交付一架波音 757 就亏钱的程度。

"9·11"事件敲响了波音 757 的丧钟。波音飞机的客户主要在美国,主要运营商是美国航空公司、达美航空公司、西北航空公司、美国联合航空公司和美国联合包裹运送服务公司(货机运营商)。美国西部航空公司和大陆航空公司也是波音的客户。在"9·11"事件之后,美国运营商受到的冲击最为严重,对波音 757 的需求也随之减少。最后一架波音 757 于 2004 年下线，交付给了一家中国航空公司。

在 2001—2011 年，波音提出了一种双通道概念，最终被称为新轻型双通道飞机（new lite twin，NLT）。早期的概念在美国专利局申请到了专利。波音内部还曾讨论过推出一款飞机取代波音 757，用于中间市场。随着时间的推移，市场目光从新轻型双通道飞机转向了新型小型飞机（NSA）。在当时时代的背景下，NSA 不仅代表新型小型飞机，也被误解为是新型单通道飞机。

一位波音前雇员表示，对于波音来说，在失去美国航空公司的独家采购权，让主推 A321 的空客分得一部分订单时，"我们意识到波音陷入困境，波音 737 - 900ER 无法获得市场份额，本属于波音的市场已拱手让给空客。我们打算将波音 737 - 800 和新飞机波音 737 MAX 8 作为市场的核心。这也引发了业界对新中型市场飞机的讨论，至少在早期阶段是这样的。"

NMA 是新中型市场飞机（new midmarket airplane）的缩写，最终取代了中间市场（MOM）这一代号。在飞机概念的演变过程中，波音经常更改其非正式名称。例如，新轻型双通道飞机和中间市场是新型小型飞机和新中型市场飞机在不同时期的不同名称，但都是指同一款飞机。在许多方面，字母飞机象征着波音在开发商业产品时所面临的挑战。波音就是无法下定决心。

波音管理层认为中间市场是波音 737（当时中间市场下限是波音 737 - 900ER/737 MAX 9）和波音 787 - 8 之间的市场。有了康纳的类似波音 757 的替代概念，中间市场是合乎逻辑的。然而，随着这一概念逐渐演变为波音 767 的替代品，并且一旦波音 737 MAX 10 推出，中间市场的定义就变得模糊不清。

波音 787 - 8 在推出之初销售火爆，但之后表现不佳。从生产的角度来看，波音 787 - 8 和波音 787 - 9/10 之间没有太多共通性。波音承认,波音787-8的利润率远低于同系列中较大的机型。根据波音的计划,到2020年,波音787-8的产量将减少到每月1架①。

新中型市场飞机保留了部分波音767的设计,这意味着NMA-7(两个型号中较大的一个)的运力已接近波音787-8。NMA-7的航程为4 500海里,远短于787-8的7 200海里,但一份关于航空公司航线运营的独立分析显示,只有35%的航线航程在5 000海里或以上。这意味着NMA-7可以完成波音787-8执飞的大部分航线,其余的航线可以由波音787-9来完成。

NMA-6的座位数为220座,被认为其目标市场在波音737 MAX 9之上。在波音推出可搭载210名乘客的波音737 MAX 10后,NMA-6将与波音737 MAX 10的市场重叠。NMA-6的航程为5 000海里,远长于737 MAX 10的航程(3 200海里)。但是,如果波音能成功地降低NMA-6的运营成本,与性能平平的波音737 MAX 10持平,那么NMA-6将是一款更加灵活和性能更好的飞机②。不管怎样,波音737 MAX 9和波音737 MAX 10被证明是"大伤口上的小创可贴——无济于事"。2013年波音777X项目启动后,波音开始公开讨论波音757替代机型的前景。

在2014年7月的范堡罗航展上,《华尔街日报》采访了时任波音销售主管约翰·沃吉克。"这是一个吸引我的市场。"该报引述沃吉克的话:"我们正试图弄清楚这个市场到底有多大,飞机到底需要具备怎样的效率。"沃吉克表示,"如果您问我,我认为在这个细分市场上,我们可以比前一年推出的A330neo更有针对性。"

---

① 波音787-8缺乏与波音787-9/10的生产共通性,是早期对波音787-8进行重新设计造成的。波音最终会将波音787-9/10的后机身设计应用到波音787-8上,以提高生产共通性,同时降低波音787-8的生产成本。在2020年新冠疫情暴发后,波音就如何增加产品间的共通性、降低生产成本和使波音787-8更具吸引力开展了进一步研究。

② 波音737 MAX 10飞机是专为瑞安航空公司设计的。

报道继续说，沃吉克设想的飞机座级为 200～300 个，航程为 5 000 海里，能够飞行约 10 小时。《华尔街日报》报道，"波音可能采取的方案包括为单通道波音 737 安装新的机翼、发动机，并加长机身；缩短'梦想飞机'（波音 787）的机身，或者设计一款全新的飞机。"

波音还考虑重启 2005 年停产的波音 757 生产线，当时工装被保留并储存了起来。波音还考虑过为波音 757 更换发动机。换句话说，波音当时在考虑所有可能的方案，这是其一贯的做法。

到 2015 年，"波音 757 替代品"成为波音 767 替代品。与 2011 年的 NLT 737 项目计划推出 180 座左右的新飞机系列不同，MOM 和 NMA 将这一概念升级为有 2 款机型的飞机系列，座位数为 225 个，最终增加到 270 座。"波音 797 - 6"的航程增加到 5 000 海里，"波音 797 - 7"的航程增加到 4 500 海里。卵形复合材料机身与 NLT 的设计概念相同。这是匹配单通道飞机每座英里成本的关键。

空客不出所料地摒弃了经济性目标，但独立分析认为，波音 797 - 6 复合材料飞机的经济性可以与 A321neo 的匹敌。只有加长的 A322（增加 12 个座位，配备新机翼和新发动机），才能保持空客的优势。波音还必须确保生产成本与单通道飞机的成本持平。曾在华尔街航空分析师赞助的投资者活动中现身的米伦伯格在接受采访时表示，生产对 NMA 商业计划至关重要。

米伦伯格没有具体说明，但波音告诉其潜在客户，NMA 计划包括以月产 20～30 架的速度生产飞机。这远慢于波音 737 的生产速度，但比以往所有双通道飞机的生产速度都快。以预期的市场需求估计也无法维持这一生产速度，但这并不是问题的关键。

波音的目标是将波音民机集团的 7 系列飞机、军用 T - X 喷气教练机和 MQ - 25 无人机的先进制造工艺整合到一款商用飞机中，这还是第一次这样做。波音希望 NMA 的中速生产为高速生产奠定基础，并降低整个过程的风险。波音至少向一家航空公司介绍了生产概念：将机身纵向分为两部分，以安装系统，然后在总装时进行对接。

波音认为 MOM 的市场需求为 4 500 架飞机。空客和其他公司认为，NMA 的市场需求实际仅有 2 100～2 400 架，投入使用的时间为 2025 年，如果 NMA 的研发工作在 2018 年启动，空客希望占据其中至少一半的市场份额①。多位消息人士称，波音内部也知道市场需求约为 2 100 架，4 500 架这个数字是给公众看的。阿尔博在接受本书作者采访时证实了 2 100 架这一数字。

一个由 2 款机型组成的飞机系列，2 100 架的市场潜在需求被空客和波音瓜分，前景并不乐观。但如果波音将其设计的一个有 3 款机型的飞机系列投入市场，就像最初的 NLT 计划一样，需求将激增至 9 000 多架。这个商业案例能够获得成功。波音没有就这一点（或任何其他问题）向本书作者做出回应。

在就新中型市场飞机的商业案例和市场规模展开讨论的同时，米伦伯格成立了波音全球服务集团（Boeing Global Services，BGS）。波音将波音民机集团的波音商用航空服务部门和波音防务、空间和安全集团（Boeing Defense，Space and Security，BDS）的相似支持部门合并为一个新的业务部门，米伦伯格将波音全球服务集团视为一个利润中心，凭此可以获得波音民机集团和波音防务、空间和安全集团都无法达到的利润率。

波音民机集团的价格竞争面临来自空客的巨大压力。波音防务、空间和安全集团的产品定价也如此。2011 年，为了获得 KC-X 加油机合同，波音不得不从第二轮竞标时开始大幅降价。首席执行官麦克纳尼承认，2011 年的加油机合同本身不会盈利。他预测，随着时间的推

---

① 波音每年推迟启动一个项目，意味着空客将出售更多的 A321neo 飞机，从而侵蚀中间市场的低端市场份额。

移，未来的加油机订单和服务合同将使该项目获得财务成功①。

最初，米伦伯格和其他人表示 NMA 是一个独立的项目。换句话说，波音希望该商业案例的成败将由飞机销售是否盈利来决定。他们说，不需要波音全球服务集团的合同来支持这一商业案例。

波音全球服务集团新任命的首席执行官斯坦·迪尔（Stan Deal）在 2017 年范堡罗航展上接受采访时表示，将服务与新中型市场飞机销售合同挂钩，并不是结束商业案例的必要条件。然而，一年后，情况发生了变化。在巴黎航展上接受同一名记者的再次采访时，迪尔表示，将服务与销售联系起来现在对商业案例很重要。

雷义、恩德斯和其他人声称 A321neo 和 A330 - 800 覆盖了中间市场。这是一厢情愿的想法。最初于 2010 年 12 月启动的 A321neo 比 A321ceo 更好，并且在非双发延程飞行任务中肯定可以替代波音 757。但作为一款跨大西洋飞机，它还不够格，其航程太短。

2015 年 1 月，空客推出 A321LR 飞机，并获得了航空租赁公司（Air Lease Corporation，ALC）的订单。A321LR 的宣传航程为 4 100 海里，比波音 757 的多 100 海里。实际上，向西飞越大西洋（主要的目标市场），同时考虑到飞行过程中可能的滞留时间和备降时间，这意味着包括 A321neo 在内的大多数飞机的航程都比宣传的航程缩短了 20％。

A321LR 虽然比标准型 A321neo 好，但其航程仍然不够。因此，空客再次更改设计，推出 A321XLR，其宣传航程为 4 700 海里。空客于 2019 年 6 月在巴黎航展上宣布启动 A321XLR 项目，计划 2023 年投入使用。ALC 再次成为启动客户。

A300 - 800neo②（A330 - 200ceo 的换发型号）是一款非常大的飞

---

① KC - 46A 的一系列技术和生产问题导致波音在早期与军方签订的合同中承担了 50 亿美元的费用，这比预期的要高。

② 译者注：此处应为作者笔误，实际型号应为 A330 - 800neo。

机，尽管采用了新发动机和新机翼，但在经济性上根本无法与 NMA - 7（波音 797 - 7）竞争。独立分析得出结论，A330 - 800neo 的运营成本将比 NMA - 7 的高两位数百分比。这款飞机只是针对不同任务设计的。

NMA - 7 的设计航程为 4 500 海里。这意味着 A330 - 800 虽然运力相似，但考虑到其 7 500～8 150 海里的航程，其自重将达到数吨。NMA 的技术也比 A330 - 800 领先数年。A330neo 仍然采用金属机身。机翼虽然经过改进，但机身和系统依旧沿用 20 世纪 80 年代后期的设计。其配备的罗罗遄达 7000 发动机本质上是波音 787 的遄达 1000，只是将非引气系统更换为引气系统。这是 21 世纪初诞生的技术。

波音对比 A330neo 和波音 787 得出的结论是，空客必须将 A330neo 的售价定为 5 000 万美元，才能抵消波音 787 具备的高经济性优势。抛开波音在任何此类分析中固有的偏见不谈，其基本观点是完全正确的。当然，空客无法做到这一点。它也不能指望将 A330neo 的价格降低到足以抵消 NMA 相对于 A330 的两位数巨大经济性优势的程度，这一差距远大于波音 787 和 A330neo 之间的经济性差异。

然而，空客并没有被自己关于 A330 - 800 覆盖高端中间市场的公开言论所愚弄。公司管理层玩的是与波音同样的游戏，目的是让市场对竞争对手的新飞机概念产生怀疑。分析人士仍对 NMA 项目持怀疑态度。

在 10 月 21 日举行的 2015 年第三季度财报电话会议上，美银美林集团的罗恩·爱泼斯坦（Ron Epstein）向米伦伯格询问了波音产品的市场潜力。米伦伯格说："我们仍然认为这是一个细分市场，但是一个重要的市场，我们正在与客户商谈。我们今天看到，该市场主要由波音 737 MAX 8/9 系列提供服务，高端市场由波音 787 提供服务，我们认为这在很大程度上已满足该市场的需求。"他补充说，波音 737 MAX 9 满足了"其中的一些需求，更多的是中端市场的需求。因此在短期内，我们认为我们目前的产品线是该细分市场的正确选择。"

一年后，在 2016 年第三季度财报电话会议上，分析人士迈尔斯·沃尔顿（Myles Walton）询问了波音填补波音 737 MAX 和波音 787 之间空白的计划。米伦伯格回应说："我们有不同的方案来满足这些市场需求。其中包括继续交付我们现有的飞机，交付波音 737 MAX 和波音 737 MAX 7/8/9 的全系列，以及继续提高波音 787 的产量，以满足客户未来的需求。最终，我们可能只需要按照当前项目状态交付飞机。我们还在继续研究是否研制加长型的波音 737 MAX。"

事实上，这个加长型就是波音 737 MAX 10，其载客量直接对标 A321。虽然标准型 A321neo 和波音 737 MAX 10 的航程大致相同，但 A321neo 的机场起飞性能要更好。由于起落架较短，波音 737 MAX 10 在起飞时的旋转角度只有 6.5°（波音 737 MAX 9 为 7.5°），远小于 A321 的。与波音 737 MAX 10 相比，A321neo 更适用于短跑道，并且在高温或高温高原环境中的表现也更佳①。

从长远的角度来看，米伦伯格告诉沃尔顿，"我们将继续研究所谓的中间市场飞机。我们与客户的沟通很有成效，巩固了我们的市场基础。一方面，如果我们决定研发这样一款新飞机，那么这款飞机大概率会在 2024 年或 2025 年投入使用。另一方面，我们将在这 10 年内完成对加长型波音 737 MAX 的研发。就是为了让你了解一下时间安排。我们有可能同时进行这两项计划。我们有能力同时推进这两件事，而且合理的时间安排和分阶段进行的做法也使我们能够做到。我们正在寻找一整套解决方案，在接下来的数月里，我们将进行决策。"

米伦伯格表示，可能需要数月的时间才能做出关于中间市场飞机

---

① 尽管波音 737 MAX 10 有种种缺点，但增加的运力使其比波音 737 MAX 9 对航空公司更具吸引力，尽管后者航程更长。

的决定。事实上，这些研究会一拖再拖，主要是因为波音无法完成商业案例。他还明确表示，MOM 项目将在波音 777X 项目完成后进行，而不是同时推进，以保持拥有充足的研发资金。这是维持股东价值的关键。

米伦伯格告诉沃尔顿，"这些都不会对未来 5 年内的研发状况产生重大影响，因此从这个角度来看，我们是稳定的，所有这些都完全支持我们实现现金同比增长的计划。"控制研发支出和保持股东价值只是暂缓 NMA 项目中众多因素中的两个。成本自然是另一回事，但这无关 NMA 飞机本身。

2016 年 2 月，康纳在一次内部领导层例会上告诉公司雇员，公司需要削减现有飞机的生产成本，以获得足够的资金来研发新的飞机，比如 MOM 飞机。康纳说波音有一条"可以杀敌制胜的产品线"，但他也谈到一个基本问题，通常管理层不愿承认：波音的市场份额很低。

"我们面临的挑战实际上是如何降低成本，使我们能够积极与其他飞机制造商竞争，赢得市场份额。"康纳告诉雇员，"我们不能只获得储备订单份额的 46%，只获得单通道飞机订单的 37%。我们必须提高市场份额，赢得胜利。"2017 年和 2018 年，波音仍未决定是否继续研发 NMA 飞机。高效和先进生产技术仍然是商业飞机的关键组成部分。

在 2018 年第三季度财报电话会议上，彭博新闻社的朱莉·约翰松（Julie Johnsson）在谈到生产时提出了一个一针见血的问题，尽管她的表述相当温和。她说："格雷格，您提到波音在考虑 T-X 和 MQ-25 等产品的商业案例时，会选择性地考虑长期市场机会。这种思维和这种战略视角是否会延续到 NMA 飞机上？ 如果会，波音会如何对冲风险和控制研发成本？"

T-X 和 MQ-25 是防务项目，是先进制造技术的来源地，对 NMA 飞机，或者下一款新飞机而言至关重要。波音首席财务官格雷格·史密斯说："我想说的是，MQ‐25 和 T‐X 比我们通常认为的能带来更多好处，我们有机会借此推出商用型飞机。丹尼斯表示，我们在这些项目上做了很多工作，正在研究如何提高我们在 NMA 项目上的效率和生产力，以及如何降低 NMA 商业案例的风险。我们有 NMA 团队，我们派驻波音 787 团队参与 T‐X 项目，T‐X 团队也参与 NMA 和波音787 项目。"

在财报电话会议举行后的第 3 天，狮航一架新的波音 737 MAX 8（航班号 JT610）在起飞 13 分钟后坠毁在爪哇海。最初波音认为事故可能是飞行员操作失误造成的。事实证明，这次事故只是一连串事件的开端，随后 2019 年 3 月第二架波音 737 MAX 8 坠毁，两起事故共造成 346 名乘客和机组人员死亡，NMA 项目也宣布取消。

NMA 到底是一款什么样的飞机？这个问题问得好。在公开场合，这一概念从波音 757 替代机型演变为波音 767/A330 替代机型（以及波音 757 和其他飞机），包括 220 座、航程 5 000 海里的 NMA‐6 和 270座、航程 4 500 海里的 NMA‐7 两款机型。飞机将采用卵形复合材料双通道机身设计。至少波音是这样公开表示的，但事情并没有这么简单，如果"简单"可以适用于描述任何飞机项目的话。

波音对 NMA 项目异常守口如瓶。这究竟是因为无法完成商业案例，还是因为管理层想给空客留个悬念，目前尚无定论。可能是出于多种原因。以下是供应商、航空公司、租赁公司以及愿意分享有限信息的波音内部人士提供的信息。

● 人们一致认为波音决定 NMA 采用复合材料，但也有一个团队在研究是否采用金属机身。在不同时期，波音在两个选项间来回摇摆。波音无法从金属机身中获得所需的经济性，从而以单通道飞机成本为航空公司提供双通道飞机。

● 这款飞机从波音 757 的大小变为波音 767‐200/300 的大小。

● 罗罗、普惠公司和通用电气公司(CFM公司)花费大量的时间和金钱研究NMA的发动机，事实上，它们还提交了建议书。罗罗最终退出，但普惠公司和通用电气公司继续跟进项目。波音希望发动机制造商提供一笔九位数的资金支持("付费参与")。当然，这一费用从未对外公开，有消息称费用为2.5亿美元左右。然而这个数字从未得到证实。

● 人们一致认为，虽然航空公司希望有其他的发动机可供选择，但最终机型只能提供一种。波音内部人士表示，通用电气公司或CFM公司将成为赢家，但普惠公司对此表示异议。通用电气公司和CFM公司与波音有着长达数十年的合作关系，当时，普惠公司正全力解决A320neo齿轮传动涡扇发动机的可靠性问题。在普惠公司退出波音787发动机竞争后，其与波音之间的关系也变得很糟糕。

● 波音在2019年之前一直公开坚持NMA于2025年投入使用的计划。很少有人相信这一点。一方面，发动机要到2027—2029年才能准备好。罗罗首席执行官表示公司退出的原因是无法在波音期望的时间内提供发动机。罗罗需要花费数十亿美元来解决遄达1000发动机的技术问题，提供替代发动机并支付客户赔偿金。这可能是其退出的重要原因之一。波音内部人士表示，波音深知2025年投入使用是白日梦，而2027年甚至2029年投入使用更加现实。

有消息称，波音倾向于采用单通道设计。在大多数情况下，外界不能对此全然相信。有人认为，单通道的NMA基本上是A321neo飞机的克隆版。但这没有充分利用20世纪80年代A320系列设计的技术成果，以及GTF发动机或CFM公司LEAP发动机的性能上的改进，降低2025年(波音一直暗示NMA将在2025年投入使用)新发动机投入使用的可用性。此外，这种描述过度简化了实际情况。

康纳在2020年表示："NMA的尺寸变得更大，变得更加面向细分市场。最初设想的飞机更像是波音 757。它可以再大一点，拥有跨越大西洋的能力。当我成为首席执行官时，我提出的建议是，让我们试着做一款比波音 737 MAX 系列座级更高的飞机。这款飞机本来可以更大一点，这将诞生一个新的单通道飞机系列。"

巴航工业将参与新飞机的设计。新飞机将用于取代波音 737-700/MAX 7。两个系列的驾驶舱具有共通性。"最终，新飞机将替代波音 737 MAX 8 和波音 737 MAX 9。"康纳说，"我们会开始建立自己的生产体系，并通过 NMA 飞机慢慢构建这个体系。"

康纳说，波音虽然采用双通道设计，但新飞机本来就是面向单通道飞机市场的。"设计经历了多次迭代。"他说，"我们也讨论了各种各样的方案。新飞机并不一定非得是单通道的，也可能是双通道的。更重要的是飞机的座位数量。"

康纳承认，一架 230 座或 250 座的飞机（座位数与波音 757-300 的相似）意味着机体很长。他说："这就是我们考虑双通道设计的原因，但最终它变得更像一架波音 767，实际上更像是一架波音 787-3。"康纳表示，当美国航空公司在 2011 年 7 月迫使波音作出决定时，波音在双通道和单通道设计之间总是摇摆不定。

人们普遍认为，波音对空客与美国航空公司即将达成的交易感到意外，麦克纳尼因此仓促决定推出换发的波音 737，而不是一款新飞机。雷义和埃塞尔斯顿仍然认为情况确实如此。

对于波音究竟有多惊讶，或者说应该有多惊讶，康纳有不同的看法。当时，他正负责管理波音的供应链。2011 年 5 月，也就是 7 月 20 日美国航空公司签署订单前两个多月，康纳和霍顿一起打了高尔夫球。美国航空公司总裁霍顿告诉康纳，美国航空公司正在与空客进行谈判。

康纳说，他把这一消息告诉了波音销售员马林·戴利（Marlin Dailey）。他补充说，双方在 2011 年 6 月的巴黎航展上将继续商讨交易事宜。"我告诉戴利是因为汤姆·霍顿在一次行业活动上抓住了我。他告诉了我整件事。他们都说,嘿,伙计们,我们在谈订单。那时是在5月。汤姆对此非常坦率。我认为马林和团队对此表示质疑,但谈判确实正在进行。"

在签订大订单后的一个月内,戴利被调任,康纳于8月重返销售部门。康纳说:"马林走后,我又回到了销售部门。"此外,他回忆说,虽然麦克纳尼决定为美国航空公司推出波音737 MAX,但"在那段时间里,人们对这个决定进行了多次讨论。阿尔博向很多人询问了他们的看法。"

一些航空公司和租赁公司承认,波音在2019年讨论过单通道设计的NMA飞机,但这是在波音737 MAX停飞的情况下。一些租赁公司报告称,波音询问租赁公司是否愿意将一半的波音737 MAX订单换成新的单通道NMA飞机。美国一家主要航空公司证实,波音确实与其讨论过单通道概念。

尽管波音守口如瓶,但它可能先推出双通道的波音767替代机型,然后再推出单通道的波音737替代机型的想法并非不存在。换句话说,这与波音在1982—1984年先后推出波音757和波音767的做法类似。瑞士信贷公司(Credit Suisse)航空分析师罗伯特·斯平加恩(Robert Spingarn)将这种做法称为"双管战略"。

波音内部有人发誓这是总部正在考虑的长期战略,但波音真的想推出一款NSA和有2个型号的NMA-6/7吗?这说不通。对于少数几家知情的关键供应商而言,这不是波音所说的路径。这些供应商在一场非常私密的谈话中表示,NMA-5将是双通道NMA-6/7系列的另一款机型。该机型将采用相同的机身,只是更短一点,座级与波音737 MAX 9相同。尽管如此,该机型不会是传统意义上的缩短机型。它需要新的机翼和更小的发动机才能获得最大效率。相同的机身技术和系统给3个机型的系列飞机提供了共通性，而一个既有单通道飞机和又有双通道飞机的系列则无法提供，尤其是在生产共通性方面。至少有一家航空公司也意识到了这一点。

如前所述，波音异常守口如瓶，甚至对供应商也是如此。许多供应商抱怨它们被蒙在鼓里，无法制订战略计划，甚至无法向波音提供关于它们是否有能力参与NMA项目的准确信息。几家供应商在谈话中抱怨，还有一些向记者抱怨，在参加波音举行的少数供应商会议之前，波音不仅要求它们签署一份保密协议，还要求它们事先同意削减成本，购买"盲盒"（正如一位供应商所说）。即便如此，波音也不能保证它们能参与NMA项目。

空客管理层质疑，在重大新技术即将在2030—2040年问世之际，波音为什么要耗资数十亿美元在2020年推出一款2025年投入使用的新飞机？空客使用同样的论点，用相同的话术打消波音推出一款新飞机来取代波音737NG的想法，努力促使波音推出一款换发的波音737。这个论点似曾相识。

到2019年初，波音管理层仍未批准NMA项目，这说明了NMA商业案例难以完成。此外，亚洲航空公司想要腹舱载货能力更强的飞机，这超过了卵形机身的设计载量，因此也出现了一些客户的反对声音。

波音花在考虑是否推出NMA的时间越长，剩余的市场就越小，因为空客在此期间卖出了更多的A321neo——尤其是在空客推出A321LR和A321XLR之后。波音为什么不迈出这一步？波音内部认识到，NMA应该是未来的变革性生产型飞机，但在总部却遭到强烈抵制。

在金融界和波音总部，大家都知道波音首席财务官史密斯反对NMA项目。"我讨厌那架该死的飞机。"媒体生动地引用了他的话。据说波音总裁大卫·卡尔霍恩持反对意见。他认为，NMA是在错误时间出现的错误飞机。史密斯和卡尔霍恩都没有同意接受本书作者的采访，他们也没有书面回答任何问题。

此外，对于一个注重维护股东利益的董事会来说，机构投资者普遍反对任何新的飞机项目，理由是研发成本飙升会影响股票回购和股息支付。尽管米伦伯格承诺，随着波音777X的研发支出的减少，公司研发支出将基本保持平稳，但这并不重要。

2019年，于2013年离开波音民机集团的阿尔博从自己的角度回顾了那个时代。"我认为波音787系列是相当不错的飞机。我认为，波音不做中端市场的飞机，是因为市场是有限的，更好的选择应该是一款新的小型飞机，不过这只是我的猜测。"

另一个考虑因素与飞机启动和投入使用之间的时间直接相关。米伦伯格反复表示，尽管迟迟未决定项目的启动时间，但波音正在"确保"2025年新飞机投入使用的时间节点。随着飞机变得越来越复杂，从启动到投入使用需要7年或更长的时间。波音孤注一掷，计划用四年半的时间生产出波音787，但是由于设计问题和生产延迟，这一计划化为泡影。

由于波音在确保投入使用节点的同时推迟了项目启动的时间，因此NMA公开的项目时间表一直在缩短，最终缩短为5年左右——比波音787的原定时间长一点。缩短认证时间对NMA来说很重要，其项目计划的一部分就是大幅缩短认证时间。不久之后波音方面就会发现，认证过程将成为决定波音737 MAX何时交付运营的关键因素之一。

在波音犹豫不决的这些年里，空客积极表示，A321neo和A330-800覆盖了中间市场。然而，很明显客户对此并不买账。尽管A321neo的销量迅速增长，尤其是随着A321LR和A321XLR型号的推出，但A330-800一直是有史以来销量最差的产品之一。空客在A330-900

的基础上缩短机身变为更小的 A330 - 800 时并没有花费太多费用,但超过 8 000 海里的航程和飞机的重量使其无法与拟议中的 NMA - 7 竞争。到 2021 年 6 月,A330 - 800 仅获得了 15 架订单。

到了 2021 年,事实证明波音可能根本没有完全放弃 NMA 项目。《航空周刊》杂志在 2021 年 2 月报道称,波音仍在研究一个由 3 种机型组成的新中型市场飞机系列。这改变了之前的两种机型系列的概念。这也标志着贝尔和阿尔博在 2011 年青睐的 3 种机型概念的回归。然而,在新冠疫情得到控制,波音财务状况恢复之前,波音无法做出任何决定。

第 24 章
MAX 危机

"安全是我们的第一要务。"

——在 737 MAX 危机到来时，波音多位高管说

2018 年 10 月 29 日早晨 6 点 20 分，在雅加达国际机场的跑道上，狮航 JT610 航班 31 岁的机长巴维·苏内贾（Bhavye Suneja）和副机长哈维诺（Harvino）①驾驶着一架机龄 5 个月的波音 737 MAX 8 飞机在排队等待起飞，准备飞往印度尼西亚槟港。飞行时间通常只需 70 分钟。

起飞 12 分钟后，2 名飞行员、6 名空乘和 181 名乘客全部遇难。波音 737 MAX 于 2017 年 5 月在狮航子公司马印航空公司投入使用，这是该机型的第一次致命事故。飞机高速冲入爪哇海，在撞击水面时解体。由于飞机坠海，寻找飞机残骸、遇难者以及重要的飞行数据记录器（FDR）和驾驶舱话音记录器（CVR）的进度受到影响。

在陆上事故中，飞行数据记录器和驾驶舱话音记录器中的数据通常能很快恢复，能让调查人员迅速初步了解事故的基本情况。狮航 JT610 航班的飞行数据记录器于 11 月 1 日被找回。虽然飞行数据记录器在事故中受损严重，但调查人员成功恢复 19 次飞行共 69 小时的飞行数据。数据分析于 11 月 5 日开始。驾驶舱话音记录器直到 1 月 19 日才被找到。

---

① 那个副机长只使用了他的姓氏。

飞行数据记录器和雅加达机场塔台的雷达跟踪数据以及飞行中的简短无线电通信记录表明，飞行控制存在问题。这架飞机的飞行高度不稳定，急剧上升和下降，且速度很快。波音立即将矛头对准了狮航飞行员。虽然波音因其快速指责飞行员而受到严厉批评，但这做法对波音甚至整个行业来说并不罕见①。

就狮航而言，外界对其产生怀疑是自然而然的事。该航空公司的安全记录很差，欧盟一度禁止该航空公司的飞机飞往欧盟。在JT610航班事故前后，有数架飞机降落在了水面上而不是跑道上。不过在这次事故中，JT610航班的机长已在狮航任职7年多，有6 000多小时的飞行经验，包括超过5 100小时的波音737不同型号的飞行时间；副机长也已累计飞行超过5 100小时，驾驶各种波音737机型飞行了近4 300小时。

尽管波音表示狮航飞行员应对此次事故负责，但在一周之内，波音又悄悄地重新评估了一个名为机动特性增强系统（MCAS）的软件程序。

简而言之，当MCAS检测到飞机可能出现失速时，系统会将机头向下压。该软件读取的是迎角（AOA）传感器（用于表明机头的角度）的数据。波音737有两个传感器，但MCAS只与其中一个相连②。随着调查的深入，这将成为一个关键问题。

MCAS软件在后台运行，就像家用计算机上的许多程序一样。大多数消费者不知道后台程序的存在，即使他们知道也没有多大意义。

---

① 空客也曾很快将飞机坠毁的责任归咎于飞行员。

② 关于波音737 MAX飞机的危机事件远远超出本书所列举的。报纸刊登了多次报道，电视台播出了一些特别节目。美国众议院和参议院的国会证词以及文件都已生成。数千页的调查文件也已公布。一本关于波音737 MAX飞机危机的书正在撰写中，其他书也可能会出版。本章重点介绍事故对波音的影响，以及对空客和巴航工业造成的间接损害。

波音认为 MCAS 作为一个后台程序，飞行员不需要了解。工程师们认为，系统一旦被触发，能够帮助飞行员避免在飞行中发生飞机失速。如果被错误触发，工程师们认为接下来发生的事故就像配平失控。处理配平失控虽然不常见，但也是飞行员能有效处理的情况。波音认为识别事件并采取纠正措施只需要 4 秒钟。后来的分析指出，如果飞行员花 10 秒来识别问题并做出反应，飞机可能早就失控（阅读本段文字大约需要 15 秒）。

波音也不担心 MCAS 与一个传感器相关联。在波音 737 数百万飞行小时中，迎角传感器故障仅出现过数次，且从未导致致命的坠机事故。如果在目视飞行规则条件下，飞行员只需要向窗外看一眼就可确定方向。但波音和联邦航空管理局很快意识到狮航飞机事故的调查结果否定了这些假设。事实证明，JT610 航班的飞行员并不知道 MCAS，这在接下来的数周和数月的时间里成了一个引起轰动的事件。

2018 年 11 月 7 日，联邦航空管理局发布了紧急适航指令（重要航空术语），列出了 MCAS 错误激活时的纠正程序。正如波音所想的那样，这些程序是针对水平安定面失控的应对措施。联邦航空管理局表示，"波音分析表明，如果飞行控制系统接收到错误的单侧高迎角输入信息，则可能会导致水平安定面重复低头配平。这种情况如果不加以人为干预，可能会导致机组人员无法控制飞机，并使飞机出现过度的俯冲姿态、严重的高度丧失，最终可能造成飞机撞地。"

这是问题的症结所在。当 MCAS 被激活时，可以在某些飞行控制设置（襟翼向上）下反复将机头向下压。飞行员无法从该系统中抢回飞机控制权。如果飞机在此期间速度过快，飞行员无法用驾驶舱内的配平轮手动配平水平安定面。

最终调查结果显示，飞行员未能正确设置襟翼并降低速度导致了事故发生。米伦伯格一度站出来表示，波音对狮航和随后的埃塞俄比亚航空公司的事故负有责任。但数天后，他又开始指责飞行员。尽管在他发表完上述言论后受到了严厉的指责，但实际上他并没有说错。飞行员确实对事故负有一定责任，但那些将事故责任主要归咎于飞行员的人也过于极端。

根据联邦航空管理局的紧急适航指令，所有波音 737 MAX 的运营商都被告知了 MCAS 再次激活时的有关操作程序。如果 MCAS 被错误激活，飞行员可以通过正确操作在飞行过程中拿回飞机控制权。果然，操作程序确实有效，但事件再次发生了，飞机还是坠毁了。

2019 年 3 月 10 日，埃塞俄比亚航空公司 ET302 航班从该国首都亚的斯亚贝巴起飞。起飞 6 分钟后，飞机坠毁。机上 157 人全部遇难。这架飞机始终没有升到 800 英尺（243.84 米）高度以上，以大约 500 英里/时的速度俯冲向地面。

机长亚雷德·格塔丘（Yared Getachew）虽然只有 29 岁，但已经在埃塞俄比亚航空公司承担飞行任务将近 9 年。他有超过 8 100 小时的飞行经验，其中包括不同波音 737 机型的 1 417 小时；他已驾驶波音 737 MAX 大约 9 个月了。25 岁的副机长艾哈迈德·努尔·穆罕默德·努尔（Ahmed Nur Mohammod Nur）刚刚从该航空公司的飞行学院毕业，他的飞行时间只有 360 小时，其中包括波音 737 的 200 小时。

鉴于埃塞俄比亚属于相对偏远地区，航班跟踪网站 Flight Radar 24 和其他跟踪器捕获的雷达跟踪飞行剖面数据相对模糊，但与 JT610 航班的大致相似。飞机在事发时出现了多次爬升、下降以及不同的飞行速度，导致许多人怀疑事故原因与 MCAS 有关。

与狮航事故一样，一些人立即指责埃塞俄比亚航空公司的飞行员，尽管此次波音不在其中。大多数人认为，在吸取狮航事故教训和收到联邦航空管理局紧急适航指令后，埃塞俄比亚航空公司的飞行员知道该怎么做，但却做错了。一些人特别指出，这位年轻的副机长是飞行机组人员缺乏经验且有过错的确凿证据。当然，事情没有那么简单，但是恢复飞行数据记录器和驾驶舱话音记录器中的数据进行分析需要一些时间。

中国民用航空局立即做出停飞波音 737 MAX 的决定。有近 100 架波音 737 MAX 飞机在中国运营，比其他任何国家都多。其他国家的监管机构也纷纷效仿，据报道，米伦伯格打电话给唐纳德·特朗普总统，恳求他命令美国联邦航空管理局不要让波音 737 MAX 停飞。联邦航空管理局表示，不会因为其他监管机构的做法将飞机停飞，联邦航空管理局将根据飞行数据决定如何采取行动。

后续欧洲航空安全局（EASA）和加拿大运输部收到更多数据，证实 JT610 航班和 ET302 航班的飞行剖面相似后，联邦航空管理局最后也在事故发生 3 天后，即 2019 年 3 月 13 日，宣布停飞波音 737 MAX。本次事故的处理与在全日空航空公司电池事故发生后数小时内，波音就迅速停飞了波音 787 形成了鲜明对比，而且在日本航空公司和全日空航空公司的电池事件中没有人丧生。

遇难者的亲友自然会指责波音，一些希望在政治上获得加分的美国政客也会将矛头指向波音。与此事相关的航空公司急于逃避自己的责任，也跟风指责波音。美国航空公司和西南航空公司的飞行员工会抨击波音没有告知飞行员 MCAS 的存在。然而，美国联合航空公司的工会表示，这两起事故的承运人缺乏相关培训是故障发生后造成惨剧的首要原因。

3 月 27 日，埃塞俄比亚航空公司事故发生 17 天后，波音举行了新闻发布会。产品战略和研发副总裁迈克·辛尼特是主要发言人。辛尼特说："首先我想说的是 MCAS 到底是什么。这个系统是添加到飞机上的一项功能，因为与其他同等级的飞机相比波音 737 MAX 的发动机更大，直径更长，安装位置比波音 737NG 发动机的位置更靠前。为波音737 MAX增加MCAS是为了确保该机型具有与波音737NG一致的操作品质。"

辛尼特解释说,当波音将波音737 Classic(-300/400/500系列)升级到波音737NG(-600/700/800和后来的-900/ER系列)时,添加了一个速度配平系统(speed trim system)。波音737NG的这个系统,在高迎角下,提供自动的水平安定面运动,以确保当飞行员拉动驾驶杆时,在驾驶杆上每英寸的位移有一个恒定增加的梯度力。

辛尼特继续说道:"当我们推出波音737 MAX并对该飞机进行认证时,由于波音737 MAX和波音737NG在大迎角下的俯仰特性不同,我们扩展了波音737NG上的速度配平控制律,使速度配平系统可以在更大迎角下运行,为飞机继续提供线性增加的纵向梯度力。这就是MCAS的设计目的。"尽管在之前的简报会上,波音将MCAS称为防失速系统,但现在波音避免使用这种称谓。

在对速度配平的工作原理、飞行员的选择以及事件应对操作的记录数据进行了冗长的技术描述之后,辛尼特谈到了MCAS。"在波音737NG和波音737 MAX上,速度配平功能可以提供自动输入功能,而对于波音737 MAX,在额外的迎角下,MCAS提供输入功能。"他解释说,"机组人员可以随时使用拇指下的开关或手动配平轮来控制它。"

辛尼特解释说,虽然迎角传感器和MCAS每次只使用一侧传感器数据成为随后争论的焦点,但MCAS依赖于多个系统来开展工作。飞机前部的皮托管可以测量总气压。通过总气压数据可以知道气流速度,MCAS在计算时会使用这些数据。飞机前部迎角传感器的迎角位置是另一个测量参数。

大气数据惯性基准组件(air data inertial reference unit,ADIRU)收集和处理皮托管及迎角数据,计算飞机飞行的马赫数,并将该数据传递给飞行控制计算机。

辛尼特谈到了关键点。他说，MCAS 在自动驾驶模式和襟翼放下时不会启动。"MCAS 要启动，后缘襟翼需要收起，并且需要关闭自动驾驶模式。飞行控制计算机从飞机上获取数据。如果满足这些条件，飞行控制计算机内部功能就会启动，并查找迎角和飞行马赫数，如果需要，它就会向水平安定面配平电机发送指令，然后水平安定面就会按照 MCAS 的指令，移动到规定的位置。一旦发生这种动作，相关数据就会通过稳定配平控制电缆传输到驾驶舱，我前面提到的配平轮会转动。"

在对这两起事故的数据进行分析后，调查人员发现，在飞行员试图排除故障时，襟翼由收起变为放下的状态。他们还发现，在埃塞俄比亚航空公司的事故中，由于事故是在飞机刚起飞时发生的，此时推力保持在起飞功率而不是节流状态，这解释了为什么飞机的撞地速度非常快。

在狮航事故中，开始是由机长操纵飞机，而副机长则在翻阅《快速参考手册》(Quick Reference Handbook，QRH)，试图找到解决方法，但最终什么也没有找到。在翻阅手册没有收获后，机长将飞机的控制权交给了副机长，并亲自查看《快速参考手册》。就在这时，飞机失去了控制，坠入爪哇海。两名国家运输安全委员会前官员后来在剖析事故时表示，飞行员的作为和不作为是他们调查事故时关注的焦点。

在 3 月 27 日的简报会上，辛尼特透露，波音正在对 MCAS 进行 3 个"重大改进"。"第一个重大改进，可能也是最重要的改进，是飞机将全时比较来自左右迎角传感器的数据。当襟翼收起时，换句话说，在 MCAS 启动的情况下，系统会比较两个迎角传感器的输入数据。如果读数差超过 5.5°，在此次飞行剩余时间内，MCAS 和整个速度配平功能将关闭。"他说，"驾驶舱显示器上的一个指示灯会点亮，向机组人员示警速度配平系统发生故障，这种组合将消除错误数据导致 MCAS 激活的可能性。"

辛尼特说，第二个改进是删除了 MCAS 的重复启动功能。在这两起事故中,MCAS出现了反复启动的情况。在狮航的案例中,飞行高度超过5 000英尺(1 524米)并持续了12分钟,MCAS启动了大约24次。埃塞俄比亚航空公司的ET302航班只飞行了6分钟,而且飞行高度从未超过800英尺。此次事故中MCAS被激活的次数较少,尽管飞机飞行高度低很多,但同样致命。

"如果MCAS在非正常情况下被激活,每次探测到大迎角输入时只触发一次。"辛尼特继续说道,"这意味着,如果飞机出现大迎角姿态,则MCAS被触发。当飞行员通过力曲线线性拉动驾驶杆时,飞行员能够平稳地控制飞机。飞行员手动拉回后,机头会下压。一旦飞机再次处于正常迎角状态,系统将重置,这样如果飞行员在剩下的飞行时间里再次碰到大迎角情况,MCAS会被再次触发。但是,如果出于某种原因迎角叶片卡在较高的位置,系统将检测到两个输入数据之间的不一致,不会再次启动。"

辛尼特解释说:"第三个主要改进是在存在未知情况的情境下,也就是出现一种我们穷尽所有预判都没有预料到的意外情况时,MCAS不能对水平安定面给出无法让飞行员通过拉回驾驶杆控制飞机姿态的指令,飞机仍然可以爬升。这些都是非常重要的改进。此外,飞行员仍然有能力控制MCAS,并通过按动配平开关手动控制飞机。"

根据以往停飞的情况,大多数人认为这次波音737 MAX只会停飞几个月。波音也是这样认为的。米伦伯格经常建议在波音737 MAX恢复服务(return to service,RTS)的时候尽早制订时间表。

但现实不是这样的。当波音讨论波音737 MAX停飞、改进和复飞时,米伦伯格和所有下属,包括公司公关团队,都重复这句话:"安全是我们的第一要务。"波音致力于飞机能够"安全复飞"。而随着有关波音737 MAX的研发、工程和生产的负面信息不断涌现,这些话被翻来覆去地说,变成了陈词滥调。

波音和美国联邦航空管理局受到无数调查：来自美国联邦大陪审团和美国司法部的刑事调查，美国交通部监察长的调查，以及不可避免的国会听证会。随着调查的展开，调查人员、媒体和政界人士了解到，波音的工程师和装配线工人面临着降低成本和按时交付的巨大压力。在波音 787、747－8 项目失控以及以低价获得 KC－46A 合同之后，波音需要向其客户和华尔街证明，公司可以再次按计划、按预算生产飞机。这种压力，尤其是与成本控制和安抚华尔街有关的压力，让波音的"应对之策"成为众多严厉指责的焦点之一。许多人得出结论，波音以牺牲安全为代价来削减成本。

任何飞机项目都会面临成本和进度的压力，波音 737 MAX 也不例外。波音内部在决策和设计方向上的某些方面存在着激烈的争论和分歧。但是如果认为，波音是在以牺牲飞机安全性为前提，以削减成本和确保进度的名义做出有争议的决定，那就太牵强了。说到底，波音没有任何理由故意制造一架不安全的飞机。

波音企图让外界相信"以前从未发生过""迎角传感器几乎从未出现故障"，相信波音 737 MAX 是经过改进的、更现代的新一代飞机，其可靠性超过 99% 等。外界可以说波音是傲慢或自满，粗心甚至鲁莽，但要说波音是故意的、有犯罪意图的，这很难站住脚。

调查显示波音的设计存在缺陷。飞行模拟器试飞员的往来电子邮件中透露出他们对联邦航空管理局的蔑视。其他电子邮件显示，一些工程师对联邦航空管理局决策的不屑一顾。一些文件显示，联邦航空管理局将认证和监督责任全面移交给波音，这也让波音成为批评的靶子。

美国交通部的内部审查随后解释了联邦航空管理局的做法。事实上，包括联邦航空管理局在内的其他政府机构经常授权它们所监管的公司和行业机构行使审核权；这种做法已经持续了数十年。部分原因是，国会没有批准这些机构自聘专家的预算。虽然时任联邦航空管理局代理局长丹尼尔·埃尔韦尔（Daniel Elwell）在美国众议院听证会上提出了这一点，但国会议员们并不打算为联邦航空管理局数十年来资金不足承担责任。

此外，联邦航空管理局并不总是具备认证所需的科学知识。当波音研发采用全复合材料的波音787时，联邦航空管理局并不具备审批合理性和科学性必需的知识。它对波音在研发过程中必须满足的"特殊条件"提出了要求，但自始至终都严重依赖波音给出的结论。

联邦航空管理局作证说，虽然波音确实对波音737 MAX的内部研发进行了监督，但最终的认证权力始终掌握在联邦航空管理局自己手中。调查显示，波音重新设计了MCAS，能更加快速地响应迎角变化，从而显著增加发动机功率，并可重复启动，但此举并未告知联邦航空管理局的相关人员。联邦航空管理局认可MCAS"1.0"，但不知道MCAS"2.0"。联邦航空管理局同意从飞行手册中删除任何提及MCAS的内容，否认飞行员知晓该系统。

波音未将MCAS"2.0"告知联邦航空管理局是其招致强烈批评的另一个原因。波音737 MAX项目总经理基思·勒沃库恩（Keith Leverkuhn）不知情，时任波音民机集团首席执行官的康纳也不知情。康纳第一次听说MCAS是在狮航坠机事故中。当然，MCAS的重新设计本就不会上报总部的米伦伯格（然而，之后的调查显示，总部方面收到了员工的电子邮件，其中概述了对波音737 MAX项目存在缺陷的担忧）。

当波音在2019年5月提议解雇900名检查员，转而采用自动化检查流程时，波音强硬的工会国际机械师协会751区表示反对。不出所料的是，波音认为自动化更加高效，并且是一种削减成本的有效措施①。

---

① https://wwwusatoday.com/story/news/nation/2019/05/06/boeing-inspection-job-tech-crashes-outcry-737-max-poor-quality/3650026002/.

虽然联邦航空管理局将权力下放给波音在原则上并不是什么新鲜事，但很少有人会质疑这次权力移交做得过头了。2017 年，波音要求美国国会"简化"飞机认证流程，当时这可能需要经过 14 个月的审批认证①。早在 2004 年，工会和批评者就对将监督权从联邦航空管理局转移到波音提出过质疑和警告②。

作为 NMA 商业计划的一部分，波音希望进一步缩短飞机认证时间。美国国会听证会的结果之一是加强联邦航空管理局关于监督和认证的立法。这种改变影响了波音 777X 的认证工作，并粉碎了波音想缩短 NMA 或者下一款新飞机认证时间和流程的梦想③。

波音和联邦航空管理局遭受着接连不断的打击。最初，波音继续以每月 42 架的速度生产波音 737 MAX，停飞时月产量为 52 架。波音显然认为停飞时间不会很长。到 2020 年 1 月，波音大约生产了 450 架波音 737 MAX，并存放在华盛顿州的四处，加利福尼亚州的一处，以及得克萨斯州的一处。2019 年 12 月，波音宣布将于 2020 年 1 月停产波音 737 MAX。

作为波音在此次危机中的发言人，米伦伯格因波音的应对措施而受到抨击。其原因不仅与他公开发表的言论有关，还与他的处事风格有关。米伦伯格是典型的工程师风格：冷静。事件中表示哀悼的声明毫无感情色彩，直到在一次国会听证会上，这种风格的处事态度终于招致众人的不满。在当天的听证会开始前不久，米伦伯格还与遇难者家属会面，从他的声音中曾短暂流露出悲伤和歉意。

---

① https://thehill. com/policy/transportation/319723-boeing-urges-congress-to-streamline-aircraft-certificate-process.

② https://wwwpolitico. com/story/2019/03/21/congress-faa-boeing-oversight-1287902.

③ 波音 737 MAX 飞机认证争议产生了负面效果。波音 777X 飞机的认证显然被推迟，尽管推迟多久还不确定。通用电气公司发动机的技术问题导致项目延迟大约 9 个月。新冠疫情让客户不愿接收飞机。投入使用的时间原计划是 2019 年末或 2020 年初，现在的计划是 2023 年末。早期客户认为新机型要到 2024 年甚至 2025 年才会投入使用。

在2019年4月波音年会后的新闻发布会上(也就是波音737 MAX停飞后一个月),米伦伯格明显很生气和充满防备。他把原定30分钟的新闻发布会缩短到15分钟。发布会上,他的发言给人留下了照本宣科的印象,让人觉得他是没有感情的机器人。

2019年10月11日,董事会解除了米伦伯格的董事长职务。以机构投资者为主的股东通常与董事会意见一致,但在4月曾对此人事任免表示反对。但到了10月,显然,董事会对米伦伯格的表现感到失望,并且他未能兑现复飞的承诺。首席董事大卫·卡尔霍恩被任命为董事长。当然,波音在这次人事变动中给出了最好的解释,表示米伦伯格需要专注于飞机复飞,所以卡尔霍恩从他手中接手其他工作,但这显然是一种降职处理。

卡尔霍恩开始在电视媒体采访中成为波音的代言人。与米伦伯格僵硬、照本宣科的形象相比,卡尔霍恩表现得很放松,说话时显得很平易近人,甚至拥有米伦伯格所缺乏的坦率感。这是一个可喜的变化。然而,在很短的时间内,卡尔霍恩三次言辞不当,显然他的发言似乎需要一些脚本的约束。例如,卡尔霍恩在接受美国全国广播公司财经频道的采访时就表达了对米伦伯格的强烈支持。

2019年10月22日,董事会解雇了麦卡利斯特。关于麦卡利斯特是辞职还是被解雇的说法模棱两可,但华尔街消息人士明确表示,离开不是自愿的,麦卡利斯特自己也感到意外。

由于麦卡利斯特于2016年11月担任波音民机集团首席执行官,当时波音737 MAX已完成首飞,距离投入使用还有数月,研发的最终决定已经确定下来。然而,他的"隐身"是个问题。客户打电话给波音总部,抱怨波音民机集团与客户间缺乏联系、互助和补偿。麦卡利斯特与联邦航空管理局之间的互动情况如何也不为人所知。

然而,客户的投诉并不普遍。西南航空公司首席执行官加里·凯利(Gary Kelly)在接受美国全国广播公司财经频道采访时表示,他对被罢免的麦卡利斯特表示支持。凯利称赞西南航空公司与麦卡利斯特之间的互动。当被问及米伦伯格时,一向彬彬有礼的凯利变得"言简意赅"。这说明了他不支持米伦伯格。鉴于西南航空公司一直是波音的忠实客户,数十年来订购的波音 737 比任何一家航空公司或租赁公司的都多,凯利对米伦伯格的明确谴责肯定会刺痛波音总部。

新的波音全球服务集团首席执行官迪尔接替了麦卡利斯特的工作。他性格和蔼可亲,一上任便着手修复波音与客户之间的关系,重振内部士气。然而,在接下来的一年里,迪尔避开了媒体采访。在他担任波音全球服务集团首席执行官的头 16 个月中,他没有接受任何采访。

即使波音公关部对这次人事变动另有说法,但米伦伯格显然有他不合适之处,他冷漠疏离的态度在国会听证会上得到了充分展示。除了在与遇难者家属会面时的短暂"失态"外,米伦伯格很快恢复了他自波音 737 MAX 危机开始以来所展现的冷冰冰、照本宣科的首席执行官形象。

当被问及为什么他没有被停薪时,米伦伯格说这是董事会的决定,完全无视其他选择:选择发放 1 美元的年薪或完全停发。在受到严厉批评的数天后他就放弃了自己的年薪(然而他的股票期权仍然完好无损)。

美国众议院听证会充满敌意,以至于米伦伯格实际上获得了一些人的同情。一些众议员这样做显然是为了博取同情。在参议院,虽然也不乏哗众取宠的行为,但上议院显然比众议院的同僚更想弄清楚事情的真相。

应对听证会对波音和联邦航空管理局来说不是一件易事。回到办公室,米伦伯格继续评估波音 737 MAX 何时可以获得重新认证。到 2019 年 12 月,联邦航空管理局已经受够了。新任局长史蒂夫·迪克森

(Steve Dickson)在一次交谈中,再次指责波音向联邦航空管理局施压,重申没有波音737 MAX获得重新认证的时间期限,并向联邦航空管理局工作人员保证他会支持他们。

2019年12月23日,董事会解雇了米伦伯格。自10月起担任非执行董事长的卡尔霍恩被任命为总裁兼首席执行官,任命于2020年1月中旬生效。卡尔霍恩需要一点时间辞去与波音无关的职务。首席财务官史密斯暂代行使首席执行官职权;长期担任董事的拉里·凯尔纳(Larry Kellner)被任命为董事会主席。

一名华尔街分析师告诉记者,根据他从芝加哥获得的信息,这次解雇令米伦伯格感到意外。2020年1月,在担任波音首席执行官后,卡尔霍恩在接受电视采访时被问及他在2019年10月和11月曾公开表示对米伦伯格的支持。卡尔霍恩回答说,在被免去职务之前,米伦伯格一直都得到董事会的支持。这是一个了不起的声明。

被解雇的首席执行官可能已经放弃了他的薪水,但他带着之前获得的6 200万美元股票奖励和补偿金离开了。"金色降落伞"①条款引起了一些人的愤怒,特别是坠机遇难者家属。

选择卡尔霍恩带领波音走出危机引起了外界的质疑。他自2009年以来一直在董事会任职,包括2011年波音737 MAX推出时。他是薪酬委员会的成员,支持削减成本和维护股东利益,这是在波音737 MAX危机中受到审查的两个要素,此外他还是首席董事。许多人认为卡尔霍恩是内部人士,是问题的一部分。但卡尔霍恩本人却不这样认为。在2020年1月13日上任后的第一次媒体电话会议上被问及此事时,卡尔霍恩说他就像一个坐在前排的观影者,但他不是内部人士。华尔街、媒体和评论家对这一说法大肆抨击。

---

① 译者注:是指作为企业高管,在失去工作后,公司从经济上给予的丰厚补偿。

在接受《纽约时报》采访时,卡尔霍恩对米伦伯格的公开批评让一些机构投资者感到困惑。"卡尔霍恩先生变得更愿意公开批评米伦伯格先生。他说,前首席执行官在供应链准备就绪之前就加快了波音的生产速度,此举使波音的股价达到了历史最高点,但生产质量却受到了影响。"

卡尔霍恩说:"我永远无法判断丹尼斯的动机是什么,是为了推动股价继续上涨,还是通过下一次生产提速,击败其他制造商。"他后来补充说:"如果有人为了提高股价而冒进,那一定是米伦伯格①。"

华尔街再次发出了一片嘘声。毕竟,董事会批准了股票回购和分红,而卡尔霍恩参与了这些决定。董事会完全支持将100％的自由现金流返还给股东。至少可以说,指责米伦伯格推高股价并支持董事会回购股票和增加股息的做法是一种拙劣的行为。卡尔霍恩还是得好好编个理由。

很明显,解雇米伦伯格是必要的。接替康纳担任波音民机集团首席执行官的凯文·麦卡利斯特也不得不离开,尽管他加入波音的时间较晚。麦卡利斯特在波音737 MAX危机中一直没有走到台前进行回应,客户也抱怨他不愿意与他们见面。在波音787停飞期间,康纳一直是波音的发言人。

"这完全取决于你如何处理舆情。"一位波音前高管说,"我们经历过多起坠机事故,遇到了很多事情。如果你回想一下日本航空公司的123航班(一架波音747后舱壁爆炸),那时我们挺身而出,对事故负责并针对飞机的技术缺陷进行升级。我们对波音747进行了必要的升级。对狮航事件我们无能为力,但对埃塞俄比亚航空公司可能可以提

---

① https：//www. nytimes. com/2020/03/06/business/dealbook/boeing-calhoun-muilenburg. html，https：//wwwnytimes. com/2020/03/05/business/boeing-david-calhoun. html？searchResultPosition＝4.

供一些帮助。"

这位前高管认为,情况从一开始就没有得到妥善处理。"每个人都想回到过去并说,这与文化有关。但这从来都无关乎文化。我们犯了一些错误。飞机很复杂,设计和制造过程中是可能会犯错的。有时会犯错误,或者有时发现错误并改正错误。但现在是做出了一系列不恰当的决定,这一点毫无疑问。"

在波音 737 MAX 发生事故和停飞之后,许多人指责波音 737 MAX 是由一个注重成本的董事会推出的。一位波音高管认为,董事会必须承担责任。"我认为推出波音 737 MAX 不是一个错误的决定。"他说,"这未必是由董事会敲定的。更多的是让飞机尽可能快地推出。这是一架很棒的飞机。我们搞砸了吗? 我们犯错了吗? 当然,我们犯了错。这毫无疑问。我们是否对坠机事故处理不当? 这也毫无疑问。这款飞机不好吗? 不,这不是一架糟糕的飞机。我们是否不具备针对 A321 的解决方案,以及这款飞机有什么优势? 回答依旧是毫无疑问。对我来说,这就是我们没有解决的问题。我认为推出波音 737 MAX 不是一个错误的决定。"

"我想说的是,正是同一个董事会,聘请了凯文·麦卡利斯特和丹尼斯·米伦伯格,然后又解雇了他们,原因是他们没有正确处理事情。而现在,又是这个董事会让自己来领导公司。"这位高管表示,这才是人们需要问的问题。"董事会会做什么呢? 这是典型的情况。董事会问责制的作用在哪里?"

在同一次《纽约时报》的采访中,卡尔霍恩的另一份声明引起了人们的注意,确如批评者所言。当被问及未来的任务时,卡尔霍恩回答说:"老实说,这超出了我的想象。这也暴露了我们领导层的弱点。"这也说明了董事会和首席董事卡尔霍恩的监督不力和自满。

尽管受到批评,但米伦伯格是完全正确的:一系列因素导致了事故，波音的作为和不作为，以及联邦航空管理局监管不力，都是重要的因素。这让国家运输安全委员会前调查员和前成员为波音甚至联邦航空管理局的全力辩护感到费解。

在一系列专门针对波音 737 MAX 危机和狮航坠机事故的广播采访中，国家运输安全委员会前调查员格雷格·费思（Greg Feith）和国家运输安全委员会前成员约翰·戈利亚（John Gogolia）为波音开脱罪责，指责狮航、相关飞行员和印度尼西亚的监管机构①。他们表示，他们的结论完全基于事实，并非媒体报道或国会证词。他们公开表示，他们没有得到波音的报酬，波音也没有支付 2019 年 12 月他们参加简报会、会见波音工程师和米伦伯格，以及调查驾驶模拟器的相关费用。在一次广播采访中，他们却又批评米伦伯格，认为他至少要为事故承担部分责任，而不是为波音做更多辩护。

费思怀疑，即使飞行员了解 MCAS，狮航或埃塞俄比亚航空公司的事故也未必能避免。两人说，培训是关键。戈利亚和一些美国飞行员指出，要改进 MCAS 性能，并使其能从配平失控中恢复。这也是波音的基本思维。

戈利亚说："如果机组人员正确使用它，就能挽救这一切。"事实上，在前一天同架飞机执飞狮航其他航线时，飞行员就遇到了 MCAS 激活的情况，他们按照程序解决了问题（JT610 面临的问题之一是之前的机组人员或航空公司没有将此事告知 JT610 航班的机组）。

"飞机有问题吗？"费思在接受广播采访时问道。"是的。它们是否像媒体所描述的那样夸张？"根据他们的调查结果，戈利亚和费思并不这么认为。

仔细分析印度尼西亚方面发布的狮航坠机事故报告，可以清楚地

---

① https://www.flightsafetydetectives.com/e/fly-the-way-you-train-train-the-way-you-fly/.

看到"这架飞机是可以飞行的,并且在坠毁前继续飞行超过11分钟。飞机由机长驾驶,但在副机长操纵时失去了控制。"费思说,"事实表明这是飞行员的问题,而不是产品的问题。是否需要对20世纪50年代制定的法规进行评估?回答是肯定的。是否需要彻底修改并推倒重来?回答是否定的。"

费思批评印度尼西亚调查人员未能对他和戈利亚认为应该调查的方面进行调查。费思在一次广播采访中说:"首先是维护问题和安装了坏的迎角叶片。"之前的机组人员"执行了必要程序来处理不可靠的空速……它不需要使用任何非凡的技能,就能让飞机完好无损地降落。"问题是,该事件的报告是否已送达工程团队,是否对问题进行了适当的处理?

戈利亚补充说,事故飞机不适合飞行,涉及维护和故障处理。此外,费思还以全美航空公司机长切斯利·萨利·萨伦伯格(Chesley Sully Sullenberger)在哈得孙河上的成功着陆为例,说明经验和训练在紧急情况下的意义。

然而,在美国国会关于波音737 MAX的公开论证中,萨利说他在模拟器中努力从MCAS引发的事件中找到妥善解决的方法。"我可以直接告诉您,惊吓因素是真实存在的,而且是巨大的。"他做证时说。萨利后来说:"惊吓因素……绝对会影响一个人快速分析危机和采取纠正措施的能力。"他补充说,目前的飞机设计和认证体系都存在缺陷。

虽然费思和戈利亚表示,狮航和埃塞俄比亚航空公司的机组人员不应该在面对过多的驾驶舱警告时表现得手足无措,但萨利说,他理解他们为什么会手足无措,即使他知道在模拟飞行时会发生什么。

费思指出,埃塞俄比亚航空公司的事故飞机与狮航的相比迎角有60°的差异。机组人员已根据联邦航空管理局适航指令接受了波音新程序的培训。"抖杆器①响了。这与 MCAS 无关。"费思说，"襟翼一收起，MCAS 就被触发了。机组人员知道机头有没有上抬。他们可以看到窗外的情景，他们有人工地平仪。自动油门在起飞功率下仍处于接通状态。他们所要做的就是关闭自动油门并拉回油门。这才是飞行技术，这才是飞行员该有的操作。"

就在埃塞俄比亚航空公司的事故发生 9 天后，以及联邦航空管理局最终将飞机停飞 7 天后，萨利说："波音和联邦航空管理局在事故处理中表现得不够尽责。波音和联邦航空管理局的丑闻始于数年前，但在不到 5 个月的时间里，一款新飞机发生了两起致命事故，且事故中没有幸存者。更糟糕的是，该行业与监管机构之间的关系过于融洽。在大多数的情况下，联邦航空管理局本应要求其工作人员更严格地遵守安全标准和选择设计方案，实际上往往迫于企业或政治压力，联邦航空管理局并没有这样做。"

在 2019 年 6 月 19 日的一份报告中，国家公共广播电台（National Public Radio，NPR）引用了萨利在国会的证词："波音 737 MAX 的自动飞行控制系统存在致命缺陷，不应该获得批准。"美国飞行员工会的负责人也对波音持批评态度。

据国家公共广播电台报道，"联合飞行员协会主席丹尼尔·凯里（Daniel Carey）注意到，波音的安全记录总体上很好，但他批评这个航空巨头为了降低成本而犯了'许多错误'，同时照着波音 737 的模式仍在研发波音 737 MAX 飞机。'波音设计和制造了一流的飞机，'凯里做证时说，'遗憾的是，就波音 737 MAX 而言，我必须同意波音首席执行官米伦伯格的意见，这款飞机以致命和灾难性的方式让旅客们失望了。'"

---

① 译者注：导致驾驶杆振动的装置。失速时有电信号触动驾驶杆上安装的马达，带动偏心轮转动使驾驶杆振动。

凯里告诉美国国家运输安全委员会,旨在防止气动失速的 MCAS 飞行控制系统存在缺陷,因为它存在单点故障而没有冗余。在印度尼西亚的狮航和埃塞俄比亚航空公司的案例中,单个迎角传感器向系统提供了错误数据,因此 MCAS 在不该作用时强行反复将飞机机头下压。凯里继续说道:"一个最严重的失误是,波音未向全球飞行员公布MCAS 的存在。""因此,最后一个致命的错误是没有事先开展应对MCAS 故障的扎实有效的飞行员培训。"

费思和戈利亚没有点名地批评了一位"著名飞行员"——他说自己在 MCAS 被触发的情况下飞行时会遇到困难。费思在后来的广播采访中说,这位"著名的飞行员"不应该出现在驾驶舱里。两人说,狮航的驾驶舱没有任何花里胡哨的东西影响飞行员。事故发生时只能听到抖杆器和配平轮的声音,以及飞行员翻动《快速参考手册》的声音。他们说,当时机长和副机长用正常的语调说话。当这位"著名飞行员"驾驶模拟器并说他无法处理这种突发状况时,"离开飞机。"费思在广播上说。

他们为波音和联邦航空管理局辩护,而欧洲和加拿大的监管机构以及美国航空公司、西南航空公司和英国航空公司的飞行员工会则批评了飞机认证过程,指出 MCAS 只读取一个迎角传感器数据并对波音的系统设计提出质疑。具有讽刺意味的是,狮航曾要求波音为波音 737 MAX 提供模拟器培训,波音表示没有必要。

随着联邦航空管理局即将重新认证波音 737 MAX,波音针对MCAS 发布了一个故障建议处理流程,供飞行员在 MCAS 激活时参考。西南航空公司、美国航空公司和其他航空公司的飞行员工会抱怨该流程过于复杂。

尽管费思和戈利亚并不认为波音和联邦航空管理局应该对这两起事故负主要责任,但还是对它们给予了批评。"波音还有很长的路要走,因为它内部存在问题,并正在开始解决这些问题。"费思说,"这是循序渐进的。这不会在一夜之间发生。联邦航空管理局也是如此。它们并不是完全无辜的。"

2020 年 1 月,波音与美国司法部签订了暂缓起诉协议,以结束刑事调查(这类似于空客就其贿赂丑闻所采取的行动)。波音在新闻稿中概述了该协议:

"根据暂缓起诉协议,公司将:

(1) 共支付约 25 亿美元的款项,其中包括① 2.436 亿美元的刑事罚款;② 向狮航 JT610 航班和埃塞俄比亚航空公司 ET302 航班事故中遇难者的继承人和/或受益人额外赔偿 5 亿美元;③ 向航空公司支付 17.7 亿美元,作为因波音 737 MAX 停飞而造成的损失的赔偿,其中部分款项已支付,剩余款项需在暂缓起诉协议终止前支付。

(2) 审查波音的合规计划以实施持续改进工作。

(3) 遵照严格的合规报告实施内部控制机制。

根据暂缓起诉协议,只要波音完全遵守其在暂缓起诉协议中的义务,'犯罪信息'将在 3 年后被消除。在上述款项中,17.7 亿美元已包含在前几个季度为波音 737 MAX 客户考虑的预留金额中。公司需要在 2020 年第四季度创造剩余 7.436 亿美元的收益①。"

仔细分析协议中的措辞后,发现波音只需额外支付 7.436 亿美元现金。一些人很快指出,波音只需缴纳 2.436 亿美元的刑事罚款。相比之下,空客支付了超过 40 亿美元的罚款,其中包括向美国司法部支付超过 5 亿美元的罚款,而且空客的罚款原因既没有涉及安全问题,也没有涉及人员伤亡。

---

① https://boeing.mediaroom.com/news-releases-statements?item=130799.

第 25 章
丑　闻

"我们发现了大量证据。"

——参议员约翰·麦凯恩，2004 年 11 月 19 日①

数十年来，空客和波音通过销售活动和产品策略来开展相互竞争。然而，同一时期还有另一个因素对两家公司产生了深远影响——丑闻。

波音在 21 世纪初的加油机丑闻导致了首席执行官的人事变动，这影响了波音 787 的研发。更换老旧的美国空军 KC‐135 机队的合同竞争持续了近 10 年，最终波音以超低价获得合同，减记了数十亿美元。

空客的贿赂丑闻困扰了公司近 10 年。其间无论公平与否，空客处理了数名高管以及数十名相关人员。空客与 3 个政府之间签订的一系列暂缓起诉协议产生了创纪录的罚款数额。

最后，波音 737 MAX 丑闻对波音的声誉造成了不可估量的损害。尽管刑事调查的法律结果是达成了暂缓起诉协议，以问责两名试飞员和经济上的轻微惩罚结束了对波音的刑事指控。

这三起丑闻对两家公司的影响将持续数十年。

---

① https://wwwdefense-aerospace. com/articles-view/verbatim/4/49262/mccain-exposes-usaf-role-in-tanker-lease. html.

波音加油机丑闻

2001 年 9 月 11 日,在美国原是美好的一天,没有任何迹象表明会出现任何问题。但在东部时间上午 8 点 46 分至 10 点 03 分,美国航空公司和美国联合航空公司运营的 4 架波音飞机遭遇恐怖分子劫持。其中 2 架飞机分别撞向纽约世界贸易中心两座 110 层的大楼,1 架撞向了华盛顿特区的五角大楼,另 1 架在机上英勇的乘客试图夺回飞机控制权时被恐怖分子操控坠毁在宾夕法尼亚州的一片田野里。目前还不清楚第四架飞机是计划飞往白宫还是国会大厦,但其目的地是华盛顿特区。

联邦航空管理局下令关闭所有空中交通,国内航班被要求在最近的可用机场降落。所有国际航班转飞到非美国机场降落。美国的航空公司全部停飞,4 天后才恢复运营,截至那时,这还是美国唯一一次暂停所有航空运输。

美国的航空公司受到的打击尤其严重。联邦政府向一些航空公司提供了援助,但许多年轻的"新进入者"只能倒闭、停业。几家主要航空公司宣布破产,一些航空公司成功重组,其他的航空公司停止了运营。波音民机集团收到大量延迟交付的请求,全新飞机从总装线直接进入机库,当时,什么时候可以交付都是不确定的。随着一些航空公司破产,它们期望修改合同条款。由于其他公司停止运营,波音只剩下"白尾"飞机。这种场景在 20 年后新冠疫情横扫全球时又再次重演。

空客也未能幸免。2001 年,虽然空客在美国的市场份额低于今天,但也收到了推迟交付或取消订单的请求。

"在'9·11'事件之后,所有航空公司和租赁公司都陷入了混乱。"

雷义回忆说，"每家航空公司和租赁公司都想取消所有飞机的储备订单，这将导致空客的生产混乱。"尽管雷义同意一些航空公司和运营商延期（不是取消）接收飞机，但他对租赁公司采取了更强硬的态度。它们是金融中介，在顺境时赚了很多钱，所以雷义认为它们需要在逆境时提供帮助。

空客与通用电气资本航空服务公司和国际租赁金融公司等几家主要租赁公司花了数周时间进行谈判，试图在双方之间找到解决方案。租赁公司知道雷义允许航空公司延期和取消一些订单，但他和谢勒对租赁公司采取了强硬态度。

通用电气资本航空服务公司首席执行官亨利·哈伯施曼（Henry Hubschman）用手机给雷义打了电话。他说他需要取消所有订单。雷义回答说："亨利，我们要共同面对困境，你们的信用评级比空客的高。非常抱歉。我们会尽力帮你给飞机找到下家，但你必须接收飞机。"哈伯施曼挂断了电话，通用电气资本航空服务公司接收了飞机，其中一些飞机停放了很长时间。

连雷义的好朋友史蒂文·哈叙都遇到了阻力。最后，雷义受够了关于国际租赁金融公司订单的谈判，谈判毫无结果。一天晚上，在图卢兹，雷义的妻子格蕾丝正在准备晚餐，雷义的手机响了。"您好，雷义先生，我是汉克·格林伯格（国际租赁金融公司的母公司美国国际集团的首席执行官）。很抱歉打扰您，但我们需要谈谈。"然后他解释了国际租赁金融公司面临的严峻形势，以及他们迫切需要取消大量储备订单的原因。格林伯格对哈叙和雷义之前无法找到合适的解决方案感到失望。不出所料的是，雷义回应说，美国国际集团在财务上比空客更强大……而且"我们都在一条船上"。

格林伯格继续争论取消订单的必要性和美国国际集团的重要性。雷义很有礼貌，但并不让步。最后，格林伯格发出"最后通牒"。"如果您不同意取消,那我再也不会和您说话了。"含义很明确。在出现长时间的沉默后,雷义再次表示很抱歉,但他不会改变立场。格林伯格挂断了电话。国际租赁金融公司仍然是空客最大的客户之一,但直到今天,格林伯格再也没有与雷义说过话。

2001 年,空客和波音客机的主要市场是美国。由于订单枯竭和航空公司要求推迟接收飞机,波音受到的打击尤其严重。波音管理层显然担心"9·11"事件对航空产业以及所有利益相关者产生的影响。但他们更关心自己的问题,因为他们有责任确保波音、雇员、股东的利益不受损害,以及整个供应链的健康运转,因为这些人的生计与波音休戚相关。

波音随后拆分成两个主要子公司(以及一大堆较小的子公司):波音民机集团和综合防务系统集团(Integrated Defense Systems,IDS)。波音民机集团管理层不得不忙于处理想要取消/推迟订单的航空公司的申请,以及破产航空公司的订单、因这些因素造成的现金流损失,以及位于伦顿的波音 737/757 工厂和位于埃弗里特的宽体飞机工厂(波音 747、767 和 777 的制造地)的生产中断问题。这对公司的财务状况造成了巨大影响。对于综合防务系统集团,距离对基地组织的回应只有数天了,而且有迹象表明任何军事行动都将很快扩展到伊拉克,政府的军事订单必然会增加。但波音民机集团需要帮助。

波音认为有一个非常简单的方法,可以帮助波音民机集团、综合防务系统集团和美国军方。美国空军拥有庞大的 KC-135 空中加油机机队,它以 20 世纪 50 年代设计的波音 707 为原型。虽然最老的型号早已退役,后来的型号进行过升级改造,其中一些配备了更省油、更可靠的 CFM56 发动机,但是最后一架 KC-135 加油机也是早在 1966 年下线的。到 2001 年,机龄最小的 KC-135 加油机也已经 35 年了,比一些驾驶这架飞机的军人还要年长。许多加油机机龄更长。

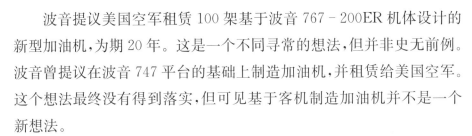

波音提议美国空军租赁 100 架基于波音 767 - 200ER 机体设计的新型加油机，为期 20 年。这是一个不同寻常的想法，但并非史无前例。波音曾提议在波音 747 平台的基础上制造加油机，并租赁给美国空军。这个想法最终没有得到落实，但可见基于客机制造加油机并不是一个新想法。

租赁存在很多问题。其中之一是波音建议在 20 年租约结束时或到 21 世纪第二个十年，这批加油机可改为商用。然而，作为 KC - 767 加油机原型的波音 767 - 200ER 并不是货机的首选机型，更大的波音 767 - 300ER 才是。另外，让机龄为 20 年的加油机退役的前提是美国空军愿意（并有资金）替换这些飞机。

然而，这个想法并不荒谬。空客后来与英国皇家空军签订了 KC - 330 的租赁合同。一家私人公司欧米茄航空公司（Omega Air）将一架波音 707 和一架 DC - 10 改装为加油机，并根据需要将它们出租给美国海军。

波音的提议很快得到了美国空军的支持。达琳·德鲁延（Darleen Druyun）是美国空军采购项目的负责人，她批准了这笔交易。不久之后，波音向她提供了一个高管职位，她接受了。是来自麦道的首席财务官迈克·西尔斯（Mike Sears）向她抛出的橄榄枝。

加油机交易于 2003 年 5 月达成。到 2004 年 9 月，自称"政府废物监督机构"的亚利桑那州参议员约翰·麦凯恩（John McCain）仔细评估了这笔交易，认为政府所要承担的成本太高。这笔 260 亿美元的交易相当于每架飞机的租金为 2.6 亿美元，而单架飞机的售价仅为 1.5 亿美元。麦凯恩认为这笔交易很糟糕，太贵了，是对波音"9·11"事件后的纾困（有争议，但有点牵强），并且带有非法的味道。

2004 年，这位参议员一直坚持反对与波音的这笔交易。11 月，麦凯恩在《国会议事录》上发表了一份声明，痛斥波音、美国空军和五角大楼。"该附加条款实际上是波音在幕后积极努力游说的结果,得到了美国空军高级采购官员达琳·德鲁延和其他人的大力协助。"麦凯恩说,"基于听证会和数次调查结果,我们发现了大量证据,这些证据证明该提案实际上是多么的荒谬。"他还指责各方有一系列不当行为,并密谋诋毁他。麦凯恩的声明将近 4 500 字,长达 9 页纸。

到 12 月,美国空军暂停了这笔交易,同时调查了采购计划的各个方面,包括德鲁延和西尔斯,以确定他们在此中是否收受贿赂。事实证明,德鲁延抬高了波音加油机的价格,并将竞争对手空客的 A330 MRTT 竞标机密信息透露给了波音。在麦凯恩发表声明前不久,德鲁延对多项指控认罪,并从 2005 年 1 月开始入狱服刑 9 个月。西尔斯被解雇并获刑 4 个月。波音为这起和另一起与防务相关的丑闻支付了 6. 15 亿美元的罚款。康迪特于 2003 年 12 月辞职,其职位由斯通西弗继任。

在下一轮军事采购中,麦凯恩敦促五角大楼为波音寻找竞争对手。唯一能够与 KC - 767 竞争的大型喷气式运输机当然是空客的产品。波音的死对头设计了一款以 A330 - 200 为基础的加油机,这是一架比波音 767 - 200ER 更大的飞机。KC - 135 是美国空军的第一款喷气式加油机。波音设计的 B - 47 和 B - 52 轰炸机成为战略空军司令部的主力机型。

由于 A330 几乎扼杀了波音 767 客机的生存空间,航空公司又因"9·11"事件而元气大伤,因此波音需要美国空军的订单。但租赁交易对波音来说是一个福音。显然,直接购买对纳税人来说更有意义。麦凯恩和其他人认为,空客和波音之间的激烈竞争将为纳税人带来更好的交易。

空客向美国空军提供如此高调的飞机,尤其是想取代波音,在一些美国民选官员、波音雇员甚至武装部队的人看来,是一种亵渎。1974

年空客从无到有,到 2005 年时已占领 50%的干线商用飞机市场。此间,麦道不仅退出了商用飞机市场,而且还被波音收购了。许多人将空客的成功归咎于政府补贴,抱怨波音没有得到任何补贴,因此处于不利地位。

毫无疑问,空客得到了政府的支持。法国、德国和西班牙政府对空客进行了大量投资,为其早期项目提供补贴。但自二战以来,许多欧洲飞机项目都得到了政府的大力支持,但它们还是成了失败案例。协和飞机可能是最典型的例子。

2004 年,美国退出了 1994 年关于商用飞机研发补贴的贸易协定,美国贸易代表应波音的要求,向世贸组织提出诉讼,指控空客获得了非法补贴。

许多人认为,波音发起诉讼,是为了转移人们对其加油机丑闻的注意力。空客及其母公司欧洲宇航防务集团曾经坚信情况就是如此。只有波音主要负责人知道这是否是其动机,但这并不重要:这些补贴确实被波音认为是不公平竞争,管理层决心终止这些补贴。

波音的平行战略显然是要在即将到来的加油机竞争中给空客一击。在不对补贴问题进行详细审查的情况下,波音肯定能成功地在美国国会把空客撕得粉碎。然而,在美国空军那里,还涉及其他动态因素。

空客曾通过欧盟向世贸组织提出贸易诉讼,指控波音获得非法补贴。2005 年,空客与诺斯罗普·格鲁曼公司(Northrop Grumman Corp.,NGC)合作发起了名为 KC-X 的加油机项目投标。对于 NGC来说,这是一个全新舞台。NGC 曾经制造过无人机、战斗机和舰船。它还涉足网络安全领域,是波音部分防务项目的承包商。鼓励一个没有飞机制造经验的制造商成为 A330 飞机的集成商,是厚颜无耻的行径。由于与波音在防务项目上的长期合作关系,许多观察家都对 NGC与空客合作感到惊讶。

2005 年的加油机大战很快就变得卑鄙和肮脏。很明显,波音的沟通团队很早就想向空客寻仇了。他们抨击空客拥有非法补贴，在制造加油机方面缺乏经验；抨击它是法国的公司；抨击空客与对制造加油机一无所知的 NGC 合作；抨击空客提议在莫比尔建立一个全新的组装工厂；嘲讽莫比尔工厂的员工连制造圣诞节的三轮车的能力都没有。

波音沉溺于补贴指控。波音事后也表示 KC‑767 是一架相当不错的飞机。但它并不是那么好：只制造了 8 架，存在飞行控制颤振和结构问题，全部延迟交付，并为所发生的损失进行了大笔减记。

就空客和 NGC 而言，它们对莫比尔市《新闻记录》(*Press‑Register*) 上 J. D. 克罗的讽刺漫画哈哈大笑。一幅漫画中克罗画了波音加油机，使用波音 767‑200ER 的机身、波音 767‑300ER 的机翼和波音 767‑400 的驾驶舱，并将其标记为"怪物"加油机(Frankentanker)。另一幅漫画则嘲笑了波音用三轮车来刻画莫比尔的劳动人才①。

从各方面来看，美国空军都试图作壁上观。然而，美国空军改变了加油机参数，这让 NGC‑欧洲宇航防务集团的 KC‑330 更具优势。他们认为，对 KC‑330 飞机的额外性能给予认可是恰当的，当然，在任何理性分析中，这都是恰当的。临近宣布合同时，波音与其雇员及支持它的国会议员聚集在一起庆祝，期待着胜利的到来。他们认为 NGC、欧洲宇航防务集团，以及空客注定要失败。

因此，当美国空军将合同授予 NGC 团队时，双方、媒体、顾问以及所有人都感到震惊，对这一结果感到难以置信。许多人认为，与陷入困境的 KC‑767 相比，KC‑330 是一个更好的选择，但普遍认为它的法

---

① 前国防部长罗伯特·盖茨(Robert Gates)在其回忆录《责任》(*Duty*)中，讲述他在乔治·W. 布什(George W. Bush)和巴拉克·奥巴马(Barack Obama)总统任期内担任国防部长时，曾严厉批评了波音、NGC 和空客在加油机竞争中采取的策略。

国背景会导致它无法赢得这个合同①。

在美国空军对波音失败原因举行的例行汇报中，波音第一次了解到，美国空军更偏向选择 KC‑330，因为其航程、货物有效载荷、滞空时间和加油能力都优于 KC‑767 的。这些额外的优势没有在竞争文件中列出。波音大喊犯规，并提出抗议，抗议得到了支持，美国空军将不得不进行第三次招标。可以这么说，美国空军重新制定招标要求，并将指标重新制定为所谓的"技术上可接受的低价"（technically acceptable，lowest price，TALP）。虽然"技术上可接受的低价"可能不是装备作战人员的最佳方式，但这种方法并非不为人知②。

这基本上消除了 KC‑330 的最大优势。只有当双方报价差额小于百分之一时，KC‑330 的额外性能优势才会被予以考虑。NGC 看了一眼"技术上可接受的低价"方案，然后说："不，谢谢。"空客 A330 的目录价格高于波音 767‑200ER 的，运营成本更高。更重要的是，由于自身的服务、成本和利润，NGC 的参与使合同总价增加。NGC 表示不会参加下一轮竞标。

经过深思熟虑后，欧洲宇航防务集团与空客决定再次竞标，这次以

---

① NGC、空客和其他一些公司表示，KC‑330 飞机是更好的飞机，因为其技术比 KC‑767 飞机的领先 10 年，而且航程和加油能力都优于 KC‑767。考虑到五角大楼当时极力想宣示其对太平洋地区地缘政治的控制力（当时并不为人所知），长"腿"和更长的滞空时间为 KC‑330 飞机提供了关键优势。此外，KC‑767 项目对意大利人和日本人来说（总共 8 架飞机）是一场灾难。设计导致机身产生颤振问题，意大利人的加油机加油伸缩桁杆问题，以及意大利分包商阿莱尼亚宇航公司的问题，共同导致项目推迟了数年，并面临巨大的成本超支和财务核销问题。这是波音在 2005 年竞标中向美国空军提供的飞机，是充斥着高风险的蹩脚货。美国空军将合同授予 NGC 团队的原因之一是波音加油机存在风险因素。但应该指出的是，波音第三轮加油机竞标的飞机优于第二轮的飞机。

② 弗兰克·博尔曼（Frank Borman）是美国东方航空公司的首席执行官，也是首次绕月飞行的阿波罗 8 号太空任务的前指挥官。当博尔曼试图说服强大而好战的国际机械师协会接受可变工资计划时，一名头发花白的成员问博尔曼，为什么他们要跟随一个愚蠢到可以乘坐低价投标者所制造的火箭的人。博尔曼和其他人一起笑了起来。来源：《倒计时》，罗伯特·瑟林著。

欧洲宇航防务集团北美公司作为主承包商①。与此同时,波音从美国空军的汇报中受益,并在灾难性的 KC - 767 国际项目上积累了更多经验,对其产品进行了重大升级。波音构思出了 KC - 767 的改进型号(但至今仍是图纸)。波音未向媒体和公众公布具体的更改方案,但渲染图显示,这架波音 767 拥有翼梢小翼,燃油效率提高了 3.5%。在很长一段时间后,波音又推出了波音 767 - 200ER 的另一个"小改型",称为波音 767 - 2C,是波音 767 - 200ER 机身、波音 767 - 300ER 机翼和波音 767 - 400 玻璃驾驶舱的组合。翼梢小翼没有出现在最终的设计中。

波音再次发起反空客运动,告诉美国国会和媒体 A330 的问题,空客从非法补贴中获益,重申了第二轮争论中的大部分观点。但补贴问题是波音及其支持者提出的主要论点。波音花了更多时间去谈论空客有多么糟糕,而不是谈论自家飞机的性能,这再次让人们怀疑,波音其实对自己的加油机也自惭形秽。

根据法律,美国空军不能考虑世贸组织就美国贸易代表对空客补贴的诉讼所采取的行动(事实上,这些补贴与波音的补贴一样,在多个方面被认定为非法)。军事项目的考虑因素不包含这些。但第二轮和第三轮的竞标更像是政治活动,而不是就两款飞机的优点展开竞争。尽管国会不应该影响军方的采购,但最终它掌握财政大权,所以议员们会尽可能多地干预这个过程。

波音及其投标代理人对本应宣传的优势却轻描淡写:经验丰富的员工队伍、成熟的制造基地和丰富的加油机维护经验。作为一架较小

---

① 欧洲宇航防务集团与 NGC 合作的最初原因是,2005 年欧洲宇航防务集团北美公司刚开始在美国开展业务,在国防合同方面几乎没有经验;而 NGC 在与五角大楼合作方面经验丰富。那时欧洲宇航防务集团尚未证明自己是可靠的国防业务承包商,而 NGC 则没有这样的障碍。到第三轮竞标开始时,由 NGC 前高级主管拉尔夫·克罗斯比(Ralph Crosby)领导的欧洲宇航防务集团北美公司已成功签署几份国防合同,五角大楼表示对欧洲宇航防务集团北美公司作为主承包商感到满意。

的飞机，波音 767 的运营成本较低，但并不像波音声称的那么低[①]。

华盛顿州州长格雷瓜尔自然希望波音赢得合同，并与其他倾向于选择波音的各州州长以及华盛顿州的利益联盟一起，参与支持波音加油机的公关活动。但她比华盛顿州国会代表团要精明得多。格雷瓜尔专注于波音加油机本身的优势，而不是抨击空客。为什么？

欧盟在世贸组织提起反诉，指控华盛顿州对波音 787 飞机的税收减免为非法行为。世贸组织已经裁定空客从非法补贴中受益；A330 成为波音反空客、非法补贴运动的焦点。任何关于华盛顿州税收减免的客观分析都得出结论，世贸组织也会根据其规则将这些税收减免政策认定为非法。如果格雷瓜尔抨击空客的税收减免，结果自己领导的华盛顿州给波音的税收减免也是非法的，那对格雷瓜尔来说就很尴尬了，而事实就是如此[②]。

正如 NGC/欧洲宇航防务集团首次赢得竞争时震惊全球一样，有关各方都震惊于波音会在 2011 年的第三轮竞标中获胜。双方的标的相差很多，波音的中标价格比欧洲宇航防务集团北美公司的低 10%。空客的额外性能优势没有发挥作用。

麦凯恩否决了 2002 年的租赁交易，转为公开招投标的方式，这是

---

① 在第三轮竞标中，美国众议员、现已退休的诺姆·迪克斯（Norm Dicks，华盛顿州的民主党参议员），迫使美国空军将加油机的使用寿命由最初的 25 年改为 40 年，这让波音的竞标之路出现转折。这是一个公平的观点；KC-135 加油机（甚至是较新的麦道 KC-10 加油机）都证明了这一点。在最初假设的使用寿命的基础上增加 15 年，较大的 KC-330 加油机和较小的 KC-767 加油机的运营成本之间的差值成为本轮竞标的比较要素。事实上，一些 KC-135 加油机在退役时服役时间已经超过 50 年。尽管最终合同归属的主要决定性因素是价格，但预测的运营成本是欧洲宇航防务集团/空客无法赢得竞标的重要因素。

② 波音和美国贸易代表对裁决提出上诉，上诉被驳回。2020 年，为了抵消关税，波音要求华盛顿州立法机构取消给波音的税收减免政策。世贸组织是否认为这是可接受的，还有待观察。但至少目前这些问题没有定论。2021 年，欧盟和美国同意就航空补贴争端搁置 5 年，同时联手研究中国如何补贴其航空航天产业。

纳税人获胜的关键。然而事实证明,这位参议员的工作人员中有欧洲宇航防务集团的前雇员。一些人认为,在这场竞标活动中,麦凯恩与他支持的欧洲宇航防务集团之间存在不正当关系(尽管这种说法也可能是诽谤,但形式很重要),在参议员那里说得上话肯定对欧洲宇航防务集团没有坏处。

数月后,有传言称美国空军授予 NGC 合同的部分原因是向波音传达信息;完全期待波音为新一轮竞标"做好准备"。这似乎有点阴谋论的意思,但这里毕竟是华盛顿特区,所以不能排除这种说法。

经过第三轮竞标,美国空军最终确定购买 179 架 KC - 46A 加油机,这款以波音 767 为原型的加油机将由美国空军命名。波音首先研发了 4 架加油机作为试验飞机。整个合同的最终价格是固定的而不是成本加成,这意味着如果波音在研发和制造过程中出现超支,它将陷入困境。

对于波音来说,在距其首次提出租赁协议已将近 10 年,公司获得了一个令人满意的结果。但到 2020 年,该合同已经让波音亏损了 50 亿美元。合同的待支付余额,也是固定的,那么波音可能要数十年后才能在这个项目上获得盈利。

美国空军方面倍感受挫,官员们提出重新向空客开放采购协议。2019 年,洛克希德·马丁公司和空客提议成立一家合资企业,通过特别租赁方式向美国空军提供 KC - 330 MRTT①。

失去军方合同对空客以及亚拉巴马州和莫比尔市来说都是遗憾的。作为 NGC -欧洲宇航防务集团竞标提案的一部分,空客表示将在莫比尔建造总装线。当美国审计署推翻该合同且 NGC 退出第三轮竞标后,空客重申,如果能被授予加油机采购合同,它将建造这个总装线。

---

① https://wwwdefensenews. com/air/2018/12/05/lockheed-airbus-venture-ups-the-pressure-on-boeing-to-deliver-its-us-air-force-tankers/.

波音获胜后，空客在莫比尔建飞机总装线的希望破灭了。谁也没料到，恩德斯重新提出了建造 A320 总装线的想法，最终空客为 A220（即庞巴迪的 C 系列）建立了总装线。这就是"巧妇难为无米之炊"。

尽管波音一边贬低空客在制造加油机方面缺乏经验，另一边表示自己在这方面经验丰富，但在这场竞争中空客的加油机赢得了除日本之外世界其他地区的关注和青睐（日本与波音关系特殊，购买了 4 架 KC–767 加油机）。尽管空客的加油伸缩套管在初期存在一些问题，但它的 KC–330 仍在服役并执行任务，而波音在 2021 年仍在解决 KC–46 的技术问题。

空客的贿赂丑闻

虽然开展第三轮加油机竞标的根源在于波音的租赁丑闻和美国空军在第二轮竞争中的失误，但空客自身的丑闻也在酝酿之中。

数十年来，在国际商用航空领域，黑幕交易并不少见，甚至连航空公司也卷入其中。例如，泛美航空公司及其创始人特里普的事迹在业界广为流传，他在交易中使用诡计、权力，有传言说为赢得航线授权，他甚至推翻了政府。

作家约翰·南斯（John Nance）在他所著的讲述布兰尼夫国际航空公司（Braniff International Airways）倒闭始末的《粉饰门面》（*Splash of Colors*）中详细描述了该公司在拉丁美洲的发展历史，包括账外机票销售，这是一种几乎不加掩饰的行贿基金，航空公司代理人用它来讨好当地旅行社和官员。20 世纪 70 年代初期，洛克希德公司被曝出通过贿赂日本政府官员，以期在竞标中赢得全日空航空公司购买 L–1011 的订单。最终，麦道获得了 DC–10 的合同，全日空航空公司购买了"三星"飞机。

20 世纪 70 年代甚至 80 年代的，以"佣金"或更直接地用装满金钱的黑袋子进行贿赂的行为在第三世界国家也十分常见。这些做法在世界某些地区被视为开展业务的方式。

对于波音、空客或发动机制造商来说，在第三世界国家寻找目标市场当地的商业伙伴、聘请代理商或说客并不少见。这些人提供当地的信息和关系网络，他们会说当地语言，可以帮助制订适合当地需求的销售活动计划。绝大多数人过去和现在都是诚实和正直的。遗憾的是，有些人并非如此。

到 2000 年，欧洲和美国的公司在与商业伙伴开展合作之前，必须仔细审查并开展"尽职调查"。国际公司建立了合规组织，并加强了对公司商业活动的监督，特别是商业伙伴开展的商业活动。

2000 年，欧洲宇航防务集团与法国利益相关方在巴黎成立了一家合资企业，名为战略与营销组织（Strategy and Marketing Organization，SMO）（该合资企业于 2003 年解散，法国方面将股权全部划转给欧洲宇航防务集团）。与使用任何销售顾问一样，战略与营销组织的目的是让有当地人脉的人参与进来。然而，欧洲宇航防务集团的战略与营销组织独立于空客运营。这是一个奇怪的安排。

直到 2012 年，随着德国警方的一次突击搜查行动，事情才开始败露[①]。具有讽刺意味的是，空客还曾凭借其内部流程合规而获得嘉奖。但随着事态的发展，空客自己的法务部门发现了可疑的交易，包含欧洲宇航防务集团向顾问支付的佣金。空客财务部门调查这些问题时，发

---

① 德国出版物《明镜周刊》（Der Spiegel）2017 年刊登的一篇文章概述了空客的这次丑闻，包括警方的突击搜查。相关内容可查阅以下网址：https://wwwspiegel.de/international/business/airbus-corruption-scandal-threatens-ceo-tom-enders-a-1171533.html。也可参见 https://wwwmofo.com/resources/insights/180214-airbus-corruption.html。

现合规程序并不像想象的那么好。空客没有披露涉及出口信贷融资的交易（包括顾问的参与情况），但实际上这些是有必要的。在其他情况下，顾问的名字也出现了混淆。

空客向英国出口信贷机构英国出口融资部（U. K. Export Finance）披露了这些问题。该机构随即暂停了对空客的进一步支持，直到调查结束。此后严重欺诈办公室（Serious Fraud Office，SFO）介入调查。从那时起，丑闻陆续涌现，一发不可收拾。法国和德国的检察官也发起了调查。德国检察官突击搜查了空客的办公室，并缴获了一些文件。奥地利当局对欧洲宇航防务集团的一项军事交易展开了调查。最终，美国司法部以涉及军民两用硬件出口违规行为为由也介入开展相关调查。三大洲的报纸、杂志纷纷报道了此事。

在2012年德国警方突然搜查空客办事处后，空客开始针对顾问问题开展深入自查。战略与营销组织敷衍的文件记录——或者在某些情况下根本没有文件记录——被暴露无遗。为军事和商用交易支付的佣金几乎很少或没有备份文件。一位空客前高管告诉作者，在某些情况下，英国出口信贷文件中的顾问实际上并没参与某项交易。在另一些情况下，本应包含在内的姓名却未被列出。

空客花了4年时间才完成内部调查。随着丑闻的曝出，一位驻欧洲的航空航天领域记者注意到，18个月内，空客岌岌可危。事实证明，需要花近5年时间才能看清这件事产生的影响。在其他方面，记者说得没错。

丑闻最终导致空客管理层的"大换血"。许多职级较低的管理人员和销售人员也受牵连，不管他们是否有错，都被公司开除。似乎这些人中大多数是无辜的。很多人只是在错误的时间出现在了错误的地点。尽管如此，对空客董事会及其法律顾问来说，表面工作很重要。

2019年，英国严重欺诈办公室在解决此案的暂缓起诉协议中的

"事实陈述"里概述了欧洲宇航防务集团和空客所采取的行动①②。严重欺诈办公室发现,"空客没有防止,或在重要时刻没有适当的程序来防止与空客有关人员的这种行为。"

空客及其管理层和董事会可能面临受到刑事指控的灾难性打击,并可能被禁止在欧洲和美国签订防务合同。公司认为,与各国政府充分合作是最好的行动方式:空客与英国政府充分展开合作,英国通过严重欺诈办公室成为主要调查方。法国紧随其后,美国司法部也介入;奥地利和德国政府继续调查空客此前与其达成的战斗机交易。

2019 年,空客终于与英国、法国和美国达成了暂缓起诉协议(奥地利和德国的较早达成);罚款高达 39 亿美元。德国对防务合同的罚款为 9 900 万美元。彼时,这是有史以来最大的一笔企业罚款。相比之下,罗罗 2017 年为自己的贿赂丑闻支付了 8.98 亿美元,波音在 2006 年为窃取商业机密和加油机丑闻支付了 6.15 亿美元(相当于 2020 年的 7.329 亿美元)。

空客的商用飞机项目和防务项目被发现存在违规行为。英国严重欺诈办公室在其与空客的暂缓起诉协议中写道:"原则上,战略与营销组织应该确保商业合作伙伴不是空客的客户,并负责评估和审核潜在和现有商业合作伙伴的申请,以便进行合规风险评估。"

暂缓起诉协议指出,空客管理层相信他们的合规程序是完善的。"2012 年底,空客委托一家私营企业的审计和认证服务机构审查其合规程序。数月后,该公司向空客出具了一份反腐败合规证书,以认证其

---

① 参见 https://www.sfo.gov.uk/2020/01/31/sfo-enters-into-e991m-deferred-prosecution-agreement-with-airbus-as-part-of-a-e3-6bn-global-resolution/,以及 https://www.sfo.gov.uk/download/airbus-se-deferred-prosecution-agreement-statement-of-facts/。

② 无论是对空客还是波音,暂缓起诉协议(DPA)都不是法院的有罪判决,而是在公司支付巨额罚款和同意对程序和人员进行重大结构变更的情况下,延缓起诉。有时涉及聘请外部监督员,以确保变更得到实施。

反贿赂合规程序。"但 2014 年的审计发现空客"严重"违反了合规政策，结论是战略与营销组织的大多数项目"表现不佳，并质疑商业合作伙伴是否帮助空客'创建'了可行的业务。"

美国司法部的暂缓起诉协议指出，空客违反了美国《国际武器贸易条例》(International Traffic in Arms Regulations，ITAR)——这是美国为了控制国防和军事技术出口而制定的指导方针。美国暂缓起诉协议没有详细说明空客的违规行为，但 KC-330 空中加油机上采用的美国零部件可能适用于《国际武器贸易条例》①。民用飞机上也有军民两用技术的应用。波音在 2000—2003 年曾向中国出口过类似的部件，用于组装波音 737 客机，这无意中违反了《国际武器贸易条例》②。

即使事件调查还在进行中，空客董事会根据外部顾问的建议，要求对公司进行一次大清理。与表象相比，实际的有过失或无过失显得次要了。此次大清理大约有 100 人被解雇，其中许多人属于战略与营销组织，其余来自空客的其他部门。就像美国军方加油机丑闻使波音首席执行官康迪特丢了工作一样（因为他是首席执行官，需要承担责任），恩德斯和空客首席财务官哈拉尔德·威廉(Harald Wilhelm)离开了空客，尽管是他们启动内部调查并向政府部门报告了调查结果③。

空客必须在 3 年内（至 2023 年）对其商业活动进行监测和报告，但多年后才能真正显现大清理的全面影响（新冠疫情进一步扰乱了步调）。空客与英国政府的暂缓起诉协议于 2019 年达成一致，并于 2020 年（在此期间，波音 737 MAX 停飞）敲定。

---

① 波音首席执行官詹姆斯·麦克纳尼参与美国空军 KC-X 加油机项目合同的激烈竞标时，曾暗示空客违反了《国际武器贸易条例》。空客对此愤愤不平，并否认了这一指控。

② http://wwwbarnesrichardson.com/?t=40&an=7213&format=xml&p=3734.

③ 在空客，政府部门审查了来自 200 多人的 3 050 万份文件，并在空客进行了访谈。据报道，空客的法律咨询和调查费用超过 6 亿美元。

波音 737 MAX 丑闻

波音 737 MAX 事故是一场悲剧，并引发了外界对 MCAS 设计的质疑。这些问题让波音的处境十分尴尬。但美国国会、联邦航空管理局、美国交通部监察长（交通部是联邦航空管理局的上级机构）和美国司法部的调查也揭露了波音的失误和丑行。两名波音试飞员之间的电子邮件尤其具有毁灭性。因将过多的监督工作和权力下放给波音，联邦航空管理局的做法也受到了严厉的抨击。

美国交通部的调查基本上排除了联邦航空管理局的不当行为，几乎没有人对这种"官官相护"的做法感到意外。但 2021 年 1 月，在特朗普政府执政的最后数天，波音和美国司法部宣布它们达成了暂缓起诉协议①。该协议一经公布立马指责声一片。两名试飞员被挑出来作为替罪羊。暂缓起诉协议基本上免除了波音领导层的责任。如第 24 章所述，处罚主要是波音已经同意向客户支付的赔偿金。遇难者的赔偿金有所增加，但刑事罚款仅为微不足道的 2.436 亿美元。暂缓起诉协议中只有一项针对波音的欺诈刑事指控。

暂缓起诉协议规定，"除其他因素外，美国司法部欺诈科根据以下因素确定不需要独立的合规监察员：① 这些不当行为在波音内部没有普遍存在，没有由多位员工实施，也没有得到高级管理层的协助；② 虽然两名波音 737 MAX 飞行技术飞行员通过具有误导性、真假参半和片面的话语欺骗了联邦航空管理局，但波音其他人向联邦航空管理局负责认定波音 737 MAX 是否符合美国联邦适航标准的工作人员披露了

---

① https://www.iustice.gov/opa/pr/boeing-charged-737-max-fraud-conspiracy-and-agrees-pay-over-250，https://wwwjustice.gov/opa/press-release/file/1351336/download.

MCAS 操作范围扩大的事实。"

与空客的暂缓起诉协议一样，波音签署的协议中也有一条为期 3 年的监控条款，但协议可能会提前终止（两起致命坠机事故的遇难者家属对暂缓起诉协议的条款和条件表示愤怒，尤其是当暂缓起诉协议披露了波音最初未能配合调查这一事实时）。与空客一样，波音 737 MAX 危机和暂缓起诉协议的全面影响要在多年后才会完全显现；新冠疫情的暴发搅乱了局面。

为应对丑闻，波音成立了董事会级别的航空安全委员会。当时，建立董事会级别的航空安全委员会、设立高管级别的安全经理和实施其他改革措施的效果如何，还有待进一步观察。航空安全委员会的成员都没有航空航天背景，不是航空公司飞行员、航空工程师，也不是飞机设计和生产人员。直到 2021 年，董事会才任命了一名新董事，她曾是美国联合航空公司的飞行员，拥有 30 年波音飞机的飞行经验。她成了航空安全委员会的成员。

之前解决道德和安全违规问题的措施似乎没有持久的效果。暂缓起诉协议指出，波音的企业诚信和对产品安全的承诺曾是政府监管的主要对象。暂缓起诉协议指出，"波音先前的不当行为包括 1989 年因一名员工非法获取机密军事项目文件而定罪判刑，以及 2006 年因一名员工存在采购欺诈行为，签署了刑事不起诉协议。波音还在 2015 年因商用飞机业务部门的安全和质量问题，与联邦航空管理局签订了民事和解协议。"

在加油机丑闻发生后，麦克纳尼将改善波音的道德操守作为优先事项。卡尔霍恩在波音 737 MAX 危机中尝试力挽狂澜。无论他的继任者是谁，都必须继续完成这项任务。

第 26 章
新冠疫情

"我们的现金正以前所未有的速度流失，这可能会威胁到公司的生存。"

——空客首席执行官纪尧姆·傅里致员工的信

当卡尔霍恩在 2020 年成为波音的领导者时，波音已经因为波音 737 MAX 停飞减记了数十亿美元的成本、费用和客户赔偿金。未来还会产生数十亿美元的费用。卡尔霍恩还面临波音 777X 需求停滞的问题。波音最初预计波音 777－9 将在 2020 年初或者在 2019 年第四季度末投入使用。超远程波音 777－8 的研发工作将在两年后进行，波音 777－8F 的研发工作则在其之后的两年进行。但是，由于巨型 GE9X 发动机遇到技术问题，波音将波音 777－9 的投入使用时间推迟了一年。那些已交付、安装在试飞机上的发动机必须运回通用电气公司总部辛辛那提进行返厂修理。

阿联酋航空公司订购了 150 架波音 777X 飞机，是迄今为止该机型最大的一笔订单。阿联酋航空公司已经对其 A380 机队的发动机感到不满，包括通用电气-普惠合资企业发动机联盟公司和罗罗生产的发动机。克拉克告诉波音以及其他所有愿意倾听的人，包括媒体，他希望波音在交付飞机之前，先进行为期 16 个月的飞行试验，以确保发动机一切正常。

特朗普政府针对中国的所谓贸易制裁影响了飞机销售。波音原本指望中国的航空公司成为波音 777X 的稳定客户，但自 2017 年以来，波音没有获得中国方面的任何新订单。预计未来也不会有。

继而是波音 737 MAX 认证争议产生的影响。波音 777X 是继波音 737 MAX 7 和波音 737 MAX 10 之后，波音需要获得美国联邦航空管理局认证的机型。经过波音 737 MAX 事件后，所有人都希望联邦航空管理局对波音 777X 的审查能够更加细致和严格。波音最初声称不会因为联邦航空管理局的原因推迟飞机投入使用的时间，但很少有人相信它的保证。在 2020 年第三季度财报电话会议上，卡尔霍恩终于承认了这一显而易见的事实。

卡尔霍恩需要安抚一众对于波音 737 MAX 心生不满的客户。美国空军也很不高兴，因为波音防务、空间和安全集团无法解决加油机远程控制加油杆的问题。最终波音承认其在技术上存在缺陷，并表示其供应商将针对该部件重新设计。此外，美国空军对波音民机集团也心生不满，因为美国空军一直在机翼油箱中发现外来物（foreign object debris，FOD）。在波音解决这个问题时，KC－46A 加油机的交付被叫停了两次。

后来，波音在新生产和库存的波音 737 MAX 的机翼油箱中也发现了外来物。波音需对 450 多架波音 737 MAX 进行检查。在本次检查中，波音在大约一半的飞机上发现了外来物。2019 年 3 月 10—13 日，全球波音 737 MAX 机队停飞时，在役的 387 架波音 737 MAX 飞机也必须接受检查。接着在夏天有消息传出，在查尔斯顿工厂制造的波音 787 上发现了更多的外来物，飞机也存在质量控制问题。这是自查尔斯顿工厂开始组装飞机以来，一直存在的问题。

外来物和质量控制问题让波音深感尴尬，外界也一度因此将波音视为一家马虎、松懈的公司。卡尔霍恩上任后迅速做出了一个决定：终止 NMA 项目。卡尔霍恩正式暂停了 NMA 的后续研发工作，同时对波音民机集团的产品线和未来发展方向进行了整体评估。他说，这对任何新任首席执行官来说都是合乎逻辑的。

这种说法当然是有道理的。然而，除非卡尔霍恩在波音董事会上是被隔离的，否则他就会了解到波音民机集团管理层向董事会汇报的有关 NMA 和该项目替代方案的所有信息。相反，一位从波音了解到情况的华尔街分析师告诉记者，卡尔霍恩长期以来一直反对开展 NMA 项目。"终止"NMA 项目（而不是"暂停"）只是实现了卡尔霍恩长期以来的愿望。卡尔霍恩很快表示，暂停 NMA 项目并不意味着波音不打算继续研发新的飞机。

一直以来，即使在米伦伯格的领导下，波音不会在波音 737 MAX 停飞及其最重要的流动资金被冻结的情况下推出新飞机，除非流动资金和利润恢复至正常水平。一个悲观的观察家甚至认为，除非波音恢复股票回购，否则这种情况不会有所改变。波音 777X 交付带来的预期现金流不足加剧了事态的严重性。卡尔霍恩还需要决定与巴航工业建立合资企业的相关事宜。

合资企业必须接受 10 家监管机构的反垄断调查，其中 9 家已批准交易，只有欧盟还没有批准。斯莱特里对此表示愤慨。尽管另有保证，但他确信，在特朗普政府发起的美国与欧盟之间的贸易战中，欧盟将这家合资企业当成了"人质"。而且通过欧盟正在审查的 20 年交易数据以及数十万份文件，很难得出其他结论。

波音和巴航工业原本希望成立合资企业能在 2017 年底前获得监管部门的批准。但几经波折后，经过多次推迟，斯莱特里将这个期望时间定为 2018 年底。最终，这也没有实现，预期的时间又变成了 2019年。后续又遭遇波音 737 MAX 停飞，波音的现金流枯竭。

2019 年年内，波音发行了 45 亿美元的新债券，专门用于支付巴航工业商用航空公司的收购价款。然而，随着波音 737 MAX 停飞的时间越来越长，有传言称，当现金大量流失时，波音花这笔钱是没有意义的。

　　2018 年和 2019 年巴航工业的股价持续下跌。燃油效率高的 E2 喷气式飞机销售疲软。该系列最小的机型 E175－E2(计划投入美国市场)太重,不符合美国飞行员劳动合同中"范围条款"的规定。除非"范围"放宽——在工会这里,这个问题没有任何商讨余地——E175－E2 是一款"无价值"的飞机。美国市场是迄今为止 E2 系列最大的市场。没有美国市场,E2 项目在未来就不可能会盈利。斯莱特里一再承诺,波音会在美国以外地区销售 E175－E2,但从未兑现。

　　这给收购巴航工业商用航空公司和对其进行估值带来了很大的冲击。出于种种原因,巴航工业的市值下降到商定收购价格的四分之一。波音为什么要花 42 亿美元收购一家市值 12.5 亿美元的公司呢?

　　斯莱特里表示,将巴航工业从替代方和波音竞争对手手中夺回是值得的。但除了 E2 系列,还有更多的原因。收购 E2 系列是波音进行这笔交易四个理由中排在最末的那一个。波音首要考虑的因素是利用巴航工业年轻的工程师来取代波音年迈的即将退休的工程师;这些工程师将被分配到 NMA 项目。

　　根据波音和巴航工业双方签署的谅解备忘,巴航工业将负责研发 100～150 座的新机型。巴航工业也将成为 NMA 的主要供应商;但如果没有 NMA,波音就不需要年轻的工程师或新的 100～150 座飞机,至少在近期到中期不需要。

　　在波音权衡这些因素的同时,也面临着越来越多的波音 737 MAX 订单被取消的问题。一些租赁公司(包括美国的租赁公司),对已有的波音 737 MAX 订单进行了取消或变更。尽管如此,即使在波音 737 MAX 停飞之前,试图为该机型寻找运营商的租赁商也面临供需失衡的情况。在多数情况下,节油型新机的租赁价格低于旧款波音 737NG 的租赁价格,波音 737 MAX 的租赁价格低于 A320neo 的;这是一个颠倒的情况。当波音 737 MAX 停飞 12 个月后,一些租赁商看到了退出的机会。

值得注意的是，截至本书撰写时，事故航班的承运人狮航和埃塞俄比亚航空公司都没有取消各自的波音 737 MAX 订单，尽管它们都威胁要这样做。

波音内部有人认为，空客正在利用其在欧洲航空安全局的影响力来阻止波音 737 MAX 获得重新认证，从而为 A320 的销售铺平道路。空客对此予以否认。这些否认之词听起来像是真的。空客希望欧洲航空安全局和美国联邦航空管理局同时进行认证，两个适航监管机构先后认证只会延迟飞机投入使用的时间。A321LR 和 A330 - 800 即将获得认证，A321XLR 将在 2023 年取证。卷入国际认证争端以及与波音针锋相对对空客并没有好处。到 2020 年 3 月，波音 737 MAX 何时能获得重新认证仍遥遥无期。卡尔霍恩和波音的前景晦暗不明，而空客则在冉冉上升。然后世界崩塌了。

2020 年新冠疫情成为国际关注的突发公共卫生事件，各地医院不堪重负，死亡人数开始飙升。各种迹象表明，全球正在进入疫情大流行阶段。

到 2020 年 3 月中旬，新冠疫情在全球范围内暴发。航空出行下降了 90% 以上。航空公司停飞的飞机越来越多：起初是 25%，然后是 50%，最后是 90%。即使有如此大幅度的缩减，飞机载客率（飞机上座位的利用率）也只有 10%。全球许多国家都关闭了边境，国际航空运能骤减。

空客迅速暂停生产以对总装厂进行全面消杀。波音因受波音 737 MAX 停飞一年的影响，采取疫情应对措施的速度要慢得多。尽管国际机械师协会 751 区抱怨其总装线上的成员处于危险之中，但波音直到一名工人死亡后才关闭埃弗里特工厂，随后又关闭了查尔斯顿工厂。

空客、波音和巴航工业几乎暂停了所有商用客机的交付。疫情的冲击对于已经因波音 737 MAX 停飞和波音 777X 项目进度推迟而瘫痪的波音来说,波音 787 的交付量大幅下降,几乎使波音民机集团难以为继。最终在 4 月 25 日,卡尔霍恩终止了与巴航工业成立合资企业的交易。

"两年多的时间里,波音一直在努力完成与巴航工业的交易。在过去的数月里,我们就交易协议(MTA)条件进行了富有成效的谈判,但最终没有成功。我们都希望在预定的终止日期之前解决这些问题,但没有实现。"波音巴航工业合作与集团运营总裁马克·艾伦说,"这令人深感遗憾。但我们无法通过在交易协议框架内继续谈判,来解决悬而未决的问题。"

巴航工业对此感到非常愤慨。巴西人以其友好、悠闲的文化而闻名,此次公司管理层一反常态地直言不讳。巴航工业在一份声明中表示:"巴航工业坚信,波音终止交易是错误的行为,波音捏造虚假声明,以此为借口,试图逃避其完成交易并向巴航工业支付 42 亿美元收购价格的承诺。我们认为,鉴于波音自身的财务状况,以及波音 737 MAX 和其他业务及声誉问题,波音不愿完成交易,因此一直在找借口推迟交易并多次违反交易协议。巴航工业已完全履行交易协议规定的义务,并在 2020 年 4 月 24 日之前满足了交易所需的所有条件。"

两家公司按照合资协议的规定提请仲裁。对于波音来说,此举节省了 42 亿美元。波音声称,公司取消合资协议的理由为其节省了 1 亿美元的"分手费"。对巴航工业来说,从公司剥离商用航空业务花费的 1.3 亿美元打了水漂。在等待监管部门审批的漫长过程中,斯莱特里表示,许多客户潜在的销售计划被搁置,因为它们在观望波音将如何与巴航工业开展合作。此外,涡桨飞机的研发也被推迟。巴航工业又需要与空客开始竞争 100~150 座的低端市场。未来在波音新飞机上的角色,无论是什么,巴航工业都落空了。现在巴航工业还得独自面对新冠疫情危机。一位高管承认,巴航工业岌岌可危。

波音在终止交易4天后公布了公司2020年第一季度盈利数据。在财报电话会议上,卡尔霍恩对新冠疫情的影响直言不讳。"新冠疫情是一场罕见的全球危机。"卡尔霍恩说,"为了保持我们公司以及整个行业的长期竞争力,度过危机,我们对保障资金流动性予以了高度关注。"

除了波音民机集团在新冠疫情危机中遭受重创之外,波音全球服务集团也遭受了冲击。波音全球服务集团至少有一半的收入来自航空运输业。由于各航空公司基本上都停飞,波音全球服务集团的收入急剧下降。波音立即动用了其信贷额度。波音起初告诉美国联邦政府,航空产业需要600亿美元的政府紧急援助金。波音所要求的份额从未被明确提及,但之后的新闻报道称为170亿美元[①]。

卡尔霍恩宣布了一项裁员计划,要在全公司范围内辞退10%的员工,如有必要将强制裁员。大部分被裁员工来自波音民机集团。在接下来的数月里,裁员人数翻倍,波音民机集团比波音全球服务集团的防务部门受到的冲击更大。

从华盛顿州的角度来看,裁员大多发生在这里。原因是裁员带来的影响并不局限于波音内部,波音每削减1个工作岗位,华盛顿州就有3~4个间接工作岗位受影响,从供应商,一直影响到餐馆、咖啡店,甚至门卫员。

2020年10月,波音宣布将波音787的生产整合到查尔斯顿工厂,并将于2021年关闭埃弗里特总装线,这对华盛顿州来说是最沉重的打击。卡尔霍恩在7月29日的第二季度财报电话会议上透露了这一消息,当时他表示,波音将把波音787的产量减少到每月6架,并研究生产线整合的问题。虽然他极力表示尚未做出任何决定,但很少有人相

---

① 然而,当美国财政部要求以股权质押的形式作为贷款条件时,波音表示,"不用了,谢谢。"波音通过发行债券筹集了250亿美元。财政部也购买了数十亿美元的债券。

信这一点。《西雅图时报》《利厄姆新闻》和其他几家新闻媒体，以及几乎所有被问及的观察员和分析人士都表示，毫无疑问，波音787唯一的总装线将设在查尔斯顿工厂。

事实上，波音在2009年10月决定将波音787第二条总装线设在查尔斯顿工厂时，大多数人就得出结论：当市场需求降低、产量不可避免下降的那天到来时，查尔斯顿工厂将成为唯一的波音787生产地——这里劳动力成本较低，政策环境更加宽松，做生意的成本更低。一旦波音决定波音787-10飞机只在查尔斯顿工厂生产，那就表明波音的前景不容乐观。

由此推测，埃弗里特工厂将为生产制造一款新的波音飞机，大概就是后来的NMA，留出位置。但这个项目也被搁置了，因为卡尔霍恩在削减成本时，终止了这款飞机以及暂停了所有新飞机的研发工作。为降低成本，波音后来还宣布出售30%所持有的不动产。位于伦顿的波音民机集团总部园区将被出售，集团管理层可能会到伦顿机场或埃弗里特的闲置空间办公，并且考虑设立"轮值波音民机集团首席执行官"职位，以期决策领导能更接近生产基地。波音甚至在重新考虑是否继续租赁租金昂贵的芝加哥总部办公楼。

波音出售波音民机集团总部园区对华盛顿州来说意味着蒙受巨大的损失——也许预示着波音民机集团总部最终会搬迁至华盛顿州以外的地方。波音为了削减成本，甚至在2020年11月出售了价值1 300万美元的"代达罗斯"号游艇。这一直代表着波音民机集团销售人员和高管招待客户和国际访客的一种至高礼遇，也正是空客所缺乏的。一位波音前内部人士表示，出售这艘游艇表明公司的实际情况相当糟糕。在此前面对经济衰退、大萧条、停产甚至"9·11"事件时，波音都没有出售这艘游艇。

人们必须竭尽全力才能从疫情中求得生存，但这场危机让波音管理层有能力以以往无法使用的方式去追求神圣的目标并优化调整企业结构布局。数十年来，外部人士和许多内部人士都抱怨波音公司架构臃肿不堪，到处都是无用之人，维持着自我保护的人事架构，一直以来针对不称职的员工只是调动工作岗位，而不是解雇他们。

波音的航空公司客户在疫情开始后就停飞了大部分机队，不愿意接收新飞机。租赁商与其承租人面临同样的问题。租赁商也不想接收波音的新飞机。波音 737 MAX 停飞使一些客户能够趁机取消飞机订单而无须支付违约金①。对于订购波音 787 或波音 777 Classic（主要是货机）的客户，通常会想办法延期接收飞机而不是取消订单。

空客的傅里很快就表示，公司已处于生死存亡之际。傅里在给雇员的信中写道："空客面临的挑战是尽快适应这一新现实，并控制损失的规模，我们的现金正以前所未有的速度流失，这可能会威胁到公司的生存。②"

空客立即筹集了 150 亿欧元（约 176 亿美元），以提高公司的资金流。空客将 A320 的生产速度从月产 60 架减少到 40 架，A350 从月产 10 架削减到 6 架，A330 被削减到 2 架。A380 在完成最后 5 架储备订单的生产后，将停产。许多人想知道为什么空客没有进一步降低生产速度，尤其是 A320 的。空客解释说，要保持供应链的健康运行，就必须保持这个生产速度。

---

① 合同有复杂的条款，允许在严格规定的情况下取消订单。其中一项条款对延迟交付的情况进行了规定，延迟时间通常会达到 6 个月或 12 个月。实际上这些规定也存在对延迟的可原谅/不可原谅原因的限制，甚至这些规定有时会出现在原始设备制造商律师和客户律师的法律条款解释文件之中。在波音 737 MAX 飞机停飞长达 21 个月的情况下（中国的停飞时间更长），客户可以取消订单而不用支付违约金。在研发延迟的情况下，如波音 787 和现在的波音 777X，客户也可以取消订单，但只能是以逐架飞机的形式取消，而不是取消整个订单。

② https://www.reuters.com/article/health-coronavirus-airbus-text/text-airbus-ceos-survival-at-stake-memo-to-employees-idUSL5N2CF5EA.

在遵守《工人调整和再培训通知法》的前提下（要求雇主在裁员前必须提前至少 60 天向雇员发出通知），波音可以自由地新增工作岗位或裁员。与波音不同，空客需要遵守欧洲严格的劳动法规定，不可以随意裁员。这也是空客试图在经济周期中保持稳定的员工数量和生产速度的主要原因。

当疫情来袭时，空客宣布裁员 1.5 万人。法国法律特别要求空客就裁员事宜要与工会谈判，很明显裁员是为了削减成本，但工会对此表示反对。然而，随着裁员谈判的开始，空客持续减产。公司管理层表示，除 A321XLR 飞机外，其他项目的研发支出已暂停。然而，波音民机集团和空客商用飞机公司的前三季度财报显示，两家公司在研发上的投入仍然相当可观。

疫情暴发后不久，空客就削减了产量。公司管理层表示，将在 2020 年 8 月或 9 月重新评估生产速度。但 2 个月后空客并没有发布新公告。10 月有消息称，空客通知供应链上的相关企业，公司计划在 2021 年下半年将 A320 的产量从每月 40 架增加到 47 架。大多数人对增产持怀疑态度。空客再次解释说，保持供应链的健康至关重要。

截至 2021 年 6 月底，空客生产了 145 架 A320，停放在汉堡和图卢兹等待交付给客户；还有少量的宽体飞机也停放在那里。值得注意的是，到第三季度末，空客交付了足够的飞机来阻止现金流失。

傅里表示："2020 年 9 月之后，我们积极调整业务，在适应新冠疫情下的市场环境方面取得了进展。尽管航空出行的恢复速度慢于预期，但我们在第三季度实现了商用飞机的生产和交付，并按目标停止了现金消耗。此外，所计提的重组准备金显示，我们与社会合作伙伴和利益相关者的讨论进展顺利。我们在本季度成功达成了现金流稳定的目标，这使我们有信心发布第四季度的自由现金流指引。"

不过，2021 年跃动着希望的曙光。尽管欧洲地区、日本和美国的新型冠状病毒感染和死亡人数激增令人担忧，而且疫苗研发缓慢，但至少世界正在全力反击。

美国联邦航空管理局于 2020 年 11 月对波音 737 MAX 飞机进行了重新认证。数天后，负责监管巴航工业的巴西监管机构跟进认证工作。加拿大运输部和欧洲航空安全局通报称，它们将在 2021 年 1 月对飞机进行重新认证。巴西高尔航空公司、墨西哥航空公司和美国航空公司是第一批重新运营波音 737 MAX 的航空公司。美国联合航空公司、西南航空公司和加拿大西捷航空公司紧随其后。瑞安航空公司订购了 75 架波音 737 MAX 8 - 200 飞机。阿拉斯加航空公司增订了波音 737 MAX 9 飞机。

2020 年，空客共交付 500 多架飞机，并获得 300 多架飞机订单，随着疫情的蔓延，交付飞机和获得新订单都是空谈。空客、波音、巴航工业和整个商用航空产业的复苏，取决于航空公司的复苏速度。而这一切又完全受疫情的影响。

空客没有像波音一样遇到影响公司的特殊情况：波音 737 MAX 飞机危机、波音 777X 飞机的研发/认证延迟，以及波音 787 飞机新的生产问题。但空客的客户仍然想要延迟接收或取消订单，但这一次与"9·11"时期相比，空客的管理层采取了更强硬的立场。首席执行官傅里和顶级推销员谢勒（雷义在"9·11"时期的副手）表现得都很强硬。

《华尔街日报》在一篇题为《空客对陷入困境的客户毫无怜悯，超越波音》的文章中概述了这一"战略"①。

《华尔街日报》写道："尽管疫情肆虐，这家飞机巨头仍通过让航空公司履行合同来实现销售额领先于其长期竞争对手。""傅里先生在疫情的大部分时间里，都在试图促使空客最大和最忠诚的客户履行它们

---

① https://www.wsj.com/articles/airbus-boeing-rivals-max-11626189853.

的合同,哪怕其中一些客户濒临破产。这场违背行业惯例的赌博,帮助空客在与竞争对手波音的竞争中占据了前所未有的优势地位。"

空客计划到 2023 年将 A320 的产量恢复到月产 63 架,还告知供应商,公司计划到 2025 年将 A320 的生产速度提高到月产 70 架甚至 75 架。与此同时,波音希望在 2022 年将波音 737 的产量提高到月产 31 架,并在数年后恢复到 2019 年 3 月波音 737 MAX 飞机停飞时的水平,即月产 52 架。在波音 737 MAX 停飞时,波音计划在 2019 年底将波音 737 的生产速度提高到每月 57 架。预计至少在 2025 年之前,两家公司宽体飞机的生产速度都将保持较低水平。

对雷义以及恩德斯、卡森、阿尔博和康纳而言,甚至对米伦伯格、卡尔霍恩以及空客和波音的数十万雇员而言,自 1984 年以来的"天空之战"是一场充斥着胜利、失望、丑闻、悲剧和残酷的全球竞争。

未来 35 年还会出现类似的挑战,但空客不太可能出现另一个雷义,波音也不太可能出现另一个康纳。雷义认为康纳是他最强大的竞争对手。

第 27 章
退　休

"这就是为什么我们买了头等舱的机票，你可以在飞机上睡觉。下次你可以去住喜来登酒店。"

——雷义向汤姆·威廉姆斯解释环球旅行时不住酒店的原因

詹姆斯·麦克纳尼在担任波音首席执行官长达 10 年之后，于 2015 年退休。他没能实现董事会所要求的公司每股价格达到 200 美元的目标。据说董事会对麦克纳尼越来越不满意，并在 2013 年 12 月任命米伦伯格为总裁兼首席运营官时，强迫米伦伯格担任首席执行官。

尽管这是在航空航天分析人士之间流传的故事，但从未被波音证实过。无论如何，米伦伯格显然是候补首席执行官。波音于 2016 年 2 月宣布，米伦伯格将接替麦克纳尼担任董事长。任命于 3 月生效，同月波音 737 MAX 开始试飞。不过事实证明，这纯属是时间上的巧合。麦克纳尼离开了董事会。

随着米伦伯格上任，波音总裁和首席执行官的头衔又落到了同一个人身上，米伦伯格同时还兼任董事长和首席运营官。直到董事会在波音 737 MAX 危机后剥夺了米伦伯格的董事长头衔，这种身兼多职的局面才结束。

雷·康纳的波音职业生涯始于车间，后来升任波音副董事长兼波音民机集团首席执行官，并于 2016 年 11 月退休。直到 2017 年 12 月，他才正式离开公司，其间他一直担任继任者的顾问和过渡角色。通用电气航空服务公司的凯文·麦卡利斯特接替了他。斯坦·迪尔离开了波音民机集团,成为波音全球服务集团首席执行官。波音民机集团销售负责人约翰·沃吉克于 2017 年初退休,继任者为销售和营销副总裁毛艺山(Ihssane Mounir)。当时只有 44 岁的毛艺山是北亚和中国地区的销售主管。

在空客,雷义已经精疲力竭。2017 年 8 月,他将年满 67 岁。雷义体重超标,有健康问题,而且不再是年轻时那个精力充沛的著名环球旅行者了。雷义再也不能为尽可能地提升效率而赶时间了。在年轻的时候,他可以跳上飞往新加坡的飞机,工作一整天后,搭乘下一班飞机经巴黎返回图卢兹,并在抵达后又继续工作一整天。

当 2006 年 A380 出现生产线束问题,最终导致飞机延迟两年交付时,雷义和汤姆·威廉姆斯踏上了向客户汇报项目进展的国际行程。当时雷义 55 岁,威廉姆斯 53 岁。"那时事态已经难以掌控。"雷义回忆说,"A380 的情况很糟糕,出现了各种各样的问题,要解决这些问题很费时。我和汤姆·威廉姆斯去往世界各地,向 A380 的启动客户和现有客户解释说明。我们首先在伦敦见了蒂姆·克拉克。在长达 1 小时的会议上,我们进行了大约两分钟的交谈,蒂姆向我们讲述了 A380 的失败及给航空公司造成的混乱,并问我们将如何应对。"

"然后,我们飞到世界各地,拜访 A380 启动客户的首席执行官和高层管理人员。尽管他们对 A380 的生产问题表示沮丧和震惊,这可以想象得到,但他们都没有取消订单。他们显然有权取消、退出、拿回押金,甚至获得一定的赔偿。但他们都决定保持既有的订单。"雷义补充说。

这次行程的节奏十分紧张。年轻一些的威廉姆斯发誓再也不会和雷义一起出差了。"为什么?"雷义问道,"我们有漂亮的酒店房间住,有丰盛的晚餐和一切;我们可以乘坐头等舱环游世界。"

威廉姆斯说:"我们可能拥有漂亮的酒店房间,但我们几乎无暇消受。在 10 天的时间里,我只有两个晚上可以在床上睡觉。"他抱怨说晚上都是在飞机上睡觉。"我只是很恼火，因为当我回来的时候，我就像一个驼背的玩偶，我太累了。出差一个星期，行程中却没有在酒店过夜的时间。这就是为什么我们买了头等舱的机票，雷义会说，'你可以在飞机上睡觉。下次你可以去住喜来登酒店。'"威廉姆斯说："我们就这样在一周内环游了世界。我们从欧洲到中东，到亚洲，然后回到美国。我星期天回到家，花了 4 天时间才恢复，而雷义下周一开始却又出差了。这太不可思议了。"

早年雷义乘坐协和飞机时，他会让员工在飞行期间工作。毕竟，飞行只有几个小时。"协和飞机的飞行时间很短。"雷义回忆说，"在乘坐其他飞机的国际旅行中，人们只是坐下来，喝一瓶葡萄酒，跷起腿看几部电影，这让人有点无聊。"

雷义说他希望团队能够利用这些时间来完善演示文稿。"检查一下数字。让我们想想竞争对手在做什么，当听到我们阐述的内容时，他们可能会如何回应。我们需要做好准备。有效地利用出差间隙的一些时间，并不意味着我是个不让人喝点酒的怪物，但也不能在飞机上开 8 小时或 10 小时的派对，我们必须完成一些工作。"

尽管如此，为雷义工作了 25 年的基兰·拉奥表示，在粗暴的外表和严格的要求之下，雷义只是一只"小猫咪"，他关心他的团队；雷义在内部为他们争取利益，尤其是在发放年度奖金的时候。

雷义的野心和胆量时刻在线。艾伦·博伊德想聘他为销售经理，那时雷义还在派珀，从未真正卖过飞机。史蒂夫·哈叙将雷义描述为一个营销学徒。虽然有点尖刻，但他性格温和，这可能使哈叙低估了雷义在派珀的作为。当 1984 年离开派珀加入空客时，雷义是派珀的营销总监，其团队拥有大约 25 名员工。

达纳·洛克哈特曾经看过雷义在空客北美公司时制订的商业计划，当时雷义自称为空客北美公司的董事长。他从未得到那份工作，但这并没有阻止他晋升。雷义曾是一名飞行员，不是航空工程师。洛克哈特说，雷义的 MBA 专业是金融和运输管理，但他学习能力很强，对产品战略方面大胆直言。空客的 A300B4 和 A310 主要针对欧洲市场设计。这两款飞机在欧洲内部飞行表现不错，但不适用于跨大西洋运营。此时，雷义带来了空客所需要的重要的美国市场和全球视角。

洛克哈特说，在早些时候，"让·皮尔逊信任雷义，雷义在皮尔逊那里说得上话"。皮尔逊是众所周知的"比利牛斯山之熊"，凭借纯粹的意志力推动公司管理层和合作伙伴批准决策、批准交易和批准发展战略，其中一些决策和交易就是由北美公司和雷义提出的。

洛克哈特说："这是必不可少的环节，而雷义在早期与皮尔逊建立了独特的沟通渠道，这是雷义的精明之处。他必须让皮尔逊了解北美市场的真实情况。皮尔逊是个工厂工人，他不懂商业。"实际上皮尔逊很精明，有一种与生俱来的能力，专注于必须得拿下的交易。

理论上，雷义应该向艾伦·博伊德和后来的詹姆斯·布莱恩汇报。但每个人都更像是开门人，而不是积极的推销员。洛克哈特说："我相信，雷义设计的组织结构，既有利于他出人头地，也能让他从中受益。詹姆斯·布莱恩作为他的老板，我不得不说这是一种善意的忽视。尽管雷义很傲气，艾伦·博伊德也注意到了他的缺点，但艾伦认为雷义是一位出色的销售员，在为公司创造业绩。那是在大洋的这一边。"

"在大洋的另一边，通过控制北美公司和图卢兹总部之间的、雷义和皮尔逊之间的通信联系，靠着雷义与生俱来的诚实，皮尔逊没有让自己陷入尴尬的境地。我认为他们之间相互信任，皮尔逊信任雷义，这使雷义能够向皮尔逊说出真实的想法，让皮尔逊用他的方法来让交易和发展战略获得批准。"

如果雷义有一点没有做到，或者布莱恩想要更多地参与其中，这会惹怒雷义。如果皮尔逊没有从始至终地信任雷义，那么当许多北美公司的交易出现问题时，雷义就会面临严重的麻烦。

"让我们面对现实吧。"洛克哈特说，"雷义正在完成交易，但部分交易作废了。航空公司濒临破产，飞机永远不会交付。在雷义到图卢兹总部任职之前，20 世纪 80 年代末和 90 年代初的头条新闻是接二连三的灾难，航空公司一个接一个地破产。"

当这些航空公司申请破产时，大多数航空公司也成功重组，空客最终受益匪浅。美国联合航空公司脱离破产状态；全美航空公司（US Airways）曾两次申请破产；美国西部航空公司脱离破产状态，并收购了全美航空公司，全美航空公司又收购了美国航空公司。美国航空公司经历了破产，但与此同时重新确认了历史性的 A320neo 订单。

洛克哈特表示："不可否认，空客管理层多年来一直在变化，但在早期，皮尔逊是通过雷义来了解和理解北美市场的。"

雷义说，他经常让他的销售团队去推进交易，他则在幕后提供咨询和决策，但在需要时他也会毫不犹豫地直接扛起大梁。"当和雷义一起参加一场竞标时，总能看到雷义忙碌行动的身影。他就是一个终结者。"威廉姆斯回忆说，"像许多杰出人物一样，他的营销演示精彩绝伦，并能够用幻灯片让人为之叹服。说到完成交易，没有人能够与雷义相提并论。"

国际租赁金融公司是雷义的最大客户之一。约翰·普鲁格说，这家租赁商与雷义达成了几笔"标志性"的交易。部分交易的结果并没有达到雷义或国际租赁金融公司的预期。国际租赁金融公司早期的标志性交易之一是订购了 A380，它是唯一签约购买这款巨型飞机的租赁公司：5 架客机和 5 架货机。

普鲁格表示："结果发现的第一个问题是，A380 并不适合作为货机。空客首先来找我们说：'好吧，我们不会推出货机型号。'我只想说，我们对此非常重视，这是我们平衡 A380 机队的举措，目的是最大限度地降低风险。我们最终因为空客不能提供货机而获得了很大的优惠条件。"

只有 3 家客户订购了 A380 货机：联邦快递公司、美国联合包裹运送服务公司（UPS）和国际租赁金融公司。"在与另外两家客户协商后，我们都意识到，在大风条件下用叉车装载上层机舱货物变得非常困难。"普鲁格说。史蒂文·哈叙补充说："我们所有人都得出了结论，A380 货机并不是真正有意义的东西。"哈叙解释说："为了让我们取消订单，空客不得不采用买断的方式。"空客本应在某个日期前拥有一定数量的客户。他总结说，购买协议中立下了一些目标，而空客一个都没有实现。

"其中一个目标是他们必须在西半球获得至少一家客户，一家航空公司客户。"普鲁格说，"这个目标从未实现。他们在北美或南美都没有获得航空公司客户，所以这给了我们自动说'再见'的权利。而这又使空客损失了更多的钱，因为他们不得不将资金调拨到我们与空客的其他合同和其他产品上。"

A380 还面临制造上的困难，即布线问题。国际租赁金融公司及其母公司美国国际集团的高管前往图卢兹检查飞机。"这就像扔了一枚炸弹。"哈叙说，"这太可怕了。美国国际集团董事长看着我们问道：'所有飞机都这样吗？'空客总工程师吹嘘说，飞机内部有 90 英里长的线路，意大利面条似的线路，这几乎是一场噩梦。美国国际集团董事长发表评论说：'我可不想坐这种飞机。'"

国际租赁金融公司取消了 A380 订单，获得了额外的优惠金额，最终他们将省下来的资金用于购买其他空客飞机；国际租赁金融公司是最精明的飞机买家之一。哈叙表示，尽管如此，国际租赁金融公司在雷义身上犯了三个"重大错误"，其中两个错误是"因为雷义是一个非常强大的销售人员。"

一个错误是订购了 A380，后续我们将补偿金用于订购空客的其他飞机，看似以一种积极的方式解决了问题。第二个错误是订购了 30 架配备普惠 6000 发动机的 A318。发动机问题是一场灾难，好在国际租赁金融公司取消了订单，从普惠公司处获得了 3 000 万美元的赔偿。普鲁格说："这样看来，这似乎是我们从未做过的最好的飞机交易。"

"第三个错误，也就是雷义赢而我们输的地方，是他说服我们购买 A340。"哈叙说，"我们一开始订购了 A340 - 300，因为空客主张，四发飞机在洲际航线上比波音 777 好得多。后来，我们又买了 A340 - 600。这些飞机都找到了客户。当时，这些飞机的租赁费率实际上是合理的，并不低。但我认为，我们的失误在于对飞机残值的预测。"

残值对租赁商很重要。租赁公司的大部分利润来自在飞机生命周期的早期（通常是 5～12 年）出售飞机所得，并且这些价值是在未来租赁商首次购买飞机时的某个特定时间点假设的。简单来说，残值是消费者如果想租赁汽车，在汽车租赁结束时所支付的费用，或者是在租赁期满时基于假定的终止里程计算的假定价值。

A340 的残值假设从未达到预期。这款飞机很快就被波音 777 和空客自己的 A330 等远程双发飞机淘汰了。遗憾的是，A340 最初的性能并没有达到预期目标。A340 - 500 和 A340 - 600 配备的罗罗发动机的维护成本也非常高。"我们会为此将雷义'钉死'在十字架上，并且在以后的每次谈判都会拿它说事。"普鲁格说。

雷义以其辛辣的幽默感而闻名，是一位俏皮话大师；但他也有着一个古板、沉稳的形象。亚航首席执行官托尼·费尔南德斯（Tony Fernandes）曾要求雷义在巴黎一家夜总会与他的空姐跳舞，然后他就会在午夜钟声敲响后签署一份巨额订单。当雷义犹豫不决时，一个有着敏锐思维和微妙幽默感的德国人汤姆·恩德斯已经在头上系着领带跳起了舞，命令雷义照做。这是恩德斯、费尔南德斯、CFM 公司销售员和其他人共同向作者讲述的一个非常有趣的故事。空客的公关团队表示，雷义非常讨厌这种做法。

这使得他和哈叙在晚餐时进行的一场恶作剧式推搡比赛的故事（看到他们俩都进入一家夏威夷高档酒店的游泳池）显得格格不入。空客在夏威夷毛伊岛的四季酒店举办了年度客户活动，客户可以带家眷同行。商务会议在早上举行，随后进行社交活动、打高尔夫球。

国际租赁金融公司正在与雷义进行有争议的谈判。一天早上，国际租赁金融公司宣布从波音订购50架波音737-800，这笔交易登上了《华尔街日报》的头版。哈叙和普鲁格确保将一份协议副本间接交给了雷义。那个时机是经过深思熟虑的。

"早上好，雷义。您好吗？"此事不久之后，普鲁格见到雷义时问道。他说："好吧，今天早上不太好。"哈叙补充说："我们想给雷义一点秘密打击，因为他在其他一些项目上非常固执。果然，雷义度过了非常糟糕的一天。"

"大约在A330-200推出的时候，我们和雷义有过类似的经历。"普鲁格回忆说，"他把我们打得落花流水，这次我们也要把他打得落花流水。这真的非常非常艰难，我们正在一决高下。一天晚上，就在晚饭后，我们国际租赁金融公司的人都吃饱了，大家正朝着游泳池走去。史蒂夫、我和其他几个来自公司的大个子达成了一个计划，我们要把雷义扔进游泳池。"

晚餐后，国际租赁金融公司的人准备执行其"浸泡雷义"计划。但普鲁格说，不知怎的，雷义已经得到了风声。于是雷义狠狠地揍了他们一拳，把哈叙推到了游泳池里。普鲁格和国际租赁金融公司的老雇员马蒂·奥尔森随即将雷义推进游泳池，雷义一边躲避一边设法把他们也拉了进去。

普鲁格说："突然之间，所有人都开始进入游泳池，酒店保安赶了过来。随后人们又四散而去，因为他们认为把人从游泳池里拉出来会一团糟。"哈叙指出，当时每个人都盛装出席。然而，这样的愚蠢行为并不多见。

2015 年，也就是雷义 65 岁那年，他犹豫再三，将劳动合同延长了两年。订单竞争已经失去曾经的吸引力。到 2018 年 1 月，雷义终于到了准备退休的时候了。他喜欢与格蕾丝和其他家人一起乘游轮出游。虽然他住在迈阿密，但偶尔也会住在美国东海岸的另外两处住所中。他喜欢去都柏林，他的儿子罗伯特一家住在那里，并在租赁公司工作。他的一个女儿在澳大利亚，另一个女儿在华盛顿特区，孙辈分布在三大洲。

雷义在空客的 33 年充满了成功、失败和争议。他的成功是显而易见的：一个成功是将空客的全球市场份额从较低水平提升到 50％乃至更高，功勋卓著；另一个成功是将 A320/A321 打造成为占主导地位的单通道系列飞机。但雷义指出，他在职业生涯的另外一半时间里是失败的——或者 47％，或 40％，这取决于给定的衡量节点。他还表示，如果波音的市场份额过低，波音可能会承担产品研发风险，推出新飞机，这将迫使空客在其准备研发新机之前做出反应。在考虑波音将如何应对 A320neo 以及后来波音是否推出 NMA 时，这始终是复杂局面的一部分。当雷义于 1994 年调到图卢兹总部任职时，他向空客执行董事会承诺，到 2000 年，空客的市场份额至少可以增长到 50％。他有 5 年多的时间来实现这个崇高的目标。

雷义回忆说，空客执行董事会最初嘲笑他。但他的目标对空客的未来至关重要。"我说我们的市场份额需要在 40％～60％的范围内。我记得曾参加的执行董事会会议，与会者是股东公司的首席执行官们，包括法国宇航公司、德国宇航公司、英国宇航公司和西班牙航空公司。他们听了我在 1995 年 1 月的演讲，并了解了为什么这一点如此重要。"

雷义回忆说，"他们说，'这听起来很能激励您的销售团队，但我们想知道，我们应该争取实现的现实市场份额目标是多少？'我停顿了一下说50%。这就是我们需要做的。他们开始大笑。有人说，'您不是认真的吧。25%或者30%才是一个更合理、更可持续的目标。'"雷义补充说，一场关于在任何情况下是否都能达到50%的真正辩论随之而来。

雷义上任的第一年（1995年），空客占据了18%的市场份额。他推测，如果是在一家美国公司，执行董事会会认为他做得不好，会把他开除，或者至少再给他一年时间。当雷义在1996年1月参加董事会会议时说："这种情况没有发生。我以为我会受到严厉批评。但他们想知道市场上发生了什么，波音在做什么以及波音对我们的定价策略。每个人似乎都对这是一项长期战略感到满意。"雷义认为，欧洲公司的长远眼光是空客成功的原因之一。雷义培养了一支稳定的销售团队。他强调应该不断与客户保持联系、了解当地的情况和"脚踏实地"地干。

到1997年，麦道在商用航空领域的市场份额下降到大约7%。波音和麦道合并。批评人士表示，在21世纪初期，波音遵循麦道的战略，专注于制造衍生产品，而不是投资研发新飞机。波音因为研发支出不足，在此期间饱受批评，特别是著名顾问理查德·阿布拉菲亚（Richard Aboulafia）的批评。阿布拉菲亚经常指出，波音吝啬提供充足的研发支出，而空客给出了更多的研发费用，这是波音的一大战略失误。

但在某种程度上，事情并非如此简单。波音、空客和其他公司在实施耗资巨大的新机项目之后，会推出衍生机型，因为这是利润所在。问题是波音生产波音757-300、767-400和737-900（标准型）时，要么是犯了战略性错误（这些机型都卖得不好），要么是波音设定了难以实现的目标。"我不想去探究波音的做法是对还是错。"雷义说，"空客也犯了相当多的战略错误。我更关注我们自己的错误，而不是竞争对手的。"

价格、市场份额之战

在作者的追问下，雷义说："如果你回到第一个错误，那就是为什么我们在 1995 年的市场份额只有 18%？我认为，罗恩·伍达德（时任波音民机集团总裁）和他的管理团队对空客到 2000 年拥有 50% 市场份额的想法感到震惊。他们决心要打败我们。"

伍达德认为波音具备空客没有的"巨大的业界实力"，这让波音能够凭借高产量、更低的生产成本和更低的价格进入市场（他在 1995 年就这样做了）。"波音还提供了更短的交付时间。"雷义回忆说。伍达德会在下订单后的第二年或 18 个月内交付飞机。"他知道我们做不到。"

该结果对波音来说是一场灾难。雷义说，波音可能会维持低价，而且确实做到了。但随着伍达德提高波音 737 的产量，一切都崩溃了。供应链无法跟上生产速度的急剧增长（波音 737 从月产 21 架增加到 27 架，在当时是前所未有的生产速度）。随之而来的是生产线产能落后，质量控制受到影响，交付延迟。波音采取了前所未有的措施，将波音 737 生产线关闭 30 天，以赶上进度。波音在 40 年来首次出现亏损。伍达德因为这场混乱失去了工作。雷义说："我认为这让波音倒退了好几年。这是我认为波音犯的第一个战略错误，至少在我的职业生涯中是这样。"（加里·斯科特说，这让波音倒退了两年）。

打破波音在全球航空业的主导地位或垄断地位也是雷义的辉煌战绩。空客押注在 A320neo 飞机上的豪赌大获全胜。但对于 A330neo 飞机而言，情况并非如此。一些批评者指责 A380 项目的失败是雷义自负导致的，销售成绩惨淡。对波音 787 威胁的误读也是一个失误。空客成功、正确地识别了租赁公司和低成本航空公司的购买潜力，这都有助于推动空客的发展和成功。

傅里在 2019 年 5 月声称 A380 项目是成功的,这是纯粹的修正主义历史观。虽然空客确实从经验教训中受益,但这种方法并不是为执行董事会和政府批准该项目而提出的商业模式。

此外,空客内部从未像外部一样将 A330neo 视为成功。拉奥说,由于 A330neo 成本低,空客不需要大量出售飞机来赚钱——内部销售目标是 500 架。即便在新冠疫情重创市场之前,空客也很难实现这一目标。考虑到航空公司客户质量不佳,交付 300 架 A330neo 飞机可能有点困难(2020 年,雷义将 A330neo 飞机描述为"机会主义"飞机)。但如果从继续对波音 787 施加定价压力的目标来看,毫无疑问这个目标已经达成。尽管麦克纳尼一直否认 A330neo 和波音 787 之间存在价格竞争,但市场很清楚,情况确实如此。

当雷义准备退休时,无论谁来接替他,都不可能填补他的空缺。他的个性、魄力和成就简直无人可以匹敌。最初,恩德斯选择了拉奥。他是雷义的副手,也是雷义 25 年来的得意门生,他在整个空客和客户群体中都备受推崇。拉奥的任命宣布后,随即便陷入了战略与营销组织丑闻的负面光环效应之中。尽管拉奥从未参与战略制订或营销活动,但董事会授权的清理行动促使恩德斯撤销了任命。连空客内部人士也认为拉奥遭受了不公平待遇。

幻想破灭后,失望的拉奥离开了空客。随后他成为印度靛蓝航空公司的顾问,成为该航空公司研究是否订购波音 737 MAX 并降低对空客依赖程度的关键人物。有媒体报道称,当监管机构将波音 737 MAX 停飞时,靛蓝航空公司管理层倾向于订购该型号飞机。最终,靛蓝航空公司再次订购了 A320neo。在图卢兹,空客不得不为靛蓝航空公司的订单向拉奥进行游说,这种讽刺意味不言而喻。后来,那次事件调查的牵头机构英国严重欺诈办公室还了拉奥清白,澄清他在这桩交易中没有任何不当行为。

恩德斯对雷义接班人的最终选择让外界感到非常奇怪。竞争者是时任 ATR 首席执行官的谢勒和罗罗的埃里克·舒尔茨。谢勒是"空二代"，他的父亲曾是空客初期雇员之一，谢勒追随他的脚步进入了公司。在被任命为 ATR 首席执行官之前，他从事过销售和战略方面的工作。在此之前，谢勒曾在美国和图卢兹与雷义共事。事实上，他之前曾像拉奥一样担任雷义的副手多年，直到最终调往战略部门。

最终，恩德斯任命埃里克·舒尔茨接替雷义的职务。当时有传言称，董事会不想要谢勒，因为"出身"问题，他是一个内部人士，包括在一些有问题的时期，他都未曾远离。他们想要一个局外人。

如果出身是一个选择标准，那么选择舒尔茨就很难解释了。罗罗刚刚因自己的贿赂丑闻被处以创纪录的罚款。没有迹象表明舒尔茨没有受到任何牵连，但如果出身很重要的话……

选择舒尔茨之所以让人感到奇怪，还有另一个原因。当时，罗罗与全球使用波音 787（以罗罗发动机为动力）的航空公司正处在水深火热之中。遄达 1000 发动机在投入使用多年后出现了技术问题。全球有超过 50 架波音 787 停飞，其中许多甚至停飞多年，因为罗罗一直在努力解决问题以修复或更换发动机。A330neo、A350 和 A380 均配备了罗罗的发动机。A330neo 的遄达 7000 只是带有引气系统的遄达 1000，与波音 787 上的发动机基本相同。航空公司和租赁公司抱怨说，任命一名罗罗的前销售员担任空客的销售业务负责人，似乎不太可能安抚那些拥有波音 787 飞机的客户，而且事实也确实如此。

无论如何，舒尔茨都没撑过一年。在这一场获得更多权威的权力游戏中，恩德斯没有使绊子，是舒尔茨自己提交辞呈的。这一次，恩德斯任命谢勒担任空客首席商务官，他获得了本应得到的工作。

2015 年 10 月，在雷义 65 岁生日两个月后，在他与空客续约两年后,飞行俱乐部授予了他荣誉称号。这个享有盛誉的团体每年10月在纽约举行一次正式的年度活动,以表彰行业领导者所做的贡献。晚宴上,麦克纳尼在一段非常有趣的视频中向雷义表示祝贺。视频开始时麦克纳尼拿着麦克风,他身后的绿幕背景上是户外场景。

麦克纳尼:"下一步干什么? 我是谁?(困惑中)我这样做是为了谁?"

画外音:"这是向雷义致敬的视频。"

麦克纳尼:"(震惊)雷义? 空客的雷义? 真的吗?"

画外音:"先生,您的麦克风还开着。"

麦克纳尼:"哦哦,对不起。呃,一定要把这部分内容从视频里删掉。谢谢您。"

画外音:"好的,我想我们准备好了。开拍。"

观众们哄堂大笑。雷义也笑了。

此时,屏幕背景切换为波音787在范堡罗航展上起飞的场景。在麦克纳尼讲话时,波音787进行了一系列特技表演飞行动作,展示了飞机的飞行性能,令人印象深刻。

麦克纳尼(热情地):"雷义! 我的好朋友,很高兴见到你。我们已经认识将近25年,可以追溯到我在通用电气公司工作的时候。这么多年来,你既是我的重要客户,又是我的激烈竞争对手,还与我在各方面都打过交道。正如每个人都会证明的那样,30多年来,你为空客的成功做出了巨大贡献,并为我们这个行业增添了色彩和活力,这是轻描淡写的说法。你也卖出了很多飞机。因此,我代表你在波音的朋友们,祝贺你获得这当之无愧的荣誉。"

画外音:"好的,我们拍好了。拍摄结束。"

麦克纳尼:"麦克风关了吗?"

一名身穿着印有"波音造得更好"字样衬衫的雇员过来取下了麦

克风。

麦克纳尼摇摇头(恼怒)："请不要再让我做这种事。"

这很有趣。现场的 1 000 多名观众都很喜欢这个短片。它展示了沉稳、拘谨的麦克纳尼宽宏大量及幽默的一面。遗憾的是,波音坚持不把这段视频对外公开。

从在图卢兹担任首席商务官的第一年到 2018 年 1 月他最终退休,雷义和他的团队获得超过 1.5 万架净订单,目录价格超过 2 万亿美元。

雷义兑现了他在 1995 年对空客董事会的承诺。到 2018 年 1 月他退休时,空客的销量一直超过波音。空客在单通道飞机领域的市场份额为 55％～57％,在宽体飞机领域的市场份额(视年份而定)略高于 50％。

虽然波音倾向于每隔几年轮换一次首席销售员,但空客的超级销售员雷义在图卢兹担任空客首席商务官的 23 年间曾向 7 位首席执行官汇报工作:让·皮尔逊、诺埃尔·福雅尔、古斯塔夫·亨伯特、克里斯蒂安·斯特雷夫、路易斯·加卢瓦、汤姆·恩德斯和法布里斯·布利叶。雷义在空客工作了 33 年,就个人成就和其任期内公司在销售方面的稳定业绩而言,雷义的表现无与伦比。

主要飞机型号

1958 年　波音 707 飞机

1958 年　德·哈维兰"彗星"4 型飞机

1959 年　"卡拉维尔",DC－8 飞机

1960 年　波音 720,"康维尔"880 飞机

1962 年　"康维尔"990 飞机

1963 年　波音 727－100/200 飞机

1964 年　"维克斯"VC－10 飞机

1965 年　BAC－111,德·哈维兰"三叉戟"飞机

1965 年　DC－9 飞机

1967 年　DC-8-60 飞机

1968 年　波音 737-100/200 飞机

1970 年　波音 747-100 飞机

1971 年　DC-10 飞机

1974 年　A300 飞机

1974 年　洛克希德 L-1011 飞机

1976 年　"协和"飞机

1980 年　MD‐80 飞机

1982 年　波音 767‐200 飞机

1983 年　A310 飞机

1983 年　波音 757‐200 飞机

1984 年　波音 737 Classic 飞机

1986 年　波音 767‐300 飞机

1988 年　A320 飞机

1989 年　波音 747 - 400 飞机

1990 年　MD - 11 飞机

1993 年　A340 飞机

1994 年　A330 飞机

1994 年　A321 飞机

1995 年　波音 777 - 200 飞机

1995 年　MD - 90 飞机

1996 年　A319 飞机

1997 年　波音 737NG 飞机

1999 年　MD-95 飞机

2004 年　波音 777-300ER 飞机

2006 年　波音 777-200LR 飞机

2008 年　A380 飞机

2011 年　波音 787 飞机

2012 年　波音 747-8I 飞机

2015 年　A350 飞机

2016 年　A320neo,A220 飞机

2017 年　A321neo,波音 737 MAX 8 飞机

2018 年　A321LR,波音 737-9 飞机

致　谢

　　首先，我必须感谢盖尔·特威斯（Gail Twelves）。她多年来一直鼓励我写这本书，直到我终于开始行动。正如序中所说，我最初鼓励雷义撰写他的回忆录。从一开始，盖尔就说我应该写这本书。

　　写一本书需要投入大量时间。由于时事、工作和其他问题的干扰，这一过程花了将近 3 年时间。一本非小说类书籍也需要每个受访者的帮助和忍耐。这些人坐在那里可能会进行数小时的讨论、反复的电话沟通和回答许多问题。

　　自 1992 年以来，我一直进行有关波音的报道。我与波音的关系大约有一半时间是有争议的，主要是自 2007 年开始推迟研发波音 787 以来。因此，当需要联系波音前雇员和高管时，我没有理由相信他们会合作或坦率地回答我提出的问题。果然，波音方面拒绝回答我的问题，也拒绝让卡尔霍恩或史密斯接受采访。除一位前雇员拒绝了我——他曾向波音请求与我交谈，但未被许可，我接触过的每一位现任或波音前员工都配合地进行了自由交谈。有些人要求匿名，但那不是问题。

　　我特别感谢波音民机集团的 3 位前首席执行官斯科特·卡森、詹姆斯·阿尔博和雷·康纳接受我的采访。这 3 位都乐于提供他们在波音民机集团任职时的信息。他们向我提供了关于波音与空客的竞争和与雷义对抗的精彩故事和观点。

　　空客的管理层和其他人对占用他们的时间向我分享故事都表现得

极为慷慨。汤姆·恩德斯、雷义、克里斯蒂安·谢勒、罗伯特·兰格、基兰·拉奥、拉斐尔·阿隆索和汤姆·威廉姆斯都同意公开他们的采访内容。雷义和我在电话里和当面谈了好几个小时,谈论他在空客的33年。

航空租赁公司/国际租赁金融公司的史蒂文·哈叙和约翰·普鲁格等产业官员提供了他们与雷义长期合作的精彩故事。尼科·巴克霍尔兹的职业生涯跨越了空客、汉莎航空公司和庞巴迪三家公司。这样的例子不胜枚举。

有许多消息来源是匿名的。他们为空客和波音之间的故事提供了坦率的言论和重要的信息。

我多年来进行的采访、为《利厄姆新闻》和其他书刊撰写的新闻报道,以及我自己收集的档案资料,为《天空之战:波音空客的全球市场角逐》这本书提供了宝贵的信息来源。书中关于波音管理层会议和财报电话会议的记录内容,也来自我自己的存档资料,是同时期大事件的主要原始资料。

在此,我要感谢以下人员提供的帮助:

理查德·阿布拉菲亚、詹姆斯·阿尔博、拉斐尔·阿隆索、劳伦斯·巴伦、托比·布赖特、尼科·巴克霍尔兹、斯科特·卡森、理查德·切尔尼、查尔斯·克利弗(Charles Cleaver)、迈克·康韦(Mike Conway)、鲍勃·克兰德尔(Bob Crandall)、巴里·埃克尔斯通(Barry Eccleston)、汤姆·恩德斯、约翰·费伦、雷义、达纳·洛克哈特、克莱·麦康奈尔(Clay McConnell)、鲍勃·兰格(Bob Lange)、特里·马克森(Terry Maxon)、雷纳·奥勒(Rainer Ohler)、亚当·皮拉斯基、约翰·普鲁格、罗伯特·普里迪、基兰·拉奥、丹·里德(Dan Reed)、贾德森·罗林斯(Judson Rollins)、斯特凡·沙夫拉特(Stefan Schaffrath)、克里斯蒂安·谢勒、加里·斯科特、尼克·托马塞蒂(Nick Tomassetti)、史蒂文·哈叙、史蒂夫·韦拉(Steve Vella)和汤姆·威廉姆斯。

此外，我还要感谢许多其他人，很遗憾，他们的名字无法在此处一一列出。我拥有的材料即使写一本650页的书，依然绰绰有余。为便于读者阅读，我不得不精减了部分内容。我向那些曾给我提供精彩故事但相关内容没能收录在本书中的人表示歉意。

最后，我要感谢编辑苏珊·奥马拉(Susan O'Meara)和迈克尔·布雷迪(Michael Brady)、丹·里德、特鲁迪·怀特(Trudy White)、米基·穆略尔(Miki Mullor)、休·萨费尔和埃里克·诺德(Eric Nord)，他们以不同角色为支持本书出版做出了贡献。

斯科特·汉密尔顿

2021年8月